经济增长之梯
与大企业踏板

Economic Growth Ladder
and the Rungs of Large Enterprises

张文魁 等　著

清华大学出版社
北京

内 容 简 介

　　一个经济体从低收入达到中等收入状态，不过是迈入增长之门，从中等收入发展为高收入国家，则相当于攀登增长之梯。外向竞争大企业，特别是制造业大企业，是增长之梯不可或缺的"踏板"。中国已经出现了一批大企业，它们的规模扩张和生产率提升的速度更快，在升级转型、产品质量提高和全球贸易等方面有着更好的表现。但是，不少这样的企业，即使算得上踏板，其稳固牢靠程度还不够高，而且当前全球贸易、全球治理陷入巨大纷争之中，中国已有的和潜在的踏板企业能否继续融入全球产业体系、创新体系，面临着严重的不确定性。只有这些挑战都得到正确应对，才能使中国经济增长有更好的前景。

图书在版编目（CIP）数据

　　经济增长之梯与大企业踏板 / 张文魁等著. —北京：清华大学出版社，2019
　　ISBN 978-7-302-52395-6

　　Ⅰ.①经…　Ⅱ.①张…　Ⅲ.①大型企业－企业管理－研究　Ⅳ.①F272

　　中国版本图书馆 CIP 数据核字（2019）第 038785 号

责任编辑：左玉冰
封面设计：汉风唐韵
版式设计：方加青
责任校对：宋玉莲
责任印制：李红英

出版发行：清华大学出版社
　　　　　网　　　址：http://www.tup.com.cn，http://www.wqbook.com
　　　　　地　　　址：北京清华大学学研大厦 A 座　　　　　邮　　编：100084
　　　　　社 总 机：010-62770175　　　　　　　　　　　　邮　　购：010-62786544
　　　　　投稿与读者服务：010-62776969，c-service@tup.tsinghua.edu.cn
　　　　　质 量 反 馈：010-62772015，zhiliang@tup.tsinghua.edu.cn
印 装 者：三河市国英印务有限公司
经　　销：全国新华书店
开　　本：170mm×240mm　　　印　　张：16.75　　　字　　数：262 千字
版　　次：2019 年 4 月第 1 版　　印　　次：2019 年 4 月第 1 次印刷
定　　价：69.00 元

产品编号：082510-01

第二章
从增长之门到增长之梯：以浙江作为中国缩影

第三章
中国的大企业及其踏板作用分析

第四章
制造行业龙头企业的变迁与发展

第五章
产业升级中的大企业表现

第六章
出口龙头企业更替与贸易质量变迁

第七章
出口产品质量：衡量踏板质量的一个视角

第一章

绪论：经济增长之梯与
外向大企业踏板

随着中国发展阶段的转折和经济增速的放缓，如何判断未来增长态势、挖掘增长潜力、争取稳健速度，就成为一个越来越受关注的议题。无论是学术界还是决策层，都已经比较广泛和比较充分地认识到，当一个经济体从中等收入状态向高收入状态攀爬的时候，实现增长方式转变和产业体系升级，是一条必由之路。本章试图探讨，在这条道路上，在全球竞争环境中，企业营业规模以及营业规模扩张背后的因素，有什么样的意味，以及这样的意味是否有政策含义。作为绪论，本章的基本意图就是要揭示，如果把从中等收入迈向高收入看作攀登增长之梯，那么，基于本土但又有全球竞争力的外向型大企业群体的生成与壮大，则是这把梯子必不可少的踏板。否则，攀登增长之梯的进程难以成功完成。

一、从增长之门迈向增长之梯

经济增长是国家繁荣、人民生活水平提高的必由之路。但是，实现经济增长，在不同阶段有不同的难度。许多事实和研究都表明，在较为贫穷的低收入阶段，获得较高速度的经济增长相对而言比较容易，但度过这一阶段之后，经济增速就会下滑，实现经济增长就会变得更加困难。

（一）进入增长之门

毫无疑问，经济增长是人们生活水平提高的基础。美国经济学家克拉克（Clark，2007）把工业革命之前的世界称为马尔萨斯世界，他的研究发现，即使在英格兰这个被认为在中世纪已经达到较高生活水平的地区，在18世纪之前，实际工资曲线基本上是平坦的，而在工业革命以后，工资水平持续明显上升，才走出马尔萨斯陷阱。在工业革命之前的一两千年里，总体而言，这个星球上的人们生活水平几乎没有实质性提高，大多数人一辈子都在为自己和家人的温饱而辛勤劳作。麦迪森（2003）的研究表明，在工业革命之前的几百年里，中国的人均国内生产总值（GDP）增长几乎是停滞的，西欧的人均 GDP 在 11 世纪前还有所下降，此后一直到工业革命前，其增速也是缓慢的，而自工业革命以来，人均 GDP 总体上呈现陡峭上升趋势，富裕国家和其他国家在经济增速方面出现明显分野。彭慕兰（2016）也描述了类似现象，并将其称为"大分流"。而中国近代以来的历史，特别是 1978 年以来改革开放的历史，更是清晰地将经济增长与人民生活水平、国家综合实力的关系呈现在世人面前。

因此，在资源、环境、生态可以承载的前提下，追求较高的经济增速，当然是国家的政策目标，也是人们的自然期盼。不过，要取得这样的结果，特别是要在较长时期里维持这样的结果，并不是一件容易的事情。Gill 和 Kharas（2007）的分析表明，即使在第二次世界大战之后的全球发展浪潮中，大多数低收入经济体，在短暂的较快增长之后，就落入所谓的"中等收入陷阱"。麦迪森项目（Madison Projcet，2010）的数据显示，在 1960 年的 101 个中等收入体中，到 2008 年，只有日本、韩国、新加坡、中国台湾、中国香港及以色列、西班牙等 13 个经济体进入高收入行列。这里所谓的低收入、中等收入和高收入，都是基于世界银行设定的人均国民收入（人均 GNI）指标来判定的，世界银行每过几年会根据几大主要货币的购买力变化来调整低收入、中等收入、高收入的评判标准。从 20 世纪末到现在，低收入国家和中等收入国家的分界线在人均 GNI 1 000 美元上下波动，中等收入国家和高收入国家的分界线在人均 GNI 11 000—13 000 美元波动，其中中等收入还分为下中等收入（lower-middle income）和上中等收入（upper-middle income）。由于大多数国家的国内生产总值与国民收入相差不大，所以学者们也常常用人均 GDP 替代人均 GNI 作为收入评判标准。根据当时标准，中国在 1998 年之前属于低收入国家，1998 年成为下中等收入国家，2008 年成为上中等收入国家。这种划分标准尽管有一定的局限性，但还是大致反映了各国经济发展的真实水平，因而基本上得到了世界性认可。

总的来看，在一个跨国贸易与投资兴盛、技术转移便利、工业化元素充裕的时代，一个经济体在贫穷状态下，即依照世界银行按人均国民收入划分的标准，处于低收入状态下，以较快的速度发展经济并脱离低收入状态，从而进入下中等收入乃至上中等收入状态，并不特别困难，但进入中等收入状态之后，尤其是接近上中等收入状态之后，保持较高速度经济增长就变得越来越困难，许多经济体都会受到增速明显下滑的困扰（刘世锦等，2011）。笔者把在低收入状态下以较快的速度促进经济增长，称为进入经济增长之门。进入经济增长之门，需要做的事情既不算简单，也谈不上复杂：通过国内资金筹集或者引入外资并引进技术与设备，启动初始的工业化；通过初步使用农药化肥和农业机械以提高农业效率，并将劳动力转移到工业部门；通过初级产品或者劳动密集型工业制成品以及少数其他工业制成品的出口，力争基本的外汇平衡，等等。如果能将这个基础上的经济增长保持一二十年，就很有机会摆脱低收入状态，成为一个中等收入经济体。

为了以较形象的方式来描述这一过程，笔者使用了"增长之门"这一词汇。这一词汇虽然罕见，但罗德里克（2009）在他的著作《相同的经济学，不同的政策处方》中，也恰恰使用了这一词汇：一个经济体不需要采取大规模的制度改革，也可以开启增长之门。本书这里使用这个词汇，比罗德里克来得更具体，即从低收入状态迈进中等收入状态；而且，与稍后出现的"增长之梯"相对应，所以更具有针对性。与攀登"增长之梯"相比，进入"增长之门"并不费劲。

（二）攀登增长之梯

当成为中等收入经济体之后，根据 Eichengreen 等（2011）的研究，经济增速明显下滑是一个比较普遍的现象，维持较高的经济增速变得越来越困难。不过，即使经济增速明显下滑，但若仍能保持一个明显高于美国等前沿经济体的增速并维持较长时间，也有机会迈入高收入行列，但令人沮丧的事实是，只有少数国家和地区成功应对了这个阶段的经济增长困难，从而跨越了"中等收入陷阱"而实现了高收入，而大多数国家却长时期落入 "中等收入陷阱"之中（Gill 和 Kharas，2007）。由于从中等收入迈向高收入这一进程，比在低收入状态下启动较快经济增长并迈向中等收入，也即进入"增长之门"的征途，困难得多，因此笔者把这一进程，特别是从上中等收入迈向高收入这一最为艰难时段，称为攀登"增长之梯"。就中国的具体情况而言，1998 年进入下中等收入国家行列之后大约 10 年里，经济增长总体上相当强劲，但 2008 年成为上中等收入国家之后，情况迥然不同。在 2008 年之后的几年里，中国经济增速开始经历巨大波动，起初人们以为这是受到全球金融危机冲击的缘故，但到了 2012 年之后，经济增速开始呈现趋势性明显下滑，就有越来越多的学者认识到现今阶段保持较高经济增长的艰难性。显然，"登梯"要比"进门"更加费劲。

攀登增长之梯，的确要比迈入增长之门艰难得多。这个难度，当然不是来自人们攀登台阶需要消耗更多体力的直观感受，而是因为从中等经济体迈入高收入经济体，以及在高收入的基础上继续增长，将面临所谓的转型升级问题，以及如何提升创造力、如何与前沿国家进行水平竞争等问题，这比进入增长之门所需要的资本筹集和投入、工业企业的设立和投产、技术与设备的引进和学习使用、初级产品和劳动密集型产品的生产与出口，要难得多。所谓转型，实际上就是从主要依赖要素投入和要素从第一产业到第二产业的自然的、简单的转移，转向主要依赖创新和要素在产业之间和企业之间的复杂转移，并在工业扩张速度趋势性放缓的压力下大力发展商业化的服务业并提高其效率；所谓升级，不仅仅是指技术更新更高的产业不断替代以前的产业，更是指在每个产业，特别是从事贸易的制造业行业，企业尽量往价值链和质量阶梯的高处爬升；而与前沿国家进行水平竞争，不但会面临创造力方面的短板制约，也可能会遭遇前沿国家的直接反制。显然，从经济学的增长核算角度来看，攀登增长之梯，必然意味着在全球竞争环境中，全要素生产率的持续提高和对前沿国家的追赶。在这些方面，从许多国家的经验来看，包括从东亚一些比较成功的经济体来看，并不容易获得成功，Wiess（2005）就对此作了专门分析。特别是在一个日益全球化的开放环境中，对于那些善于以产业政策促进制造业发展的经济体而言，随着人均 GDP 的上升，如果仍要保持较快经济增速，就必须提升附加值更高的产品的出口，必须提高其主要产业在全球价值链中的位置，就必须在一个开放体系中保持国际收支的基本平衡和汇率波动的合理化，其面临的政策挑战恰恰是：以前行之有效的促进产业发展的政策，在促进升级转型方面并不那么有效（艾肯格林等，2015）。

使用"增长之梯"来描述从中等收入状态发展成高收入状态并持续增长这一过程，不但与"增长之门"相对应，而且有其合理的源头。"阶梯"（ladder）这个词汇，尽管至今并没有被用于描述经济增长的阶段转换，但19世纪德国著名经济学家李斯特正是用"梯子"（英文也翻译为"ladder"）这个词，来形容工业化过程中国家对某些产业的保护性政策，他说：英国爬上了工业化的楼层时，就把自己曾经使用的梯子一脚踢开，不再允许德国使用这个梯子来爬上工业化楼层。当今，一些重要的经济学家在研究增长方式转变和产业升级时，有的直接使用了这个词汇，有的虽然没有直接使用，但语言表述中已经包含攀爬阶梯的意思。例如，阿吉翁和霍依特（2004）在他们的著作《内生增长理论》中就说：基于创造性破坏的基本内生增长模型，也被称为质量阶梯（quality ladder）模型；熊彼特模型关注的是质量改进型创新，使旧产品过时。实际上，在新增长理论中，内生增长理论所谓的质量改进型创新，也叫垂直型创新，就是指在质量阶梯上攀升。Grossman 和 Helpman（1991）在分析经济增长的诸因素时，也直接使用了"质量阶梯"这一词汇。Brant 和 Thun（2016）在分析中国的产业升级和经济增长时，更是直接使用了"阶梯"这个词，而且非常贴切。Altomonte 等（2012）在分析欧洲企业的国际竞争力中，就直接用"攀登竞争阶梯"（climb the competitiveness ladder）这样的语言，来描述那些在国际竞争中胜出的企业的艰难性。

因此，从增长之门迈向增长之梯，是追求经济持续增长以成为高收入国家并在此基础上继续向上发展的不可回避的议题。

二、经济增长的微观基础

要攀登增长之梯，首先应该正确地理解经济增长机制。恰恰是这一点，经济学并不能令人满意。研究经济增长的主流宏观框架，忽略了经济增长的微观基础，导致"只见森林、不见树木"的局面。要想真正理解经济增长，就必须审视其微观基础。

（一）新古典经济学和新增长经济学都有局限性

研究经济增长的主流路径是新古典路径，其局限性并不仅仅在于把全要素生产率当成一个有待解释的因素。在新古典经济学当中，生产函数的核心要素——资本和劳动投入，其实也只是作为结果的资本形成总量和劳动力投入总量，生产函数根本没有解释资本是如何形成的、劳动投入是如何实现的。而实际上，资本不会自动形成，劳动投入不会自动实现。兰德斯（2010）的研究发现，即使在几百年前，推动英国工业革命的决定性因素并不是蒸汽机的出现，而是工厂制的出现，是工厂制的生产单位开始大量使用借贷资本和雇佣劳动，并刺激了对蒸汽机的使用和后续的技术改进。事实上，即使在现在，在那些经济增长乏力的贫困地区，不但存在大量剩余劳动力，也存在不少没有被用于促进增长的资金，因为我们能够观察到：越是贫困的地区，剩余的资金和可以节俭出来的资金，越是被用于赌博、酗酒和非生产性高利贷等活动，而没有转化为生产性资本；这些地区的储蓄资金常常被借贷到外地企业去成为生产性资本，而没有在当地形成资本。当然，新古典经济学更没有解释全要素生产率是如何提高的，全要素生产率只是作为一个无法解释的"余值"而存在。所以，新古典模型实际上只能对已经实现的增长进行分解核算，并不能解释经济增长机制，也就是说，新古典模型实际上只知道一些结果（不是全部结果）而不知道原因，特别是当经济增长的微观领域发生重大变革、微观基础出现显著变化、结构性改革获得突破时，基于新古典体系的那些模型就无能为力了。不过，由于新古典体系比较成熟和精巧，在此基础上发展出的许多分析工具和模型已得到广泛使用，所以关于经济增长的研究也很难完全脱离这个体系。也许不完全脱离新古典框架，但又在某些方面走出这个框架去做一些微观方式的分析，是最现实的研究路径，而本书也将不得不在这个范式内开展分析。

被称为新增长经济学的内生增长理论，实际上就是想突破成熟的新古典框架。不过内生增长研究路径也有很大局限性：一是把创新收窄到研发投入，以及人力资本的形成，这显然是片面的，并不能深入、完整解释全要素生产率是如何提高的，甚至也不符合"创新"这一词汇的原意，因为无论是熊彼特所论述的创新，还是现实当中由创新所驱动的经济增长，都远不止这些内容；二是忽视了创新之外的增长驱动因素，因为即使没有任何创新，完全重复性的扩大再生产也可以实现经济增长，这在现实当中也是屡见不鲜的。此外，还有一些不太主流的研究经济增长的路径，如研究企业家的作用等，但毕竟难以进行量化分析。

（二）国民经济的实际运行

抛开这些理论和公式，考察国民经济的实际运行，反而更能解释经济增长的原因和本质。经济增长，通常以 GDP 的增速来表示。GDP 主要由各个企业的增加值构成，完全可以说，没有企业的生产经营活动所创造的增加值，几乎就没有经济增长。即使以支出法来进行 GDP 核算，支出的各个部分，包括工资、税收、利润等，主要也是来自各个企业。因此，经济增长虽然被当成一个宏观指标，对经济增长的研究虽然被认为是宏观经济学的核心内容，但经济增长的微观基础是企业，这是非常清楚的。所以人们常说，企业是国民经济的细胞。但是在经济学体系中，经济增长却被描述为宏观性的生产函数，函数的变量是总量性的资本和劳动投入，从而许多研究者把经济增长的微观基础忽略了，或者说，把微观变量抽离掉了。其实，熊彼特 [1990（1934）] 早在 20 世纪 30 年代就提出了这个问题：经济发展是一个交换过程，各个企业是为了他人的需求而生产，而一国全部生产的产出首先将在这些单位之间进行"分配"。可以看出，熊彼特已经清楚地意识到企业在经济发展中的决定性作用。到了 20 世纪八九十年代，奥尔森（2007）提出的批评就非常尖锐了：凯恩斯的宏观经济理论没有建立在微观经济理论的基础之上。绝大多数经济学家都会认为任何一种宏观经济理论应该建立在微观经济层次上才有意义，几乎所有学派都支持为宏观经济理论寻找微观基础的努力就证明了这一点。

尽管从分析技术上来看，抽离微观变量的做法在短期内很难得到有力扭转，但是越来越多的经济学家已经意识到了这个问题的严重性并在努力修补这一问题。增长与发展委员会（Commission on Growth and Development，2008），即斯宾塞委员会，说得很好：经济像一棵大树，尽管需要通过宏观枝叶来观测增长，但微观基础才是增长的根源。正在产生更大影响的内生增长理论与新古典增长理论相比，的确比较注重微观基础，正如其主要奠基者所言：这个理论体系就是要把基于创造性破坏的熊彼特理论带回到宏观经济学的主流之中（阿吉翁和霍依特，2004），不过遗憾的是，这个理论体系可能过于专注于技术创新了，而企业对经济增长的贡献在实际中并不全是通过技术创新来实现的。还有一些经济学家深入研究了企业家精神在经济增长中的作用，如鲍莫尔（2010）就是一个典型代表。国内的经济学家当中，张维迎和盛斌（2004）认为，企业家是经济增长的国王。一些管理学家的研究反而更微观、更扎实一些，如美国著名的管理学家波特（2003），试图以翔实的数据分析来展现企业竞争力在经济增长中的决定性意义，就比较好地将企业经营分析与经济增长分析结合起来了。

不过，那些能够较好地对宏观增长的微观因素进行量化分析的研究成果，仍然借助于新古典体系的基本框架。由于新古典生产函数的表述方式已经深入研究者的头脑，由于对资本、劳动、生产率的衡量已经形成强大的基础，所以，对经济增长微观因素的量化研究，就自然依赖于对企业生产率的分析，而企业层面数据库的日益丰富也为此创造了条件。Hsieh 和 Klenow（2009）对印度、中国、美国等国企业生产率差异及其对经济增速影响的研究，就是这方面的典型文献，此后许多类似的研究成果陆续发表，如 Brandt 等（2013）对中国的相关研究就引起了较广泛的关注。本书对中国经济增长之梯的研究，仍将参照这样的基本框架，但希望能在分析大企业的表现方面，展现自己的独特性和新颖性。

三、增长之梯的外向大企业踏板

从 GDP 核算来看，经济增长主要就是来自企业部门增加值的增长。因此，我们必须对企业增加值的增长进行更加细致的分析。

（一）企业产出规模的意义

企业部门增加值的增长，无非有两个来源，一个是新设立的企业带来的增加值，另一个是已有企业产出的增加。已有企业产出的增加，当然意味着企业规模的扩大。即使是新设立的企业带来了增加值，也是从零开始、从无到有，其实也意味着规模的扩大。因此，经济增长，总体而言取决于企业产出规模的扩大，这是很清楚的，尽管这并不意味着每个企业每年的产出都增加。

剩下来的问题就是：如何能使企业产出规模扩大？或者说，如何能使小企业变大，并使大企业变得更大（如果更大的企业可以克服规模边界制约的话）？澄清一下，这里所谓的变大，是指正和博弈意义上的变大，但不包含零和博弈意义上的变大。后者是指一个企业并购另一个企业实现了产出规模的简单相加而并未增加产出总规模；前者是指排除后者的规模变大。在市场经济中，众多企业的正和博弈意义上的规模变大，可以是帕累托改进的，即一些企业的产出规模扩大了，但其他企业并没有因此而缩小产出规模；也可以是卡尔多改进的，即有一些企业产出规模扩大了，另有一些企业产出规模缩小了甚至被竞争挤垮了，但这个经济体的总产出规模还是扩大了。

显然，在上述范畴内，能使企业规模变大的方法，就是促进经济增长的方法。既然企业变大包括两种情况，即小企业变大，以及大企业变得更大。那么从研究的角度来看，也可以简便地把企业分成两个群体，即小企业群体和大企业群体，看看两个群体的规模扩大分别对经济增长有多少贡献。当然，大小企业群体的划分方法和标准是人为的，之所以要划分规模来进行分析，无非是想定量地分析不同规模的企业对于经济增长的实际贡献，以及寻找其中的政策含义。

关于企业规模对于经济发展的意义，钱德勒（1987，2004，2006）在他的《看得见的手》《大企业与国民财富》《规模与范围》这些著作中，都作了精彩分析。他认为，随着交通和通信的进步，市场范围迅速扩大，这就为大量生产体制奠定了基础；而且职业经理层的崛起和规范化管理制度的确立，可以使大企业获得了明显的成本优势和规模经济性，因此，一批企业在市场竞争中成长为大企业，对于经济发展具有决定性意义。

对企业规模经济性的重要性的认识，在第二次世界大战前后流行的发展经济学当中得到了充分体现。例如，Rosenstein-Rodan（1943）就特别强调，由于收益递增性、生产不可分性等原因，工业化必须由一批最适度规模的企业来推进，这些企业的规模要足够大。事实上，在发展经济学理论成型之前，社会主义的苏联在工业化过程中，也十分强调大规模企业、联合化企业的重要性。生产规模带来的好处，从实际当中也可以直接体会到、感悟到。在第二次世界大战后，日本、韩国等国家的工业化进程中，一些被称为企业集团或财团的大企业，所发挥的作用的确令人刮目相看，尽管对它们真实、完整的市场表现，至今还存有研究方面的争议。在理论方面，日本等国的一些产业经济学家，对于产业组织和企业规模非常强调，有一派意见认为，充分利用企业的规模经济性，非常有利于快速提升国际竞争力，所以推崇政府利用产业组织政策来造就和扶持大企业（岩崎晃，1988）。尽管产业经济学的这种理论是否成立，仍然争论纷纷，但改头换面的类似理论和主张一直很有市场，特别是对于后起的发展中国家而言，由于发达国家的跨国公司已经形成了很大规模，似乎有能力主导全球市场和相关产业链，而规模较小的本国企业处于明显的全球竞争劣势，所以在全球化环境中促进本国经济增长，如何动用政策手段来造就和扶持大企业，并促进这些大企业的全球性经营和扩张，对政府来说无疑是很有吸引力的。当然，如何使政府之手掌握分寸，的确是一个很大的实际难题。

也有一些经济学家并不认为企业规模对于经济增长有实质性意义，如杨小凯（1994）的研究表明，是分工经济而非规模经济促进了经济增长，他似乎否认了规模经济性的存在，从而也否认了企业规模与经济增长之间的关系。不过笔者认为，规模经济与分工经济是可以并存的，因为从事实观察的角度来看，由固定投入或最少固定投入带来的规模经济性是广泛存在的，更何况本书所研究的企业是指产出的增加而非雇员的增加。鲍莫尔（2008）对企业规模与经济增长之间关系进行了更有针对性的探究，他的结论更辩证一些，他认为，大企业型资本主义与企业家型资本主义的有机结合，最有利于经济增长。他所谓的企业家型资本主义，实际上是指一个经济体不断有大量初创小企业涌现出来，这些小企业具有较强的创新和进取精神。可见，鲍莫尔的结论比较独特，他一方面肯定了大企业的形成和发展在经济增长中的要害地位，另一方面也强调了小企业，特别是不断涌现的初创小企业，对于经济增长的重要性。但是，研究人员切不要忘记，鲍莫尔强调创业型企业的重要性，也包含着小企业的规模能够扩大的重要性，也就是说，企业规模扩大，或者说企业发展壮大，在经济增长中无疑是重要的。

一些实证分析更有价值。早在 1998 年，Rajan 和 Zingales（1998）即发现，20 世纪 80 年代，发达国家制造业的增长源泉中，至少有 2/3 可以归功于现有企业规模的扩张。而在 2000 年，Bartelsman 和 Doms（2000）的研究也发现，经济增长中来自生产率提升的那份贡献，大部分可归功于资源在已有企业之间的再配置，即从低效企业转移到高效企业，从而高效企业的规模会越来越大。一项较新的、较全面的对欧洲企业规模的研究（Navaretti 等，2012），重点审视了经济增长过程中的三种主要模式：企业数量的增加，已有企业规模的扩大，资源再配置。这项研究对 2001—2008 年法国、意大利和西班牙三国的数据进行了分析，通过多项分布对数模型（multinomial logit model）来辨识决定企业规模变迁的主要因素，结果显示，规模扩张企业（upsizers）与较高生产率、较强的获取金融资源的能力和国际化能力相关，而规模收缩企业（downsizers）多数表现出低生产率、低创新性、难以获得金融资源，以及低工资、低利润等；不过，并不应该把企业效率高低与规模扩张收缩之间的关系简单化，因为也有一些研究发现，1977—1987 年，美国出现效率提升的制造业企业中，既有规模扩张类型，也有规模收缩类型。这项研究认为，在经济发展不同阶段，不同增长模式的重要性大不相同，在有些阶段，新企业的大量涌现、企业数量的增加，是非常重要的，而在另外一些阶段，资源再配置和已有企业规模的扩大则更加重要。

这些实证分析成果，对于我们研究大小企业在经济增长中所发挥的实际作用，具有重要的参考价值。一个值得注意的现象就是，在经济起飞的早期阶段，即迈进增长之门的时候，尽管早期的后发优势理论和追赶式发展理论（Rosenstein-Rodan，1943；Gerchenkron，1962）比较推崇大企业，特别是国家扶持的大企业，在实现经济起飞方面的积极作用，但大量实例表明，国家扶持的大企业，特别是国家所有制的大企业，以及经由政府之手合并重组而形成的大企业，很容易丧失经营活力和市场竞争力，随着时间推移，反而会成为资源错配的重要源头和经济持续增长的严重拖累。而且，许多事实表明，完全市场化经营的小企业，对于活跃市场、增加就业和民众收入、点燃市场化经济增长的引擎，具有重要意义，这一点绝不应该被低估。因此，在研究企业规模对于经济增长的促进作用时，尽量剔除那些由政府"喂养"和"捏合"而成的大企业，特别是这样的国有大企业，就非常重要，否则就不一定能得出正确的结论，甚至会得出具有误导性的结论。

即使在一个完全的市场化环境中，没有政府之手来"喂养"和"捏合"一些大企业，也要辩证看待大企业和小企业各自对经济增长的贡献，特别是要区分在经济发展的不同阶段，大企业和小企业的贡献可能各不相同。也许与一些发展经济学家的理论推测相反，当一个经济体处于较早发展阶段的时候，大企业的关键意义反而更低，而当迈过较早发展阶段之后，大企业的关键意义就日益凸显。Imb 和 Wacziarg（2003）的一项研究就很值得重视，他们的分析结果表明，低收入经济体的企业在工业化初期可以大量进行多样化的工业品制造，但当进入中等收入之后，市场需求的空缺性缩小，对多样化制造形成制约，所以更高程度的专业化就会越来越重要，而专业化将增加规模经济的重要性。中国的发展历程也有一定的启发意义，如一项实证研究（Li 等，2012）用 1983—2003 年中国 29 个省的面板数据进行了分析，结果显示，以中小私营企业和个体经营户为代表的企业家精神，对于中国当时的经济增长起到了重要作用，具体来说，企业家精神贡献了年均 1.5 个百分点的人均 GDP 增速，而且每当劳动力市场的自我雇佣比例增加一个单位（one unit），GDP 的年增速将提高 1.3 ～ 2.7 个百分点。显然，这项研究所指的是狭义的企业家精神，其实主要是分析中小企业对于经济增长的作用。这个分析也与经验事实相吻合，在 20 世纪八九十年代，当中国经济还处于进入"增长之门"阶段的时候，东南沿海地区的私营、个体经济如雨后春笋般地大量涌现，特别是浙江等地的"块状经济"地区在那时没有多少大企业，但老百姓兴办了众多的中小私营企业和个体户，它们尽管被很多人贴上了"低端""一哄而上"的标签，但极大地带动了当地经济的发展。不过，自 2008 年以来，一方面由于当时全球金融危机的冲击；另一方面由于中国开始进入上中等收入状态，保持较高速度的经济增长变得越来越困难，经济增速开始明显下滑，微观上就表现为许多没有能够成功变大的小企业和个体户开始纷纷倒闭。特别是 2012 年之后，中国经济增速下滑呈现出明显的趋势性而不是阶段性，企业的分化就更加明显，那些竞争力较弱、稳健性较差的企业显得萎靡不振甚至关闭破产，而一些竞争力较强、稳健性较好的企业则提高了市场占有率，扩大了规模，改善了在价值链中的位置，提升了生产率。

（二）竞争性外向型大企业的踏板作用

综上所述，一个合理的推测就是，处于跨越"中等收入陷阱"时期，特别是处于从上中等收入向高收入迈进这一关键时段，经过市场竞争的优胜劣汰机制考验而成长起来的规模较大的企业，在升级转型、全球化竞争方面的作用就会凸显出来，而这对于中等收入经济体仍然维持较高经济增速具有极为重要的意义。研究这些企业对于攀登增长之梯的重要作用，不但具有学术价值，更具有政策价值。这里需要特别指出的是，本项研究所指的规模较大的企业，是一个经济体在迈进增长之门以后并攀登增长之梯之时，那些在市场竞争中，特别是在全球竞争中，已经实现规模扩张的企业，它们并不一定是规模很大的企业以及规模最大的那些企业，并不一定是官方划定的大型企业，也并不排除规模虽然稍小但规模扩张持续较快的企业，确切地说，本项研究所关注的所谓大企业，是那些"较大且更快变大"（relatively-larger and growing-faster）的企业。不过，把它们通俗地、简要地叫作大企业，并不违背称呼习惯，只是在进行具体分析时，需要对作为分析对象的大企业进行仔细界定和准确说明，以避免造成混淆而形成误解。无疑，这些大企业在国内同行业中具有较强竞争地位，甚至在国际同行业中也具有较强竞争地位，它们中的许多企业应该是行业龙头企业。已经有一些经济学家隐约意识到这个研究议题的重要性。鲍莫尔（2008）就提到，对于那些尚未接近前沿的国家而言，企业家型资本主义更好。卡拉斯（2011）也明确提示：一个经济体从低收入发展到中等收入的过程中，生产率提高主要靠劳动力等资源从农业和农村向工业和城市转移来实现，而当达到中等收入之后，生产率提高的来源就发生了很大变化，这种源泉可能是规模经济、专业化或者产业集群。现在当中国达到中等收入状态之后，巨型企业仍然很少，对于规模经济的挖掘仍然不足，而这会制约产业集群的进一步发展和在此基础上的生产率进一步提升。许多成功的例子表明，中上收入之后，生产率增长主要来源于品牌建设、龙头企业和创新型企业，也来源于新技术和新工业的快速应用。内生增长理论所导出的政策含义，有利于政府从另外的角度来认识大企业的作用，这种理论认为，经济增长是一个基于创新和效率提升的内生过程，企业规模的自然扩大，意味着在市场竞争环境中，特别是全球竞争环境中，企业竞争力增强了，从而持续增长的微观基础更坚实了（阿吉翁，2014）。这些阐述，都暗示了规模较大的企业在攀爬经济增长之梯中的重要性。当然，这种暗示需要坚实的数据分析来证实或证伪。不过，如果我们不忽视事实观察，就可以看到，中国自 2008 年以来，大量的普通小企业，包括东南沿海"块状经济""集群经济"地区的制造业小企业，纷纷关闭破产，其原因除了劳动力成本不断上升、市场需求萎缩、融资更加困难等外在因素，也有它们自身产品技术含量低、工艺简单、行业进入门槛低、缺乏品牌等内在因素，相反，一些素质较高、竞争力较强的"剩者"却获得了更多的规模优势，许多产业的生产集中度明显提高了。因此，如何从事实观察上升到学术研究，是学术界不可回避的问题。

当然，学术研究也要防止把这一问题简单化。从直观上来看，企业规模变大与经济增长的关系也并非是一种线性关系，譬如，企业所提供的产品和服务的数量并未增加，质量并未提高，只是因为价格大幅度上涨造成营业收入和利润大幅度增加，那么，这并不构成经济增长；即使营业收入增长是来自产品和服务的增加，但这全部来自投入品的增加，企业效率并未上升甚至下降了，这表面上看起来的确构成了经济增长，但效率未升却得到了这么多投入品，意味着资源配置恶化了，实际上会抑制经济增长，因为应有的增长潜力并没有得到全部释放。这些直观性分析提示我们，并不能僵化地认识大企业在攀爬增长之梯时的作用，而是需要进行深入的学术分析，包括翔实的数据分析，以及可靠的实例分析。恰恰因为这些研究至今为止还严重欠缺，本项研究才有很大空间。

还需要考虑这样一个质疑：在互联网和信息技术飞速发展的当今时代，单个企业的规模是否像以前那样具有重要性。应该说，这种质疑值得重视，我们绝对不能忽视在新技术浪潮的推动下，产业组织和企业结构在 21 世纪以来所发生的日新月异的变化。不过，从历史来看，其他技术也曾对产业组织和企业结构产生过重大而深远的影响，并不能说这一次信息技术的影响就是全新的、空前的，想一想电报、电话出现的时候，其革命性意义并不亚于互联网，整个社会为之痴狂的程度、各种企业组织理论涌现的盛况并不亚于当下。从现实来看，尽管在互联网时代，企业之间的合作、联盟有着更加多样的形式和内容，平台化、生态化的商业发展模式有着更大的吸引力和话语权，企业内部的流程和企业之间的边界也在发生深刻的变化，但是，单个企业的规模仍然是市场力量的基础，这一点并没有改变，只不过人们越来越不以员工人数而是以营业收入和市场份额来衡量企业规模。从对业务的实际控制和合并报表的角度来看，企业规模的重要性不但没有降低，反而还在增强。更重要的是，本书所研究的企业规模，也包括当今商业模式、生态系统中的业务规模，从国民经济统计与核算的角度来看，经济增长的微观表征就是企业营业规模的扩张，这一点是不会改变的。因此，不管技术、业态如何变化，本项研究的基本逻辑、基本框架仍然是成立的。

笔者把上述大企业假定为攀登经济增长之梯的"踏板"（rung）。"踏板"这一词汇用在此处，是形象的、贴切的。以研究中国经济而著称的两位学者Brant 和 Thun（2016），在一篇关于中国产业发展和经济增长的论文中，就使用了这个词汇来表述一些政策的重要性。这篇论文认为，发展中国家在逐步融入全球经济和启动快速增长的较早阶段，其本国企业一般会从产品质量阶梯的低端细分市场切入，在与跨国公司争夺中端的过程中提升竞争力，不断努力向质量阶梯的高端升级，然而有些限制性的政策，要么在供给侧限制了企业获得升级所需资源的机会，要么在需求侧抑制了企业升级的动力，政府在无意之间拆掉了产业升级阶梯上必要的"踏板"。这篇论文重点分析了中国的工程机械、摩托车和汽车三个行业的政策与发展状态，发现工程机械行业的政策最宽松，因而该行业本土企业与跨国公司的差距明显缩小，并诞生了几个国际竞争力较强的新兴大型翘楚企业。笔者使用"踏板"这个词，来描述一国经济在攀爬增长之梯时的大企业作用，是想强调，如果没有这些踏板一级一级地接上去，增长之梯就不能形成，一个经济体就难以进入高收入状态。

一个经济体跨越中等收入陷阱、进入高收入状态的过程，本身就是一个借助于发达国家业已形成的技术、资金、管理优势和市场规模的过程，本身就是一个对发达国家进行追赶的过程。这个过程无法在封闭的环境中，只能在开放的环境中完成。更何况，世界银行关于低、中、高收入的划分，就是一个开放环境中的国际标准。因此，那些能够成为踏板的大企业，一个较为普遍的特征，就是实行外向型经营，包括进出口、吸收外资及对外投资、接入全球供应链和产业链、布局全球生产营销研发网络等。这些踏板大企业，不但是竞争性的企业，多数情况下也是外向型企业。把它们称为外向大企业踏板，更加确切。鉴于外向型特征，这些大企业一般属于可贸易部门，主要是制造业领域，从而能够比较充分地接受全球竞争挑战并融入全球分工与全球竞争体系之中。当然，如果只是借助政府力量、政府资金盲目对外投资，这样的企业并不符合本书的外向型经营的本意，它们通常并不应该被视为踏板企业。不过总体而言，外向型至关重要，如果缺乏外向型这个较为普遍的特征，一国的大企业群体到了从中等收入向高收入迈进这个阶段，就难以帮助国家实现产业升级、增长转型和国际收支基本平衡、货币汇率基本稳定，即使这个国家接近或者进入高收入状态，也很容易从增长之梯突然滑落，正如爬梯者没有了踏板就会突然跌落一样。不少国家就是这样望高收入而兴叹。

（三）大企业与中小企业之间的辩证关系

本书丝毫没有否定中小企业的作用，更意味着不希望借助政府之手对大企业实施不当的倾斜性扶持政策。本书是从能否不断做大的角度来看待中小企业，因为一个经济体只有不断涌现大量初创的中小企业，才会为未来的大企业提供源源不断的后备力量，才会不断有新兴的大企业出现，增长之梯的踏板才会一级一级地往上接续。即使那些没能不断做大的中小企业，并不意味着没有为经济发展作出贡献，只不过它们没能成为在增长之梯上具有关键意义的踏板。也有一些大企业会适时进行分拆，分拆之后成了规模更小的企业，但如果这些企业还能继续成长，也有机会成为大企业，这样就会使大企业群体增加更多的成员。

本书所关注的大企业，是那些市场化竞争、一体化运营的大企业，而不是通过产业政策排斥竞争和人为扶持而存在的大企业，所以垄断行业的大型国企，以及政府之手"捏合"的大型国企，一般而言并不属于踏板企业。也有一些企业，当营业规模膨胀到了足够大的时候，患上了严重的大企业病，如果难以拯救，就会破产，从而退出大企业群体。因此，并不是所有大企业，都对经济增长有正面作用，都能成为增长之梯的踏板。对于有些大企业，不应促进它们变得更大，而应实行改制、管制、分拆、破产、关闭，这样反而更有利于优化资源配置，促进经济增长。

此外，有一些企业在一段时期里发展壮大了，但之后又萎缩了，变成了规模收缩企业，它们对经济增长的贡献暂时消失了，但并不意味着它们此后再也不能成为踏板企业，因为无论在经济增长的哪个阶段，都会有一些规模扩大企业和一些规模收缩企业，不过在进入增长之门的时候，可能帕累托规模扩大的情况更加普遍，而当攀登增长之梯的时候，可能卡尔多规模扩大的情况更多，即规模扩大企业挤占、压缩了其他企业的市场份额和生存空间，就会出现更多的规模收缩企业，如果一部分规模收缩企业能通过调整重组而重获竞争力，就会再次变成规模扩张企业和增长之梯上的踏板。因此，本书并不是静止地分析大企业，而是在较长时段里动态地分析大企业，关注大企业群体和龙头企业群体的构成如何随着时间推移而变迁、更替，这样才能辨清经济增长的动能，才能看清增长之梯的踏板如何一级一级往上接续。

四、企业异质性贸易理论、经济增长的贸易本质和企业规模

一个经济体当中有许许多多的企业，应该说，除了极少数满足现状的企业，绝大部分企业都想变得更大。但是，为什么有些企业能由小变大，有些企业能由大变得更大，而有些企业却不能？企业是否会变得更大，并不是想不想的问题，而是能不能的问题。因此，我们需要探讨企业规模变化的背后因素。

（一）企业异质性与生产率

从经验上来看，在市场经济中，能够变得更大的企业，就是竞争力更强的企

业。当然，所谓竞争力更强，并不仅仅是指更强的技术研发和应用能力，也包括更强的成本压缩、市场开发、生产组织、资源调动等方面的能力。从理论上来看，经济学缺乏具有说服力和普遍意义的企业规模理论。尽管企业规模是产业组织理论的核心议题之一，但早在 20 世纪 50 年代，Stigler（1958）就指出了传统的规模经济理论经不起现实检验，他认为，即使在同一产业中，由于不同企业有着不同的资源组合，所以并不存在一个统一的最佳规模，而且不同时期可能有不同的最佳规模，也就是说，企业最佳规模的范围其实是很宽广的，企业的长期成本线在很宽的规模范围内基本上是水平的。杨小凯（1994）甚至认为企业规模对于经济增长没有实质性意义。总的看来，在众多的相关文献中，唯一具有普遍意义的企业规模理论，就是成本理论，但其致命缺陷在于将所有企业的成本曲线看成是一模一样的。这种同质性的成本曲线理论，显然与事实完全不符。管理学在研究企业规模方面要好得多，如钱德勒（1987，2004，2006）等人的研究就很有意义，但他的研究却以事实陈述、案例分析、经验总结为主，而缺乏一般性理论。

在经济学研究中，近 10 年来得到越来越多关注的异质性企业贸易理论，尽管并不主要研究企业规模问题，但其部分研究结果显示，企业规模差异实际上来自企业异质性。所谓企业异质性，主要是指以企业生产率来衡量的综合竞争力各不相同。异质性企业贸易理论起源于 Melitz（2003）在 21 世纪初创立的解释贸易现象的模型，这个模型最初旨在揭示不同企业之间的生产率所存在巨大差异，而生产率差异体现在出口与不出口的区分上，从而解释了要素条件基本相同国家的同类产品之间为什么也存在贸易。这个模型后来又得到一些重要扩展，特别是 Bernard 等（2007）所进行的拓展工作，使这个模型有了更强的适应性和解释力。这些模型所建立起来的理论，在近 10 年来得到了广泛应用和高度评价，被称为新新贸易理论，与俄林 - 赫克歇尔的经典贸易理论、克鲁格曼等人的新贸易理论相提并论。

强调企业的异质性之所以具有重大意义，是因为在同一行业内，也有很多企业在生产同一产品，但只有一些企业出口，另一些企业不出口，那些从事一般出口贸易的企业往往有更高的生产率、更大的生产规模。原有的贸易理论分析了产业间的资源重配，新新贸易理论则发现，现实中存在大量的企业间资源重配。异质性企业贸易领域的研究发现，控制其他因素，企业相对营业收入取决于企业相对生产率（相对于其他企业），企业的生产率是内生的，贸易自由化尽管会对国内市场形成冲击，高生产率的企业也可能在国内市场遭遇营业收入下降问题，但它们在国外市场营业收入的上升更快，所以它们的总营业收入还是会上升，规模还是会扩大。

（二）经济增长的贸易本质

笔者认为，用国际贸易来表征企业的异质性能力（竞争力），可能是正确的。因为国际贸易一般而言比国内贸易需要更强的能力：国际贸易不但需要企业盈利能力覆盖远距离运输成本，还要应对陌生人际网络、政商关系导致的产品适宜性改进成本、销售成本、合约成本等，以及要应对各种不确定性。

应该说，异质性企业贸易理论并不是一个现成的经济增长理论。在这里，我们需要对经济增长的本质作更确切的理解。市场经济中，经济增长的本质，其实就是贸易的增长，包括国内贸易和国际贸易的增长，因为每个企业都需要把产品和服务卖出去，而不是留着自用。卖出去就是贸易。斯密的分工化生产需要贸易来最终实现，不能实现贸易的分工化生产当然是无效生产，而分工化生产的扩张最终体现为贸易扩张，这就是经济增长。分工化生产和贸易实现，无疑都需要由企业来完成，因此很好理解，为什么企业能力的形成是新新贸易理论和新增长理论的核心。笔者将这种理解称为经济增长的贸易本质。实际上，在早期的贸易理论中，特别是俄林（2013）的著作中，国内的区域贸易与国际贸易同样具有重要地位。由于国际贸易的壁垒更多、不确定更大、难度更高，所以一般认为，国际贸易更能代表企业竞争力、区域竞争力、国家竞争力，以及经济增长的竞争力。从这个角度来看，本书强调踏板大企业的外向型特征，将这些企业称为外向大企业踏板，是符合逻辑的。

异质性企业贸易理论并不是一个现成的企业规模和大企业发展理论。这个领域一些重要的研究显示，从事跨国贸易的企业，一般而言在同行业中具有更大规模、更高生产率；在跨国贸易基础上，从事跨国投资、跨国供应链活动的企业，同样具有更大规模和更高生产率。企业跨国贸易、跨国投资、跨国供应链活动，与企业规模、企业生产率之间的强相关关系，使得异质性企业贸易理论与企业规模联系在一起。Redding（2010）对异质性企业贸易理论进行了概括性分析，指出这个理论的实质，就是解释企业竞争力差异对企业生产规模和贸易增长、贸易份额提高的决定性意义。因此，以异质性企业贸易理论作基础，来研究外向大企业踏板和攀爬增长之梯，在分析框架上当然是可行的。

（三）生产率指标与经营财务指标、产品质量指标

异质性企业贸易理论实际上可以从 Leibenstein（1966）的 X- 效率理论中找到影子，而这位发展经济学家的关注重点之一恰恰是收入较低国家如何保持较持久的经济增长。X- 效率理论也认为，即使在一个完全一样的市场环境中，不同企业有着不一样的效率，这种效率差异并不能用传统经济学的资源配置机制来解释。因此，异质性企业贸易理论实际上也指向了不同的企业家、不同的管理团队、不同的组织、不同的文化、不同的战略、不同的管理方式和管理风格、不同的资源条件和资源使用方法。实际上，都是强调人、组织、战略、文化的重要性，强调深入企业这个"黑箱"的重要性，而不是像传统的经济学那样停留在企业之外的"市场"中。异质性企业贸易理论实际上是强调，经济增长更多地取决于企业这个"黑箱"，而不是"黑箱"之外的市场。由此不难推断，如果有更多的企业能够提升生产率和经营规模，就会有更多企业从事跨国贸易、跨国投资和跨国供应链活动，就会促进全球化背景下的经济增长。

不过需要指出的是，异质性企业贸易理论主要以企业生产率来衡量异质性能力，有一定的片面性，有时可能还有误导性。生产率作为一个整体指标和长期指标，是令人信服的。但是对于数量较少的企业群体或一个企业而言，特别是在较短时期内，完全可能出现糟糕的经营状况和良好的生产率指标并存的现象，以及出现高生产率企业的经营状况明显不如低生产率企业的现象。这些现象一点也不奇怪，因为在市场化经营中，短期经营财务指标的重要性绝不逊于长期生产率指标，短期财务指标恶化而导致高生产率企业破产倒闭的情况并不鲜见。因此，在

本书中，不但应该对企业生产率进行分析，还要对企业经营财务指标进行分析，这样才能了解踏板大企业的全貌。

当一个经济体达到中等收入状态而要攀爬增长之梯，就意味着重要产业的升级转型。而异质性企业贸易领域的一些研究，特别是那些分析产品质量提升与异质性贸易之间的正向关系的文献，对于我们理解如何攀爬增长之梯具有重要参考价值。Gervais（2011）将企业的产品质量和技术效率区分开来，使用美国制造业普查数据库（CM）的生产线层面数据（plant-level data）进行模型检验，发现了产品质量和技术效率对于出口选择的影响是不一样的，产品质量，而不是技术效率（这里所谓的技术效率是指企业的成本优势），是企业选择出口最主要的因素，产品质量越高就越倾向于选择出口并且能获得更高的价格，出口增加主要是因为产品质量较高从而市场需求增加而不是因为企业效率提高。这项基于美国企业数据的研究，对中国这样正在攀爬增长之梯的国家的启发意义在于，以前主要依靠成本优势来推动出口、参与国际竞争、带动国内经济增长，但在新的条件下似乎难以为继，如何强化产品质量提升能力，变得越来越重要了。因此，本书认为，绝对不应该忽视产品质量，特别是出口产品质量的研究，从而使我们可以从质量是否提升的角度来看待大企业是否可以被视为增长之梯的踏板。

一些跨国实证研究，显示了比较具体的指向性。Altomonte 等（2012）就明确指出，由于企业之间具有很大的异质性，笼统地以一个国家、一个产业为分析单位，往往看不出问题的实质，所以必须从企业层面来研究国家竞争力和经济增长。该研究对英、法、德、西、意、奥、匈 7 个国家的 15 000 家企业进行了综合分析，以企业在全球市场中进行产品和服务交换的能力，来表示企业的外部竞争力（external competitiveness），企业是否有出口、对外投资、参与全球价值链等，都作为重要指标。研究发现，全球性活动企业具有更高的生产率，而且企业的生产率越高，则所从事的全球性活动的复杂性越高，企业规模也越大。研究还发现存在一个生产率门槛，高于门槛的企业具有外部竞争力，而且以此可分辨出四类企业，一是一直在门槛之上的企业；二是跨越门槛的企业，这些企业就是转型者（switcher）或者竞争力阶梯攀登者（competitiveness ladder climber）；三是从门槛之上掉入门槛之下的企业；四是一直在门槛之下的企业。第三类和第四类企业的经营规模较小，股权资本较少，劳动生产率较低，单位劳动成本较高；第二类企业虽然规模也较小，但股权资本较多，人力资本和研发密集，薪酬与效益挂钩较好，管理层职业化程度较高，股权结构的外部化和国际化程度较高。这项研究恰恰说明，小本身不是美，小能变得更有生产力（more productive）、小能变大（more likely to grow）才是美。转型企业或竞争力阶梯攀登企业，正是我们所关注的新兴的踏板企业。本书也需要从企业规模变化等角度来分析哪些企业变成了踏板，而哪些企业退出了踏板行列。

至此，本书的理论脉络已经很清楚，就是要重视经济增长的微观基础，在此基础上，把企业的异质性能力和企业规模带入宏观经济增长分析框架中去，通过对中国企业的经营规模、市场表现、国际贸易和生产率等方面的研究，揭示什么样的企业才是增长之梯的踏板，并探究如何才能构造更多的踏板企业，从而为更稳健、更持续的经济增长，为中国跨越中等收入陷阱从而成为高收入国家，提供有意义的政策视角。

五、主要的研究内容

本书接下来的几章，将阐述如下内容。

第二章将描述从增长之门到增长之梯的中国历程。中国在改革开放之初还是一个低收入国家，到了 20 世纪末成为下中等收入国家、2008 年成为上中等收入国家，目前正在一步一个脚印地努力向高收入迈进。本章以浙江省作为中国缩影进行详尽分析，发现浙江省在进入增长之门阶段，大量中小企业兴起，有力促进了经济繁荣，但进入 21 世纪以来，企业分化现象比较明显，在竞争中形成的大企业对于产业升级转型和深度融入全球化格局发挥了很大作用。

第三章将分析中国攀爬增长之梯过程中的大企业表现。本章对中国进入中等收入阶段以后的规模较大工业企业进行数据分析，发现规模较大企业的生产率增速较快，而且对其他企业的溢出效应比较明显，初步证实这些企业的确发挥了踏板作用。

第四章将对我国制造业八大重要行业进行分析，考察这些行业龙头企业的兴替，从而探究大企业如何才能崛起并逐渐建立全球竞争优势，并成为增长之梯的踏板。本章专门构建了一个"资源—能力—意愿—机遇"的框架，深入分析后发现，把握机遇、强化意愿、练好内功、致力创新，成就了这些龙头企业，它们在中国经济处于攀爬增长之梯的重要当口，正在日益积聚与发达国家大企业进行水平竞争的能力。

第五章专门分析大企业与产业升级的关系。本章强调，攀爬增长之梯在很大程度上就是成功实现产业升级转型，居于行业前列的龙头企业的表现，在较大程度上决定了整个行业升级转型的成败，也决定了整个行业在全球竞争中的地位。本章通过对我国一些典型的劳动密集型、资本密集型、技术密集型产业的分析，发现这些产业的大型龙头企业在产业结构调整、价值链位置提升、质量阶梯登攀方面，总体而言取得了一定成绩。但一些经过行政手段捏合形成的大型国有企业集团，仍然处于整合与提高的探索过程中。

第六章就踏板企业的外向型特征进行分析。增长之梯的外向踏板企业，它们中的大多数会逐渐加深全球化经营的程度，不但积极从事出口，也会适时适度进行跨国投资以及全球研发。本章全面审视我国加入WTO（世界贸易组织）之前7年和之后15年中国出口产品质量的变化，以及一些重要行业出口龙头企业的变迁，分析它们如何带动出口产品质量以及整个贸易质量的提升，从而有助于我们理解哪些企业有可能成为踏板企业，以及它们如何在全球竞争中增强自己的能力和实力。

第七章从出口产品质量的角度来考察踏板企业的质量。踏板企业不但应该助推国家的产业升级从而提高全要素生产率，也应该助推国家的外贸升级并帮助实现国际收支的基本平衡以及汇率的基本稳定，否则，国家要么难以成为高收入经济体，要么难以维持在高收入经济体的行列。经济持续增长，特别是在攀爬增长之梯阶段的持续增长，在较大程度上得益于产品质量的提高。从逻辑上来讲，出口产品质量，也在较大程度上反映了踏板本身的质量。也就是说，踏板本身也有一个质量问题。本章的研究发现，中国企业出口产业质量总体而言对中间品进口的依赖程度较大，但内资企业相对而言要好一些，同时规模较大的企业出口产品质量更好一些。

第八章从企业出口决定因素的角度认识大企业的作用。本章以汽车行业为代表，分析生产率和企业规模对出口的决定作用，强调了大企业的意义。

第九章对全书进行总结，并作一些政策讨论。

第二章

从增长之门到增长之梯：
以浙江作为中国缩影

中国实行改革开放的 40 年里，已经从低收入国家发展成为上中等收入国家，目前正在向高收入迈进。按照第一章的定义，这 40 年正好见证了从进入增长之门到攀登增长之梯这样一个过程，而且目前正处于攀爬增长之梯的关键时段。这样一个较为完整的过程和时段，毫无疑问应该是学术界研究经济持续增长的珍贵样本。这个样本过往的经济持续增长，其微观基础的演变，更值得认真研究。在进入增长之门的时候，大量中小企业蜂拥出现，有力地推动了经济繁荣，而在攀爬增值之梯的时候，企业部门开始分化，那些外向型、竞争性的规模较大企业，开始发挥踏板作用。本章就是希望借助对中国实际情况的分析，来揭示这一进程中的企业群体如何变迁和踏板大企业如何生成。

中国是一个大国，有 30 多个省级行政区，各地区之间发展不甚平衡，到目前为止，按照世界银行的划分标准，一些地区尚处于中低收入状态，许多地区已经进入上中收入行列，而少数地区已达到高收入标准。其中，浙江省可以视为中国改革开放 40 年发展历程的缩影。20 世纪 70 年代末，浙江省在全国范围内来看属于比较落后的省份，但改革开放政策促使了大量中小民营企业的兴起，其中大部分是劳动密集型企业，鲜有大企业，有一些学者形容 20 世纪八九十年代的浙江经济是"小狗经济"。数量众多的"小狗企业"推动浙江经济迅速迈入增长之门。进入 21 世纪以来，浙江的企业明显呈现两极分化现象，一方面，许多技术水平和管理水平低下的中小企业退出市场；另一方面，一些在竞争中得到淬炼和不断成长的企业获得了越来越多的市场份额，积累了越来越大的升级转型力量，不但这些企业的经营规模壮大了，国际化经营程度提高了，而且整个浙江省的经济增长也在相当程度上逐渐摆脱中等收入时期容易遭遇的那些烦恼，于 2006 年进入上中等收入状态，并于 2015 年在全国范围内较早进入高收入状态。毫无疑问，浙江省在过去 40 年里，已经经历了低收入—中低收入—上中收入—高收入这个最为完整的过程，这在全国是不多见的，因此我们认为，浙江省是本书研究最为典型的样本。

　　本章就是以过去 40 年中国经济增长和企业发展情况为背景，聚焦浙江省的经济发展实践，分析浙江省各阶段不同规模企业的成长特征及对经济增长的贡献，从而刻画在从迈入增长之梯到攀登增长之梯的过程中，外向型、竞争性大企业不断生成和发展，如何构筑增长之梯上的踏板。

一、开启增长之门：中小企业大量涌现并成长推动经济增长

　　过去近 40 年，中国经济快速增长，企业和个体工商户数量大幅增加。尽管企业平均规模小，但新增数量多、活力强，为中国经济增长作出了巨大贡献。浙江省是中小企业和个体工商业发展的典型地区。改革开放以来，浙江省乡镇企业的异军突起，个体私营经济的活跃，外商投资企业的进入，多重力量催生了大量中小企业，从而开启了经济快速增长之门。1978—2008 年，浙江省经济连续保持了 28 年的两位数高速增长，到 1995 年，全省人均国民收入为 976 美元，成功由低收入阶段跨入中低收入阶段，到 2006 年，全省人均国民收入达到 3 918 美元，跨入上中等收入阶段[①]。从这期间的企业变化来看，在这两个跨越阶段，大量中小企业的涌现和成长对经济增长发挥了重要作用。

（一）解放生产力的制度创新催生了大量中小企业

　　以 1978 年党的十一届三中全会为标志，中国进入改革开放新阶段。广东、浙江等地作为改革开放的先行地区，率先进行经济体制改革。这一阶段浙江经济发展最主要的特点就是乡镇企业的异军突起和中小企业的活力显现。

1. 农村经济体制改革推进乡镇企业蓬勃发展，成为最有活力的经济增长点

　　1982 年到 1986 年，中央连续制定和颁布了关于农村工作的五个"一号文件"，

---

① 根据世界银行 2005 年的收入标准，中低等收入：人均国民收入在 876～3 465 美元，上中等收入：人均国民收入在 3466～10 725 美元。

推动了中国的农业农村向市场化、专业化和现代化的方向发展 ①。在这样的政策背景下，20 世纪 80 年代中期，乡镇企业以其市场化程度高、自主经营、自负盈亏的优势在市场竞争中迅速发展。乡镇企业一般规模较小，生产成本低，多以劳动密集型为主，因此能够快速有效地创造就业和吸收农村剩余劳动力，具有极强的市场竞争力。如表 2-1 所示，中国的乡镇企业从 1978 年的 152 万户增加到 1992 年的 2 092 万户，利润总额增加从 95 亿元增至 1 079 亿元，吸纳职工数量上升至 1 亿多人，占全社会就业人数的 16.1%。截至 1992 年，乡镇企业增加值占全国 GDP 比重已经从 1978 年的 5.8% 上升至 16.8%，乡镇企业的异军突起加速了农村劳动力从农业部门转向非农业部门，成为改革开放初期重要的经济增长支柱（胡鞍钢和马伟，2012）。

表 2-1   1978—1992 年中国乡镇企业发展情况

年　份	企业数	职工数	总产值	增加值	利润总额	出口交货值
	万户	万人	亿元	亿元	亿元	亿元
1978	152	2 827	515	209	95	—
1979	148	2 909	561	228	112	—
1980	142	3 000	678	285	126	0.1
1981	134	2 970	767	321	122	—
1982	136	3 113	892	374	129	0.4
1983	135	3 235	1 019	408	137	—
1984	607	5 028	1 710	633	188	27
1985	1 223	6 979	2 728	772	247	—
1986	1 515	7 937	3 583	873	379	99
1987	1 750	8 805	5 055	1 416	381	169
1988	1 888	9 545	7 018	1 742	526	269
1989	1 869	9 367	8 402	2 083	675	371
1990	1 873	9 262	9 581	2 504	608	462
1991	1 909	9 614	11 811	2 972	815	789
1992	2 092	10 581	18 051	4 485	1 079	1 193

资料来源：何康 . 中国的乡镇企业 [M]. 北京：中国农业出版社，2004

---

① 1982 年 1 月 1 日，中共中央发出第一个关于"三农"问题的"一号文件"，对迅速推开的农村改革进行了总结。1983 年至 1986 年中央先后发布了《当前农村经济政策的若干问题》《关于一九八四年农村工作的通知》《关于进一步活跃农村经济的十项政策》《关于一九八六年农村工作的部署》。

　　1978年浙江省拥有乡镇企业73 971户，总产值为21.7亿元，占全省工业产值的比例极小。改革开放后的十几年间，浙江省的乡镇企业突破了单一的产业结构和"三就地"的限制，探索和发展新的所有制实现形式与企业经营方式。浙江省从政策上放宽对乡镇企业发展的限制，由原来的两个轮子（社办、队办）逐步转变为四个轮子（乡办、村办、联户办、户办）同时发展，农、工、建、运、商、服等产业同时并进，实现"多轮驱动，多轨运行"。乡镇企业由最初的"就地取材，就地加工，就地销售"逐渐转向了更广阔的市场。至1992年，浙江省共有乡镇企业达551 904户，乡镇总产值已达1 459.45亿元，比1978年增长了66.21倍，出口产品交货值达155.64亿元，占总产值的10.67%，如图2-1所示。

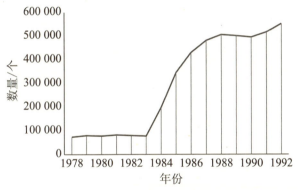

图2-1　1987—1992年浙江乡镇企业单位数

资料来源：根据《中国乡镇企业统计年鉴》（1978—1993年）整理

2. 多种所有制与经营形式的中小企业齐头并进，搞活企业微观机制

　　中国企业改革和体制创新的成功经验，基本都是由国有小企业、城镇集体企业和乡镇集体企业等中小企业率先试验与推广的。1982年至1992年的10年间，中国小型企业总体数量增长不多（表2-2），但工业总产值从3 093.87亿元增长到了11 806.77亿元（表2-3）。以江苏、浙江、广东等省为典型，各种乡办、村办、合作经营的集体所有制企业和城乡个体工商户如雨后春笋般涌现，以"村村点火、户户冒烟"之势成为突破计划经济体制和发展市场经济的典范。

表 2-2 1982—1992 年全国及部分省份小型企业单位数 户

年 份	全 国	浙 江	辽 宁	河 南	广 东	陕 西
1982	383 180	30 505	16 630	16 242	23 564	10 046
1983	386 692	31 804	17 058	16 576	23 348	9 961
1984	430 853	38 820	18 994	17 059	24 085	9 961
1985	455 299	44 770	22 708	17 352	24 952	11 211
1986	490 495	47 058	23 170	18 684	26 491	12 218
1987	483 708	45 149	23 714	18 980	27 293	12 533
1988	410 253	41 886	20 547	15 795	21 431	11 750
1989	407 809	40 686	20 404	15 982	22 020	11 634
1990	403 667	39 598	20 238	15 667	23 121	11 467
1991	403 925	40 008	20 320	15 700	24 252	11 364
1992	391 086	38 403	20 681	15 611	24 144	11 370

表 2-3 1982—1992 年全国及部分省份小型企业工业总产值 亿元

年 份	全 国	浙 江	辽 宁	河 南	广 东	陕 西
1982	3 093.87	190.06	188.25	122.37	195.77	49.09
1983	3 388.89	211.79	208.04	133.18	212.04	55.01
1984	3 876.67	265.44	229.96	154.14	258.40	60.38
1985	4 465.77	351.82	252.76	183.27	304.16	69.70
1986	4 808.92	410.27	269.43	184.42	331.33	75.44
1987	6 053.66	511.66	327.30	234.20	459.60	92.48
1988	7 229.09	653.22	365.92	278.66	551.79	110.96
1989	8 250.31	741.15	402.92	340.69	636.72	136.52
1990	8 486.08	736.04	400.16	352.64	702.77	149.21
1991	9 722.56	876.37	437.73	409.74	961.61	161.59
1992	11 806.77	1 112.34	506.24	384.23	1 288.05	171.16

资料来源：根据《中国统计年鉴》（1983—1993 年）整理

　　从 1985 年起浙江省经济体制改革的重点由农村转移到城市，开始全面进行城市经济体制改革。改革的关键是搞活企业，从扩大企业自主权，建立责权统一的经济责任制抓起，浙江省先后发布了一系列企业扩权的决定和条例（张效清，1987）。对于国营小型商业企业实行"改、转、租"以及"国家所有、集体经营、独立核算、自负盈亏"的办法[①]，打破了全民所有制必须全民经营的要求，调整改善了原有的生产关系，使职工分配能够与企业的绩效紧密结合，调动了广大中小企业职工的经营积极性，进一步提升了企业效益。截至1985年年底，浙江省2 700多户小型国营商业企业中已有2 178户小企业实行"改、转、租"，其中改为国家所有、集体经营的为1 431户，占66%；转变为集体所有制的有477户，占22%；租赁给个人经营的有270户，占12%。

除国营小企业改革外，伴随着改革开放商品经济的活跃发展，个体私营经济也开始初显迸发之势。浙江省率先以商兴工，通过发展家庭工厂，逐渐形成了"散、小、轻、低"的产业发展格局。1980年12月在浙江温州，卖纽扣的章华妹成为中国第一位取得营业执照的个体工商户。自此个体经济的地位正式得到了认可，一批批思想开放的新锐人物不断涌现，铸就了当时"万元户"的光辉历史。1992年，浙江省个体工商户数量增长至100.26万户（刘仁伍，2012）。对于私营经济，在全国各地还在犹豫不决时，浙江果断实施了"放手发动、放胆发展、放水养鱼、放权松绑、放宽政策"的办法，为民营企业提供了出生和发展的良好环境（顾益康，2008）。改革开放初期私营企业的发展不仅促进了农村商品经济的发展，安排了农村剩余劳动力，还造就了一大批企业经营人才，许多目前知名的民营企业就诞生在这个时期。

3. "三来一补"企业遍地开花，对外经济贸易初显规模

改革开放也使中国的对外经济贸易得到了快速发展。1978—1992年，浙江省对外贸易经历了从简政放权、外贸承包到取消补贴、自负盈亏的转变，并按照"四上、三抓、二转、一培养"[②]的发展思路，推动全省外向型经济发展。借助于廉价的劳动力和区位优势，珠三角、长三角等地大量承接引入了从亚洲新兴工

---

① 1987年国务院批转国家体改委、商业部、财政部关于深化国营商业体制和供销合作社体制改革意见的通知，明确提出要进一步搞好国营小型商业企业的改革，继续贯彻《国务院批转国家体改委、商业部等单位关于一九八六年商业体制改革几个问题报告的通知》（国发〔1986〕56号）的有关政策，已经转为集体所有制的企业，要巩固提高；已经改为国家所有、集体经营的企业，可以不变，也可以实行租赁制经营；未转未改的企业，要大力推行租赁制经营。

② 由中共浙江省委八届七次全会（扩大）会议提出，即省公司、市（地）县公司、"三资"企业、出口生产企业四路大军一齐上，多层次、多渠道、多形式发展外贸，外贸、外资、外经三项工作一起抓，相互促进，共同发展，切实转换外贸企业经营机制和转变行政机关职能，重视对外经贸人才的培养教育。

业经济体转移过来的产业，在 20 世纪 80 年代中后期逐渐形成了"三来一补"劳动密集型企业遍地开花的格局。截至 1992 年，浙江省累计批准外资企业 2 798 户，投资总额 67.94 亿美元，投资领域进一步拓展。相对而言，这个时期外商投资单个规模较小，投资产业技术层次也比较低。

（二）市场经济体制为中小企业蓬勃发展奠定了基础

1. 企业改革取得阶段性成果，"抓大放小"进一步搞活中小企业

20 世纪 90 年代以来，中国进入建设社会主义市场经济的改革阶段。浙江省根据党的十四大提出的社会主义市场经济体制的改革目标，对全省企业进行多种形式的改革，抓大放小，加快国有企业战略性改组的同时，坚持放手发展非公有制经济。首先采取改组、联合、兼并、股份合作制、租赁、承包经营和出售等一系列举措，对于普遍存在亏损的国有中小企业进行改制，推进股份制改革，激发企业活力[①]。一是严格进行资产评估，界定和明晰中小企业产权；二是剥离企业不良资产，避免把旧体制下的问题带入到新体制中；三是鼓励经营者和骨干持大股，将股份合作企业的股权向职工倾斜。经过一系列改革，浙江省国有工业企业数从 1992 年的 4 232 户减少到了 2001 年的 1 122 户，在全国率先基本实现国企改革和脱困两大目标，中小国有企业改制面已高达 80% 以上。2002 年浙江省工业生产总值中各种经济类型占比如图 2-2 所示。

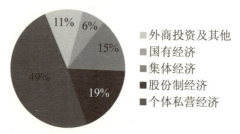

图 2-2　2000 年浙江省工业生产总值中各种经济类型占比

资料来源：根据《浙江年鉴》（2001 年）整理

---

① 1997 年中国共产党第十五次全国代表大会报告明确提出要加快推进国有企业改革，建立现代企业制度。

2. 个体私营经济迈出新步伐，具有区域特色的块状经济初显规模

随着社会主义市场经济体制的逐渐确立，很多地区开始出现了在地方政府引导下的对乡镇企业的民营化改制私营企业不断增加（表 2-4）。由于传统计划经济体制的约束，产权不清和职责不明是制约乡镇企业发展的根本原因。浙江省积极探索新的公有制实现形式，采取股份制、股份合作制、兼并、租赁、破产、出售、组建企业集团等多种形式，促进乡镇企业民营化改制和生产要素的合理流动与重组。截至 1997 年年底，浙江金华、衢州等地的个体私营经济已经占乡镇企业经济总量的 70% 以上。在浙江义乌，形成了"引商转工、贸工联动"的发展模式，鼓励和引导民营企业家与商业资本向工业扩展，大力发展小商品制造业，产品开始出口至世界各地，"义乌小商品"的标签逐渐开始享誉全球（王红茹，2006）。截至 1995 年，义乌小商品年成交额已高达 152 亿元，到 2001 年年底更是突破了 200 亿元。

表 2-4　1990—2015 年中国私营企业数量及增长率

年　　份	1990	1991	1992	1993	1994	1995	1996	1997	1998
企业数量 / 万户	9.8	10.8	14	23.8	43.2	65.5	81.9	96.1	120.1
增长率 /%	8.35	10.20	29.63	70.00	81.51	51.62	25.04	17.34	24.97
年　　份	1999	2000	2001	2002	2003	2004	2005	2006	2007
企业数量 / 万户	150.9	176.1	202.9	243.5	300.6	365.1	430.1	478.1	551.31
增长率 /%	25.65	16.70	15.22	20.01	23.45	21.46	17.80	11.16	15.31
年　　份	2008	2009	2010	2011	2012	2013	2014	2015	
企业数量 / 万户	657.4	740.2	845.5	967.7	1 085.7	1 253.9	1 546.4	1 908.2	
增长率 /%	19.25	12.58	14.24	14.45	12.20	15.49	23.33	23.40	

资料来源：根据《中国私营企业发展报告》《2004—2006 年中国私营经济年鉴》整理

这一阶段浙江省沿着从传统轻工业向现代轻工业、从一般加工业到高加工度工业的轨迹演进（阮继清，2006）。随着贸易摩擦、政策转向、劳动力成本上升等问题日益严重，"三来一补"等形式的传统企业遭遇严重考验。浙江省各地区从实际出发，充分利用当地资源优势和高新技术，通过集群战略，发挥专业化分工与协作的优势，大力发展区域性特色经济。"一镇一品""一村一品"的块状经济区开始发展起来，每个经济区产品特色明显，区域产业竞争能力较强。截至2000 年，全省共有年产值亿元以上的工业区块 513 个，工业总产值高达 6 087 亿

元，占全省全部工业总产值比重约 49%。绍兴的轻纺面料、海宁的皮革制品、永康的五金工具、台州的汽摩配等均在省内外市场享有较高的声誉。

（三）加入世界贸易组织后中小企业加速腾飞

1. 中小企业转型升级推进步伐加快，大企业支撑作用逐渐显现

2000 年以来，国家出台了《关于鼓励和促进中小企业发展的若干政策意见》《中华人民共和国中小企业促进法》等法律法规，极大地改善了中小企业的生存和发展环境。2001 年中国加入世界贸易组织更是为中小企业的发展创造了广阔开放的市场环境。在这样的政策环境下，浙江省接连启动"三年万家"小微企业培育、百村农民创业、百镇产业培育等工程，实施中小企业成长计划，从信贷扶持、创业辅导、基地建设等多方面对重点中小企业进行扶持培育。截至 2008 年年底，全省共有各类所有制形式的中小企业 111.78 万户，实现总产值 44 960.96 亿元。2001—2008 年浙江省中小企业数量缓慢增长，但企业总产值保持着平均 17.4% 的高增速，发展势头强劲表 2-5 所示。2008 年中小企业高新技术产值年增长率达 20%，科技活动经费支出增长 42.5%，中小企业产业结构不断优化，转型升级推进步伐加快。2008 年全省规模以上中小企业累计完成工业总产值 25 571 亿元，占全部中小企业总产值的 63.3%，大企业对中小企业整体发展和工业经济发展的支撑作用逐渐增强，浙江吉利集团、青年汽车集团等一批龙头骨干企业享誉国内外。

表 2-5　2001—2008 年浙江省中小企业户数与总产值情况

年　份	企业个数 / 万户	户数增幅 /%	企业总产值 / 亿元	总产值增幅 /%
2001	107.98	-0.16	15 464.52	15.3
2002	107.32	-0.61	18 319.03	18.46
2003	108.12	0.75	22 062.25	20.43
2004	108.22	0.09	26 416.16	19.73
2005	112.05	3.55	31 225.22	18.2
2006	112.96	0.81	39 604.47	17.23
2007	111.07	-1.68	42 917.24	17.25
2008	111.78	0.64	44 960.96	12.5

资料来源：根据《浙江年鉴》（2001—2008 年）整理

2. 块状经济占据半壁江山，区域特色经济优势进一步凸显

进入 21 世纪以来，浙江省块状经济逐渐突破传统的"一镇一品""一县一品"的行政性区域经济特征，形成了以更大范围的产业园区为集群的块状经济结构（李佼红，2010）。截至 2007 年，块状经济实现工业总产值 2.52 万亿元，占全省全部工业产值的 53.4%。浙江省区域块状经济主要分布在电器机械及器材制造业、纺织业、纺织服装制造业、交通运输设备制造业等传统制造业领域（表 2-6），且随着经济发展，资金和技术密集型产业占比不断上升；块状经济内部企业分工高度细化，各同类企业之间产品的种类和档次进行专业化细分、错位发展；跨区域和行业的融合进一步深化，区域的横向关联和行业的纵向关联密切；传统的行政性区域模式逐渐转变为专业市场、产业园区之间联动的发展模式，"中国小商品城""中国鞋都""中国精细模具加工基地"等实力强劲的块状经济园区成为引领浙江经济发展的龙头。

表 2-6　2007 年浙江省块状经济工业总产值超 200 亿元的区块　　亿元

块状经济区	工业总产值	块状经济区	工业总产值
萧山纺织	1 264	余杭机械加工	336
镇海化工	957	诸暨袜业	328
绍兴县纺织（纺丝、印染）	747	宁波保税区液晶光电	326
永康五金	703	慈溪轻纺针织	290
慈溪家电	550	鄞州纺织服装	282
萧山机械汽配	550	温岭泵与电机	260
乐清工业电器	486	温岭汽摩配	234
鹿城服装	480	长兴纺织服装	224
诸暨五金	423	玉环汽摩配	224
余姚家电	380	吴兴印染织造	223
瑞安汽摩配	350	宁波江北有色金属	214

资料来源：《2007 年浙江块状经济发展报告》

3. 对外贸易结构和质量进一步改善，中小型民营企业成为重要增长极

中国加入世界贸易组织以来，浙江省经济发展也进入新时期，外向型经济进一步升级，对外依赖程度提高。对外贸易呈现飞速增长态势，出口总额在全国的位次由 1978 年的第 11 位上升到第 4 位，占全国总额的 10.5%。通过发展区域块状经济，逐渐形成了以一般贸易为主导的独特贸易方式结构，2007 年浙江省一

般贸易出口比重达 78%，比全国平均水平高出 37%，分别比上海、广东、江苏高 40%、49%、62%；加工贸易占 21%，比全国水平低 30%。同时这一时期传统的依赖廉价劳动力的产品出口竞争力下降，附加值较高的资本技术密集型产品出口比重不断提高，以轻纺、塑料、橡胶制品等为代表的劳动密集型产品占工业制成品出口总额的比重从 1992 年 74.4% 下降到了 2007 年的 46.6%，而以机械、运输设备、化学品等为代表的资本技术密集型产品占比从 1992 年的 15.5% 上升到了 2007 年的 39.5%。1984—2008 年浙江省进出口额和实际利用外商直接投资额如图 2-3 所示。

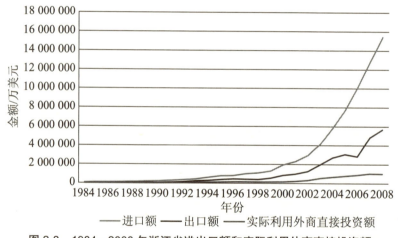

图 2-3　1984—2008 年浙江省进出口额和实际利用外商直接投资额

　　以民营企业为代表的本土中小企业在与外资企业竞争中，获得了产品升级（主要体现在质量升级和复杂功能升级）的空间和能力提升的机会与渠道（Brandt 和 Eric，2010），在浙江省对外经贸中作用愈发突出，成为外向型经济发展的重要增长极。2001—2008 年，浙江省规模以上中小型工业企业出口交货值占全部规模上工业企业出口交货值比重高达 80% 以上，比全国平均高出 30 个百分点。2008 年，浙江省民营企业出口额为 797.8 亿美元，占浙江省总出口额比重超过一半，达到 51.7%，增幅高于平均水平 8.6 个百分点，同时也分别高于外商投资企业和国有企业出口增幅 14.1 个和 23.8 个百分点。

二、搭建增长之梯：大企业崛起成为经济高质量增长的踏板

到了新的发展阶段，传统领域中小企业大量涌现的条件已不再存在，新的经济增长必须更多依靠效率、质量和结构等质的因素，大企业崛起将成为经济高质量增长的踏板。浙江省过去 10 多年的发展正是沿着这条路在推进，即通过培育更多大企业及大企业的迭代，由大企业通过提升自身劳动生产率、升级产品品类和质量、优化产品结构等，使得新一轮的经济增长得以持续。得益于大企业的推动，浙江省从 2006 年进入中高收入发展阶段后，到 2015 年，全省人均国民收入超过 12 466 美元，成功跨入高收入发展阶段[①]。当然，在培育和壮大大企业的同时，浙江省也不排斥小微企业的创立和发展，尤其是在网络信息、电子及软件、新能源、新材料、生物医药等新兴领域，通过采取各种专项工程，推动大量科技型、创新型小微企业的产生与成长，为未来大中型企业的产生提供更多的新生力量。

（一）经济发展进入新阶段，大企业培育成为发展重点

2008 年全球金融危机之后，我国经济增速放缓（图 2-4），浙江、江苏等地经济发展率先进入新的阶段。首先是经济增速率先下台阶，由过去的高速增长转变为中高速增长。浙江省 2001—2007 年的 GDP 年均增速为 13.4%，2009 年跌落到 8.9%，尽管 2010 年受经济刺激影响呈现较大幅度的反弹，但很快又回落到个位数增长，到 2017 年已保持了 7 年时间在 8% 上下波动。其次是经济结构率先调整，从工业主导转向工业和服务业共同主导。2008—2016 年，浙江省工业增加值年均名义增长率为 8.5%，远低于服务业 13.7% 的年均增长率。到 2014 年，服务业增加值首次超过工业增加值，并保持了差距快速扩大的趋势。最后，块状经济发展在新阶段遇到严峻挑战。由于劳动力、土地等要素价格持续走高，块状经济发展所依赖的低成本、低价格优势逐步弱化，发展空间散、产业层次低、企业规模

---

① 根据世界银行 2014 年的收入标准，高收入阶段：人均国民收入大于 12 276 美元。

小、增长后劲乏力和抗风险能力弱等问题日益凸显，迫切需要转变传统的发展方式，通过提升产业和产品的质量与效益来实现新的经济增长。

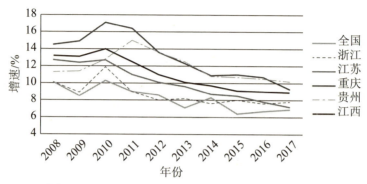

图 2-4　2008—2017 年全国及部分省市经济增速情况

显然，浙江经济发展进入新的阶段后，过去主要依靠行业规模持续扩大来支撑大量"同质"中小企业产生和成长的条件开始发生根本性改变，很多领域的行业规模进入平台期，大量中小企业要想进一步成长发展，只能要么寻找新的增量发展其他行业，要么通过竞争力提升来"蚕食"本行业内其他企业的份额。在这个过程中，必然会有一部分中小企业凭借技术、效率和质量等领先优势，获得更多市场份额，逐步发展成长为大企业。同时，大企业又通过持续的技术、效率和质量改进，推动行业整体从低端向中高端迈进，创造更大的行业价值，从而带动新的经济增长。

在此思路指引下，浙江省从 2009 年起开始大力推进"大平台、大产业、大项目和大企业"战略①，着力培育一批具有核心竞争力和较高市场占有率的大企业，推动经济向更多由大企业拉动的方向发展。主要措施包括：实施龙头企业百强工程，提升龙头企业在行业中的影响力和控制力；加强对大企业的资金奖励、用地保障和创新补贴等政策扶持；支持大企业以市场为导向，通过合资、联合、并购等方式增强资本实力，扩大经营规模；支持大企业利用资产、资源、品牌和市场，实施跨地区、跨行业、跨所有制的合并重组；加强与具有资金、资源、技

---

① 2009 年 12 月 23 日，浙江省经济工作会议提出"大平台、大产业、大项目、大企业"发展战略，并将此作为 2010 年及"十二五"期间的工作要求。

术和市场优势的跨国集团和中央大企业的战略合作；支持大企业开拓国际市场，发展跨国经营；坚持民营企业与国有企业的双轮驱动，等等。

经过近 10 年的培育和建设，浙江省的大企业战略成效显著。一方面，特大型企业数量长期保持全国领先地位。根据中国企业联合会发布的全国企业 500 强名单，浙江省 2008 年有 45 家企业上榜，2017 年有 47 家，略有提高。全国工商联发布的民营企业 500 强中，浙江省长期维持在 1/4 强上下，连续 19 年居全国首位，并遥遥领先。另一方面，大企业规模持续扩大。浙江省百强企业平均规模由 2008 年的 108 亿元提高到 2016 年的 415 亿元，年均增长率为 18.3%，高于全国 500 强企业同期 12.7% 的年均增长率，也远远高于同期全省 GDP 10.4% 的年均名义增长率（图 2-5），表明浙江省特大型企业对本省经济增长的贡献在不断增强。

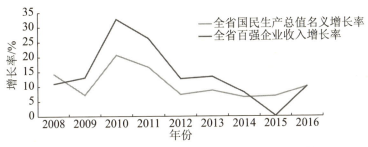

图 2-5 浙江省百强企业收入增长与 GDP 增长比较

（二）大中型企业崛起成为拉动经济新增长的主要源泉

通过实施大企业战略，浙江省大中型企业拉动经济新增长的作用越来越显著。在工业制造领域，大中型企业的发展呈现出以下几个特征。

1. 大企业的出口占比变化出现拐点，开始由降转升

2000 年以来，浙江省出口额持续扩大，从 2000 年的 1 609 亿元上升到 2016 年的 17 666 亿元，2017 年扩大了 11 倍。出口额大幅扩大的背后，是出口企业数量的大幅增加。从前 100 强、500 强、1000 强出口企业的出口额在全省中的比重可以看到，2012 年之前，这三个比重都持续下降，如前 100 强的比重从 2000 年

的 45.8% 下降到 2012 年的 14.9%，表明在这段时间中，浙江省出口扩大更多依靠新出口企业的增加。2012 年以后，情况发生了变化，这三个比重均由降转升，如前 1000 强的比重由 40.1% 上升至 42.9%，如表 2-7 所示。这充分说明，2012 年以来，浙江省出口额的扩大更多依靠大企业的拉动，尤其是特大型企业的拉动。

表 2-7　2000—2016 年浙江省出口企业前 1000 强出口占全省出口额比重　　%

年　　份	2000	2004	2008	2012	2016
前 100 强企业	45.8	25.5	18.2	14.9	16.6
前 500 强企业	76.0	50.3	36.6	30.4	33.4
前 1000 强企业	87.5	63.2	47.4	40.1	42.9

资料来源：根据全国海关信息中心数据整理

2. 在工业制造领域，企业呈现出强者恒强、中部崛起、小微弱化等特征

一是大企业数量及平均实际规模基本维持不变。2011—2016 年，浙江省规模以上工业企业中，大型企业数量基本维持在 600 户上下，户均产值保持在 27 亿元左右，变化幅度均不大（表 2-8）。

表 2-8　2011—2016 年浙江省规模以上工业企业规模变化情况

年　　份	大 型 企 业		中 型 企 业		小 型 企 业	
	企业户数/户	户均产值/亿元	企业户数/户	户均产值/亿元	企业户数/户	户均产值/亿元
2011	621	27.5	5 021	3.4	27 936	0.79
2012	592	26.8	4 648	4.0	29 892	0.79
2013	601	27.8	4 612	4.1	32 685	0.79
2014	598	26.8	4 421	4.8	34 020	0.82
2015	593	26.7	4 199	5.0	34 449	0.82
2016	596	27.8	4 149	5.2	33 571	0.86

资料来源：《浙江省统计年鉴》（2016 年）

二是大企业规模不断向上集中，表现为强者恒强。2008 年，浙江省制造业百强企业营业收入 10 544 亿元，占规模以上工业企业主营收入的比重为 26.6%，到了 2016 年，百强企业营业收入扩大到 29 397 亿元，占比提升到 45.6%，表明行业规模不断向龙头企业集中（表 2-9）。

表 2-9　2008—2016 年浙江省制造业百强企业营业收入变化情况

年　　份	2008	2009	2010	2011	2012	2013	2014	2015	2016
制造业百强企业营业收入 / 亿元	10 554	11 351	15 197	19 596	21 530	24 480	26 791	27 280	29 397
规模以上工业企业主营收入 / 亿元	39 631	39 874	50 536	55 350	57 683	61 306	64 372	63 214	64 454
百强占比 /%	26.6	28.5	30.1	35.4	37.3	39.9	41.6	43.2	45.6

资料来源：《浙江省制造业百强企业榜单》《浙江省统计年鉴》

三是中型企业规模呈现出快速扩张的态势。2011—2016 年，中型工业企业数量下降了近 20%，户均产值规模增长了 52.9%，在三类企业中特别显著，表明在这个阶段小型企业成长为中型企业的难度在加大，而中型企业群体内部的竞争也在不断加大，一部分企业被淘汰出局，使得剩下企业的规模持续扩大。

四是小型企业的数量增速大幅放缓。2000—2008 年，浙江省小型工业企业数量以年均 19.2% 的速度增长，但到 2011—2016 年，年均增长速度仅有 3.7%。同时，小企业的规模基本保持不变。

3. 行业迭代性竞争激烈，特大型制造业企业更迭频繁

比较 2008 年与 2017 年浙江省制造业百强企业名单可以发现，共有 35 家企业被淘汰出百强企业，这些企业主要分布在化工建材、金属加工、机电等领域，其中化纤 6 家、金属（含钢材）制品 5 家、建材 3 家、机电 3 家（表 2-10）。通过对新进 35 家企业的公开资料进行分析，我们发现这些企业大致有以下三个特征。

第一，绝大部分企业都成立于 20 世纪八九十年代，基本都是由小企业逐渐成长起来的大企业，没有经历过任何行政性合并。

表 2-10　2008—2017 年浙江省制造业百强企业名单变化

	淘汰的百强企业	新进的百强企业
1	天正集团有限公司	青山控股集团有限公司
2	普天东方通信集团	华仪集团有限公司
3	中海石油宁波大榭石化有限公司	万丰奥特控股集团有限公司
4	浙江大东南集团有限公司	红狮控股集团有限公司
5	兴乐集团有限公司	宁波均胜电子股份有限公司
6	华通机电集团有限公司	得力集团有限公司
7	西子电梯集团有限公司	三鼎控股集团有限公司

	淘汰的百强企业	新进的百强企业
8	浙江翔盛集团有限公司	巨星控股集团有限公司
9	兰溪自立铜业有限公司	广博控股集团有限公司
10	宁波中华纸业有限公司	浙江协和集团有限公司
11	光宇集团有限公司	人本集团有限公司
12	龙达集团有限公司	舜宇集团有限公司
13	舟山中远船务工程有限公司	农夫山泉股份有限公司
14	浙江赐富化纤集团有限公司	浙江大华技术股份有限公司
15	中捷控股集团有限公司	杭州诺贝尔集团有限公司
16	浙江化纤联合集团有限公司	振石控股集团有限公司
17	金洲集团有限公司	浙江永利实业集团有限公司
18	杭州制氧机集团有限公司	浙江海正药业股份有限公司
19	永兴特种不锈钢股份有限公司	浙江古纤道新材料股份有限公司
20	浙江宏磊控股集团有限公司	浙江栋梁新材股份有限公司
21	中国苏泊尔集团	金海重工股份有限公司
22	浙江造船有限公司	杭州东华链条集团有限公司
23	华迪钢业集团有限公司	罗蒙集团股份有限公司
24	华翔集团股份有限公司	宁波方太厨具有限公司
25	华茂集团股份有限公司	新和成控股集团有限公司
26	巨石集团有限公司	浙江中财管道科技股份有限公司
27	美欣达集团有限公司	宏胜饮料集团有限公司
28	浙江红剑集团有限公司	恒威集团有限公司
29	浙江永通染织集团有限公司	东方日升新能源股份有限公司
30	瑞立集团有限公司	博威集团有限公司
31	富丽达集团控股有限公司	浙江国华浙能发电有限公司
32	浙江医药股份有限公司	宁波圣龙（集团）有限公司
33	宁波滕头集团有限公司	横店集团东磁有限公司
34	浙江万马集团有限公司	浙江奥鑫控股集团有限公司
35	浙江绍兴三圆石化有限公司	富润控股集团有限公司

资料来源：《浙江省制造业百强企业榜单》

第二，行业分布广泛，既有浙江省传统优势行业，如化纤、建材、纺织服装等，也有一些新兴行业，如新能源、新材料、先进装备等（表2-11）。这一方面表明了浙江省制造业的整体结构在不断优化，传统行业的大企业被越来越多的高端制造企业所取代；另一方面也表明了传统行业内部的激烈迭代，那些具有质量和技术优势的新企业逐渐取代行业内的老企业，从而推动行业不断上台阶。

表 2-11　浙江省新进 35 家制造业百强企业行业分布

行　业	企业数量 / 家
化工及建材：建材、塑料制品、化纤	6
汽车零部件：轮毂、轮胎、汽车元器件	4
新能源新材料：风电、光伏、合金材料	4
机械装备：轴承、链条、数控装备	4
纺织服装：纺织品、服装	3
钢材及制品：不锈钢、钢板	2
电子信息及仪器仪表	2
食品加工	2
医药	2
其他：造船、家电、有色加工、办公用品、发电	6

资料来源：根据《浙江省制造业百强企业榜单》及公开资料整理

第三，新进企业大多为国际化企业，境外出口比例非常高（表 2-12）。如成立于 1994 年的万丰奥特控股集团，主营汽车和摩托车轮毂，其产品境外出口比例一直高达 2/3。相比之下，被淘汰出百强榜单的企业，产品出口比例要低得多。这表明在新的发展阶段，企业国际化水平是影响企业是否能够成长为特大型企业的一个重要因素。

表 2-12　2016 年部分新进制造业百强企业境外出口情况

企　业	主要产品	境外出口比例 /%
万丰奥特控股集团有限公司	汽车轮毂	65
宁波均胜电子股份有限公司	汽车元器件	67
东方日升新能源股份有限公司	太阳能电池组件	38
横店集团东磁有限公司	磁性材料、光伏产品	37

资料来源：作者根据公开资料整理，境外出口比例为其上市公司数据

（三）大企业通过产品质量升级及结构优化拉动经济增长

2008 年以来，浙江省各行业的大中型企业劳动生产率大幅提升，持续升级资本与技术密集行业的产品品类和质量，不断优化产品结构，积极推进行业和企

业向中高端方向发展。

1. 出口结构总体上无显著变化，但大中型企业的劳动生产率大幅提升

2008 年以来，浙江省的出口结构总体上并无显著变化。2008—2016 年，机
电产品出口保持绝对第一的位置，出口增幅大，但在出口总值中的比重略有下降，
从 44.1% 下降到 42.4%；纺织、服装及织物制品出口同样保持了较大增幅，但比
重有小幅下降，从 27.4% 下降到 24.1%；鞋类、汽车零件、塑料制品和照明装置
等出口的增幅较大，在出口总值中的比重都均有提升；高新技术产品出口额增幅
较低，仅有 22.0%，在出口总值中的比重也从 8.9% 下降到 6.3%（表 2-13）。这
些情况说明，从出口整体来看，浙江省产业结构向高新技术领域升级的效果并不
明显，但通过大企业拉动，提升和扩大传统行业竞争力的效果较为明显。

表 2-13 2008—2016 年浙江省出口结构变化

2008 年			2012 年			2016 年		
前十名行业	总额 /亿美元	占比/%	前十名行业	总额 /亿美元	占比 /%	前十名行业	总额 /亿美元	占比/%
机电产品	680.5	44.1	机电产品	959.0	42.7	机电产品	1 127.7	42.4
服装及衣着附件	215.8	14.0	纺织纱线、织物及制品	312.6	13.9	纺织纱线、织物及制品	345.3	13.0
纺织纱线、织物及制品	206.7	13.4	服装及衣着附件	285.4	12.7	服装及衣着附件	295.4	11.1
高新技术产品	137.2	8.9	高新技术产品	148.0	6.6	高新技术产品	167.4	6.3
农副产品	76.8	5.0	农副产品	97.2	4.3	家具及其零件	101.4	3.8
家具及零件	53.2	3.4	家具及其零件	80.7	3.6	农副产品	94.0	3.5
鞋类	43.0	2.8	鞋类	75.6	3.4	塑料制品	93.0	3.5
船舶	32.5	2.1	船舶	57.1	2.5	鞋类	85.8	3.2
汽车零件	30.7	2.0	塑料制品	48.9	2.2	汽车零件	67.5	2.5
钢铁或铜制标准紧固件	21.8	1.4	汽车零件	46.5	2.0	灯具、照明装置及类似品	63.6	2.4

资料来源：《浙江省统计年鉴》

值得注意的是，2008 年以来，浙江省主要制造业大中型企业劳动生产率大
幅度提高，这说明大中型企业通过效率提升带动经济增长的效应非常突出。无论
是劳动密集型行业，还是技术或资本密集型产业，与 2009 年相比，2016 年的人

均工业产值普遍增加 50% 以上。其中，化学原料和化学制品制造业增速最快，从 2009 年的 130.7 万元 / 人增加到 2016 年的 276 万元 / 人，增长了 111.2%；金属制品业增速相对较慢，从 51.1 万元 / 人增长到 76.5 万元 / 人，增长了 49.7%。如表 2-14 所示。

表 2-14 2009—2016 年浙江省主要制造业大中型企业劳动生产率变化 万元 / 人

行　　业	2009 年	2012 年	2016 年	增幅 /%
纺织业	43.3	54.8	72.5	67.4
纺织服装、服饰业	26.8	32.6	44.5	66.0
化学原料和化学制品制造业	130.7	209.0	276.0	111.2
化学纤维制造业	165.8	204.4	263.8	59.1
橡胶和塑料制品业	61.9	85.6	102.7	65.9
金属制品业	51.1	60.5	76.5	49.7
通用设备制造业	50.0	70.6	85.7	71.4
交通运输设备业	84.9	115.2	149.3	75.9
电气机械和器材制造业	53.3	67.2	96.8	81.6
计算机、通信和其他电子设备制造业	59.1	69.4	104.1	76.1
仪器仪表制造业	42.1	57.1	66.6	58.2

资料来源：《中国统计年鉴》《浙江省统计年鉴》，价格指数 2009 年为 100

2. 大中型企业持续改善资本与技术密集行业的产品品类和质量

劳动生产率大幅提高的同时，产品品类和质量也在升级。出口价格变化一般可用来衡量产品品类和质量的变化。从浙江省前 1000 强出口企业主要制造业产品的价格变化来看（表 2-15），基本上所有商品在不同阶段，出口价格都有不同程度的提高。大致可以分为三类：第一类产品，价格变化幅度较小，主要是传统的劳动密集和资源密集产品，如纺织产品、手工工具、铝制品等；第二类产品，2008 年以前价格变化不大，而 2008 年以后价格有较大幅度提升，主要是一般性制造品，如塑料制品，2008 年以前价格基本维持在 16 元 / 千克上下，2016 年提高到 29.4 元 / 千克，增长超过 80%；第三类产品，价格一直保持持续上升态势，2008 年以后尤为显著，主要是技术和资本密集的中高端制造品，如切削金属的车床，从 2000 年 3 811.5 元 / 台提高到 2016 年的约 16.2 万元 / 台，表明与过去相比，当前出口的车床品类已经有了根本上的变化。由此可见，2008 年以来，在生产工艺复杂、产品链长、精密要求高的制造领域，浙江省大中型企业通过改善产品品类和质量，持续推进行业向中高端发展，以此来扩大出口和拉动经济增长。

表 2-15 2000—2016 年浙江省前 1000 强出口企业主要产品的出口价格变化

产品	2000 年	2004 年	2008 年	2012 年	2016 年
针织或钩编衫（元／件）	35.7	37.5	41.3	33.2	42.2
铝制品（元／千克）	27.6	34.0	36.5	37.3	35.08
锉、钳、镊子、白铁剪、切管器等手工工具（元／千克）	20.4	19.1	32.9	33.4	38.2
家用钢铁器具（元／千克）	20.5	20.6	24.4	20.2	32.7
衣箱、提箱、小手袋、公文箱等（元／千克）	12.7	11.1	11.5	30.4	41.0
橡胶及塑料鞋（元／千克）	18.5	19.8	22.0	26.5	49.8
塑料制品（元／千克）	14.4	16.3	16.0	24.0	29.4
切削金属的钻床、镗床、铣床、攻丝机床（元／台）	388.2	501.4	668.1	1 105.2	1 400.5
叉车（元／台）	1 346.1	1 336.1	2 301.2	2 436.4	3 122.8
切削金属的车床（元／台）	3 811.5	4 979.7	9 046.7	136 676.6	161 836.7
主要载人的机动车辆（元／辆）	–	3 150.6	7 585.4	15 525.7	25 773.1
客运或货船（万元／艘）	2 615	3 928	10 479	9 790	19 449

资料来源：根据全国海关信息中心数据整理

3. 大中型企业的产品结构不断优化，高技术含量的产品越来越多

通过出口产品可以观察企业整体的产品结构变化。尽管 2008 年以来浙江省出口大类结构无显著变化，但大类内部细分的产品结构有较大变化。以浙江省出口第一大类机电产品（海关税号 8201-8548）为例，前 1000 强出口企业的出口总额中，机电产品出口的比例有所上升，从 2000 年的 19.0%提高到 2016 年的 27.2%。机电类产品内部结构有显著变化。在出口规模前十类的机电产品中，2016 年与 2000 年相比，5 类产品保留，5 类淘汰或新进，其中被淘汰的基本都是技术要求相对较低的产品，如原电池及原电池组、灯具、缝纫机等；新进产品的技术要求相对较高，如半导体器件、电动机及发电机、自动数据处理设备等。保留的 5 类产品中，在机电出口总额中的比重也有变化，技术含量较低的产品占比在下降，如龙头、旋塞、阀门及类似品，其占比从 2000 年的 5.3%下降到

2016 年的 4.1%；技术含量较高的产品占比在提高，如无线电话、电报、广播电视发送设备，占比从 4.0% 提高到 4.5%（表 2-16）。显然，浙江省大中型企业的产品结构在不断优化，具有更高技术含量的产品越来越多，占比越来越大。

表 2-16　浙江省前 1000 强出口企业前十类机电产品品类及占比

2000 年		2016 年	
产　品	占比 /%	产　品	占比 /%
原电池及原电池组	7.4	电热设备	5.6
金属铸造用型箱、型模底板、阳模、型模	6.6	无线电话、电报、广播电视发送设备	4.5
龙头、旋塞、阀门及类似品	5.3	半导体器件	4.5
电热设备	5.3	龙头、旋塞、阀门及类似品	4.1
白炽灯泡、放电灯管、弧光灯	4.3	有线电话、电报设备	3.6
电路开关、保护等电气装置，线路 V ≤ 1 000 V	4.0	自动数据处理设备及其部件	3.2
无线电话、电报、广播电视发送设备	4.0	电动机及发电机	3.2
绝缘电线、电缆及其他绝缘电导体	3.5	电路开关、保护等电气装置，线路 V ≤ 1 000 V	2.9
缝纫机、缝纫机专用的特制家具等、缝纫机针	3.0	绝缘电线、电缆及其他绝缘电导体	2.8
用于电动机、发电机、发电机组的零部件	2.6	风动或液压及本身有动力装置的手提工具	2.5

资料来源：根据全国海关信息中心数据整理

三、增长之梯的持续：目标与路径

对于新时代的中国经济发展来说，搭建增长之梯已非常迫切。在经历了 40 年的高速增长后，中国经济步入新的发展阶段，正处在由中高收入阶段向高收入阶段迈进的关键时期。党的十九大报告明确指出，我国已由高速增长阶段转向了高质量发展阶段。这表明我国已经跨越了增长之门的发展阶段，进入需要更多依靠质量和效率来带动经济增长的阶段。对企业而言，在很多传统领域，如劳动密集或资源密集的制造业，受环保及要素成本等约束，行业进入门槛大幅提高，不再像过去那样会有大量小企业"冒出来"，相反，行业将越来越集中，一方面，一部分中小企业凭借质量、效率、品牌等优势，通过抢占其他企业的市场份额，逐步壮大成为大企业，并替代原有的行业龙头企业。另一方面，行业中原有的大企业如果要保持地位，就必须持续创新，推动行业发展进入一个更高的层次并掌握新的优势。可见，就在这样一个大企业形成、大企业迭代与升级的过程中，形成了新的经济增长。也就是说，大企业的形成与迭代是新阶段中国经济增长的踏板。党的十九大报告提出，培育一批具有全球竞争力的世界一流企业。这意味着我们需要让越来越多的中小企业成长为大企业，让已有的大企业更具竞争力，在全球竞争平台上掌握并扩大优势，从而带动行业的整体升级。

浙江省过去 10 多年的经验表明，要让经济增长之梯持续，一是要培育更多具有自我发展能力的大企业；二是要培育更多具有比较优势的高附加值行业。结合我国大企业的发展现状和当前的经济社会形势，我们认为搭建和保持我国新时代经济增长之梯，主要有以下三条路径。

一是加强建立更加公平有序的竞争市场，促进更多大企业快速自我成长。尽管以规模排序的财富世界 500 强企业中，中国企业数量已占 1/4 多，但绝大多数大企业都是行政性"翻牌"或重组合并而来，真正由小企业逐步成长起来的大企业非常少。如 2017 年，中国内地 109 家财富世界 500 强企业中，仅有 18 家企业是在市场竞争中由小到大自我成长起来的。因此，培育一批外向型、竞争性的大企业作为"领头羊"，带动我国供给体系的整体跃升，应成为我国搭建新增长之梯的重要途径。为此，我们需要加强建立更加公平有序的竞争性市场，让那些真正具有效率、质量、品质等优势的中小企业脱颖而出，快速成长为行业龙头企业。

二是为中国企业"走出去"创造更加开放的外部环境，推动大企业走国际化发展道路。与世界先进企业相比，中国大企业竞争力的提升主要来自规模大和成长快速。进入新时代后，这两项优势正在大幅失势。同时，生产效率和国际化水平低下一直是中国大型企业竞争力的薄弱环节。根据企业异质性理论，大企业之所以比小企业更容易出口，是因为大企业的生产效率更高、产品质量更好，国际化水平是表明大企业比小企业更有效率的一个重要指标。当前，大多数中国大企业更多的是本地企业，国际化水平较低，同时也表明这些企业的生产效率较低。

因此，国际化发展是中国大企业的重要发展方向，把越来越多的大企业培育成为全球化企业应作为我国经济新增长的重要阶梯。

三是抓住新一轮工业革命和新技术浪潮，引导行业内的大企业创新行业价值，推动行业升级。大企业在开发整合和应用先进技术方面具有大规模优势、人才优势和风险抵御优势，是推动行业转型升级的主导力量。新时代中国经济培育新增长点、形成新动能，其中一个重要内容就是要推动更多传统行业向中高端发展、向高附加值发展。对于大企业来说，要想不被后进企业所替代，就必须具备不断创新、促进产业升级、创造更多新价值的能力，在行业变革中始终能够保持竞争优势。因此，我们认为在新一轮工业革命和新技术浪潮中，引导行业龙头企业抓住机遇，成长为引领社会发展、持续创新和创造行业价值的世界一流大企业，也应成为我国搭建新增长之梯的一条重要途径。

第三章

中国的大企业及其踏板
作用分析

　　从世界各国的发展经历来看，较高速度和较为持久的经济增长，并不容易实现。许多国家在工业化初期或融入全球经济的早期，能够实现较快经济增长，但此后即落入所谓的"中等收入陷阱"甚至"低收入陷阱"，不能成为高收入国家[①]。本书把从中等收入迈进高收入的进程，特别是从上中等收入迈向高收入这一艰难时段，称为攀爬增长之梯。我国于1998年进入下中等收入国家行列，2008年成为上中等收入国家，到2017年，人均国民收入（人均GNI）达到9 000美元左右，正处于攀爬增长之梯的关键时期，但此时我国经济增速与前几年相比却明显滑落，各种提振增速的政策并不十分见效，且面临宏观杠杆率高企的困扰。许多研究都以宏观经济学框架，分析了上述议题，并引出了有价值的政策思考。本书认为，一个基于本土但又有全球竞争力的大企业群体，是这个增长之梯的踏板。缺少这些踏板，就无法完成产业升级，使国民经济在中等收入基础上继续以较快速度增长，也就无法完成这个攀爬增长之梯、成为高收入国家的过程。在这个逻辑下，本书将从中国工业企业数据库中识别"踏板企业"，并分析它们对经济增长，尤其是对攀爬增长之梯的带动作用。

　　本章接下来的安排如下：第一部分是文献综述，主要讨论有关大企业对经济增长贡献的已有研究；第二部分是对本书所关注的踏板企业的界定和描述；第三部分从多个角度描述这些踏板企业的特征；第四部分是有关踏板企业的溢出和带动效应的计量检验；最后一部分给出结论和政策含义。

---

① 本书所指的低等收入、中等收入、高等收入，均沿用世界银行的标准。

一、对有关文献的讨论

（一）"关键少数"企业

近 10 年来，有关"中等收入陷阱"的文献急剧增多，许多研究者都进行了有价值的分析（张德荣，2013；龚刚等，2017）。张文魁（2018）一项新近的研究进一步强调了经济增长的微观基础，从企业异质性、企业规模与经济持续增长的角度，探讨了从中等收入迈向高收入这个过程的艰巨性，该文在剖析相关文献的基础上，把这个艰巨过程形象地称为攀登增长之梯，而生产率更高、规模扩张更快的较大企业，比其他众多企业更能促进一个国家攀爬增长阶梯，所以这些"关键少数"企业，才是增长之梯上的"踏板"。

事实上，在过去十几年里，关于企业异质性和企业规模的文献纷纷出现，尽管将它们与跨越"中等收入陷阱"联系起来进行研究的文献并不多，但都指出了一些核心企业在经济增长中的关键作用。例如，Giannangeli（2008）的论文就指出，不论在哪个国家，企业的生产率都是高度异质性的，生产率的增长主要由企业层面的学习和创新来决定，企业规模因此而出现两极化，少数大公司或规模快速扩张公司与大量其他企业并存，是当前产业组织的明显发展趋势。我国的研究者也认识到，在经济全球化时代，国与国之间经济竞争实质在于企业间的竞争，尤其是大企业间的竞争，如张维迎（2005）认为大企业在一个行业中发挥着"领头羊"作用，决定行业的发展方向和技术标准；刘银波（2007）认为，拥有一批具有国际竞争力的世界性大企业，正是一国综合经济实力和核心竞争力的体现。

企业在生产率等方面的异质性，无疑与企业的创新能力、创新表现密切相关。不过，到底是规模较大企业还是规模较小企业更具创新性，至今仍是一个有争议的问题。许多研究认为，中小企业在激发创新，特别是原发性创新方面具有重要作用（杨菊萍和贾生华，2009）。但也有不少研究发现，虽然具有高科技背景的中小企业很有创新活力，但大企业在资金、人才、创新成果的产业化和市场推广方面具有更强大的能力，而只有实现了产业化、市场化，才算是实现了经济增长。冯荣凯（2012）认为，虽然小企业更具创新精神，尤其是突破性创新经常是由小企业发起的，但总体而言，企业规模与技术创新之间存在正向关系，大企业对于技术创新的贡献最为突出。刘伟坤（2006）也认为，中小企业的创新能力仍与大企业存在较大差距，这是由于中小企业规模较小，抗风险能力弱，无法承担庞大的科研成本投入，无法通过技术创新来形成核心竞争力。绝大多数技术创新都需要大量的资金和其他资源的长期投入，而在资金投入方面，大企业无疑有着不可比拟的优势。中国企业联合会、中国企业家协会发布的《2016 中国制造业企业 500 强排行榜》显示，2016 年，我国制造业 500 强企业共投入研发费用 5 373.46 亿元，每家企业平均 10.75 亿元，较 2015 年增长 11.6%，平均研发强度为 2.1%，这 500 强企业研究与试验发展经费支出占到所有规模以上企业本项支出总额的 53.7%。在研发人力资源投入方面，大企业研发机构平均研发人员达到 73 人以上，平均研究与试验发展人员全时当量为 31.18 人年，远高于中小企业的均值水平（张健、李潇和夏宜君，2017）。

　　一些文献在分析企业规模与经济发展之间的关系时，研究了大企业在形成产业集群方面的核心作用，以及它们所产生的溢出效应的重要意义。从我国地区经济发展实践来看，产业集群在经济增长和经济升级过程中都有着重要作用，而大企业往往是形成产业集群的核心。马建会（2009）的研究显示，核心企业对产业集群的形成起着关键作用，往往一个规模大、技术开发能力强、市场占有率高的龙头企业可以在其周围形成若干个为之配套加工的中小企业群体。技术溢出效应对经济发展同样重要，所谓技术溢出是指先进技术的拥有者有意识或无意识地转让或传播他们的技术而带来的产业发展效应。一些研究显示，技术研发的溢出效应与企业的生产力之间存在很强的联系，大企业的技术溢出效应往往是中小企业技术进步的重要源泉（Aldieri 和 Vinci，2015）。Kokkoet 等（1996）认为，技术溢出效应的发生来自两个方面，第一来源于企业之间的示范、模仿和传播；第二来源于跨国公司与东道国同行业企业及其他企业之间的竞争与合作。大企业由于其规模经济性和庞大的经济实力成为技术创新的主体，中小企业围绕大企业形成竞争合作关系，因此大企业的技术进步势必产生较强的技术溢出效应，从而带动整个产业的发展。黄泰岩和金铁鹰（2008）认为，就大多数中小企业而言，与大企业的共生可能是生存和成长的基本法则，共生有两种方式：一是独立性生存方式，即进入大企业无法进入或者不愿意进入的市场领域；二是依附式生存方式，嵌入大企业的产业链条中，从而成为大企业产业链的一个环节。祁军和何维达（2002）的研究显示，大企业与中小企业都是技术创新的重要源泉，都具有不可或缺的重要作用。荣飞（2007）基于 DEA 模型，通过分区域对我国大企业技术创新的溢出效应进行测算，发现东、西部地区大企业的科技创新溢出效应起到了很好的促进区域经济发展的作用，而中部地区这个作用并不明显。

（二）大企业如何生成

以上文献关注了大企业的生产率、创新表现、对其他企业的带动作用和溢出效应等，但是，我们也不应该忘记，大企业并不是先天给定的，也就是说，一些企业的规模为什么变得较大，本身就是一个值得深入研究的议题。在现实当中，大企业的形成路径多种多样，有些企业是设立之初就是大企业，但更多的企业是由中小企业发展成为大企业。盛浩（2010）的分析认为，发展中国家的企业规模不断扩张与政府的经济政策密切相关。王永进等人（2011）指出，改革开放以来，我国政府为鼓励大企业发展，实行了一系列直接或间接的优惠措施，然而这种差别化的扶持政策虽然有助于企业在发展初期克服融资约束，但对大企业的长期发展作用并不显著，因为这些政策削弱了大企业进行技术创新的动力，不利于其长期发展。Allenet 等（2011）的研究显示，中国不少中小型企业，尤其是科技型企业，虽然在行业内起步较晚，自身技术创新能力总体不强，受到国家的支持也少，却获得了快速发展，成为国民经济发展新的增长点，它们自身的规模也快速扩张，有不少成为大企业。Dut 和 Temouri（2015）研究对全要素生产率增长速度和企业发展关系时发现，全要素生产率增长快的企业更可能经历高速增长，也更容易成为规模较大的企业。从以上文献和相关从逻辑来讲，企业规模是动态而不是静态的，所谓大企业，有很多是从中小企业成长过来的，因此，从营业规模能否扩大的维度，来认识大企业、来定义我们所关注的规模较大的踏板企业，要比单纯从静态规模角度定义大企业更加合适。

在我国，那些规模得到显著扩大的企业，能否成为增长之梯的踏板呢？这当然并没有现成的文献和答案。不过，也有一些文献指出，尽管改革开放以来，随着我国经济长期高速发展，许多企业的规模持续扩大，大企业在国民经济中发挥的作用进一步增强，但从绝对规模来看，中国企业的平均规模仍明显小于美国等发达国家（李建明，2009）。夏志勇等（2008）通过灰色聚类法构建了大企业的自主创新能力的评价模型，发现我国大企业的创新能力虽然在不断增长，但仍与世界知名创新型企业有较大差距。这些文献似乎表达了我国大企业能否成为增长之梯踏板的忧虑。2018 年春夏之间，我国一家有着较高声誉，也被寄予较大期望的高科技大企业——中兴通讯股份有限公司，一度受到美国政府制裁，限制其从美国进口芯片，从而被迫停产直到制裁被解除。所有这些理论上和现实中的忧虑，更加凸显了我们所从事这些研究的必要性和迫切性。

总而言之，已有的文献已经开始从企业异质性、企业规模的角度来看待经济增长，尽管对大企业的作用、对企业规模本身，都还有一些不同看法。本章下一部分，就从企业规模分析开始，对规模较大的踏板企业进行界定和识别，在此基础上开展更深入的实质性研究。

二、大企业的界定

（一）数据

本章使用的基础数据是由国家统计局维护的"中国工业企业数据库"，其样本范围为全部国有工业企业以及规模以上非国有工业企业，时间涵盖 1998 年至 2008 年。本书要研究从中等收入向高收入攀爬阶段的"踏板企业"，1998 年正好是我国成为中等收入国家的年份，而 2008 年是我国成为上中收入国家的年份。2001 年以前，"规模以上"指每年主营业务收入在 500 万元及其以上，2011 年开始改为 2 000 万元及其以上。这里的"工业"统计口径包括"国民经济行业分类"

中的"采掘业""制造业"以及"电力、燃气及水的生产和供应业"三个门类，数据库中的企业主要分布在制造业（占90%以上）。数据库中，1998年的企业数量为16.5万家，2008年为41.1万家。具体源数据及面板数据构建和清理过程参见杨汝岱（2015）的文献。

（二）本书对大企业的界定

传统上，国家根据发展的阶段和对企业的认识，对大中小企业主要根据生产规模进行划分。例如，1988年，原国家经贸委、国家计委等5部委发布的《大中小型工业企业划分标准》，该标准主要依据生产能力，把企业划分为特大型、大一型、大二型、中一型、中二型和小型企业。例如对钢铁企业把年产钢150万吨及以上的划为特大型企业，100万～150万吨的为大一型企业，60万～100万吨的为大二型企业，30万～60万吨的为中一型企业，10万～30万吨的为中二型企业，小于10万吨为小型企业，其他各行业也都主要按生产能力进行划分。2003年、2011年和2017年，国家统计局等部委相继发布文件，对企业规模标准进行了更新，其中对工业企业的规模划分标准如表3-1所示（2017年与2011年相比，主要是国民经济行业分类进行了调整，对工业企业的具体标准没有修改）。

表3-1　不同时期工业企业的规模划分标准

年份	指标名称	计量单位	大　型	中　型	小　型	微　型
1988	主要根据各行业生产能力					
2003	从业人员（X）	人	X ≥ 2000	300 ≤ X < 2 000	X < 300	
	销售额（Y）	万元	Y ≥ 30 000	3 000 ≤ Y < 30 000	Y < 3 000	
	资产总额（Z）	万元	Z ≥ 40 000	4 000 ≤ Z < 40 000	Z<4 000	
2011	从业人员（X）	人	X ≥ 1 000	300 ≤ X < 1 000	20 ≤ X < 300	X < 20
	营业收入（Y）	万元	Y ≥ 40 000	2 000 ≤ Y < 40 000	300 ≤ Y < 2 000	Y < 300

资料来源：《大中小型工业企业划分标准》1988，《统计上大中小型企业划分办法（暂行）》2003，《中小企业划型标准规定》2011

但是，本书研究的对象，是增长之梯的踏板大企业。在研究方法上，毫无疑问，首先就是要在所有的企业中，把营业规模较大的企业分离出来，然后在这些企业中，寻找和识别其中一些企业，分析它们对攀爬增长之梯作出了怎样的独特贡献，从而将它们看成踏板大企业。不过，由于企业规模大小是一个相对的概念，即使在官方统计体系中，大中小企业的划分标准在不同国家可以不一样，在同一国家也可以随时调整，因此，我们的研究如何设定大企业标准，本身也是一个问题。宏观经济增长主要来自各个企业营业规模扩张的合成结果，但从现象上来看，并非规模越大的企业，营业规模扩张就越快，从而对经济增长的贡献就越大；也并非规模越大的企业，创新和升级速度越快，生产率提高速度越快，从而对攀爬增长之梯的贡献就越大。也就是说，这方面并不存在一个严格的线性关系，而且我们的研究目的，并不是要论证企业规模越大越好。因此，我们要寻找的踏板大企业，并不一定是规模最大的那一部分企业，也不一定排斥规模稍小一些的那一部分企业，而是要在进入"规模以上"门槛的企业中，挑选出规模扩张相对更快、最终壮大了的企业。如果要表述得更准确，我们要研究的企业，是"较大且更快变大"（relatively-larger and growing-faster）的企业，或者说，是要在规模以上企业数据库中寻找更加成功的"规模扩张企业"，其中有些企业可能营业收入绝对规模并不能与石油石化、电力等行业的大企业相比，但是它们在各自细分行业中具有较强的竞争地位且扩张更快。这就是本项研究对大企业的界定。因此，我们所研究的这些对象企业，称为规模较大企业会更加确切，但把它们通俗地、简要地叫作大企业，并不违背称呼习惯，也是可以的。事实上，Navarettiet 等（2012）对 2001—2008 年法国、意大利和西班牙三国企业进行了分析，通过多项分布对数模型来辨识决定企业规模变迁的主要因素，结果显示，规模扩张企业与较高生产率、较强的获取金融资源的能力和国际化能力相关，而规模收缩企业多数表现出低生产率、低创新性、难以获得金融资源，以及低工资、低利润等情况。这些来自他国样本的实证研究，在一定程度上印证了我们的判断。因此，本章将从我国"规模以上"工业中，根据"规模扩张更快"这个原则，挑选出我们的样本企业，检查这些企业是否以及在哪些方面，更能促进中等收入阶段的经济增长。

如何在"规模以上"工业数据库中挑选我们的样本企业？根据"较大且更快变大"或者"规模扩张"（upsizing）的思路，我们所挑选的规模较大企业，是营业收入平均增速位于全部规模以上企业平均增速前 5% 以内的企业。此外，我们还将增速位于前 10% 的企业也挑选出来，进行一些对比分析。

　　企业规模是动态变化的，进入"规模以上"企业数据库的企业也是动态变化的，也就是说，在 1998 年至 2008 年，有些企业可能每年都是"规模以上"企业并进入数据库，有些企业可能只有一两年、两三年属于"规模以上"企业，而其他年份并没有进入数据库。而我们所寻找的可能成为踏板的企业，肯定不能是昙花一现的"规模以上"企业，必须是持续若干年都列入"规模以上"的企业，所以我们应该对数据库企业的进入和退出情况进行甄别。杨汝岱（2015）的研究中，统计了中国"规模以上"工业企业进入和退出的情况，如表 3-2 所示。可以看出，企业进入、退出比重相对是比较高的，年均退出率 14.1%、进入率 21.2%。其中。普查年份 2004 年和 2008 年的进入比重明显过高，主要原因是普查把一些应该调查但之前漏掉的观察值纳入了进入项。经过面板数据构建过程之后，1998—2009 年共有 720 917 家企业，1998—2007 年共有 593 574 家企业。表 3-3 列出了面板数据期间内，出现不同期数的企业数量。1998—2007 年，138 083 家企业只有一期数据，占比 23.26%；仅有 35 637 家企业每年都有记录，占比 6%。1998—2009 年，23.46% 的企业只有一期数据，3.2% 的企业每年都有数据。

表 3-2　面板数据整理说明

年份	总数 / 家	下期存活 / 家	退出 / 家	上期在位 / 家	新进入 / 家	退出比重 /%	新进入比重 /%
1998	165 118	139 976	25 142			15.23	
1999	162 033	137 331	24 702	139 976	22 057	15.25	13.61
2000	162 883	129 331	33 552	137 331	25 552	20.60	15.69
2001	171 240	149 864	21 376	129 331	41 909	12.48	24.47
2002	181 557	157 457	24 100	149 864	31 693	13.27	17.46
2003	196 222	157 165	39 057	157 457	38 765	19.90	19.76
2004	274 763	232 969	41 794	157 165	117 598	15.21	42.80
2005	271 835	248 641	23 194	232 969	38 866	8.53	14.30
2006	301 961	276 257	25 704	248 641	53 320	8.51	17.66
2007	336 768	296 382	40 386	276 257	60 511	11.99	17.97
2008	411 407			296 382	115 025		27.96

资料来源：杨汝岱，陈斌开 . 中国制造业企业全要素生产率研究（发表前版本）

表 3-3 "规模以上"企业报告数据期数统计

报告数据期数	1998—2007 年	占比 /%	1998—2009 年	占比 /%
1	138 083	23.26	169 140	23.46
2	99 329	16.73	108 025	14.98
3	79 667	13.42	102 114	14.16
4	102 344	17.24	75 795	10.51
5	45 566	7.68	62 570	8.68
6	38 170	6.43	78 730	10.92
7	25 930	4.37	30 675	4.26
8	15 099	2.54	22 711	3.15
9	13 749	2.32	21 224	2.94
10	35 637	6.00	13 667	1.90
11			13 224	1.83
12			23 042	3.20

资料来源：杨汝岱，陈斌开 . 中国制造业企业全要素生产率研究（发表前版本）

　　尽管 1998 年中国开始成为中等收入国家，但此后 3 年由于受到亚洲金融危机和国内结构失调等因素的影响，多数企业经营困难且不少企业关闭破产，而 2001 年加入 WTO 后，中国经济增速开始加快，特别是从 2003 年开始，进入快速增长周期，大多数企业进入营业规模持续扩张时期，因此，本章将 1998—2008 整个时期划分为 1998—2002 年和 2003—2008 年两个阶段，分别考察这两个阶段的大企业及其发展特征。这两个时段分别为 5 年和 6 年。我们考虑，有些规模扩张较快的企业，可能在第一年并不一定是"规模以上"企业，但此后却持续列入"规模以上"企业，所以，我们设定一个标准，只有在数据库中持续出现的时间不低于 4 年，才符合我们所寻找的踏板大企业的基本条件，这样就可以排除那些昙花一现的企业。

　　按照营业收入平均增长速度位于所有企业前 5% 或 10%、持续时间不低于 4 年这两个标准，我们分别定义了本书的大企业。如表 3-4 所示，1998—2008 年增长速度位于所有企业前 5% 的大企业有 3 000 ～ 5 000 家大企业，位于前 10% 的大企业有 7 000 ～ 9 000 家。考虑到 5% 的标准与国家统计局定义的大企业数量更为接近，所以本书主要按企业增速位于所有企业前 5% 这个标准来界定我们所关注的大企业。1998—2000 年，这些大企业的就业占所有"规模以上"工业企业的比重为 2.4%～2.8%，但收入占比要小于就业占比。2000 年以后，大企业的收入占比显著超过就业占比，至 2008 年，收入占已经超过就业占比一倍以上，这反映大企业的人均产出经历了从低于全部"规模以上"企业到高于全部"规模以上"企业的显著进步。

表 3-4　本书界定的大企业

年份	统计局划型大企业/家	本书定义标准（前5%）			本书定义标准（前10%）		
		大企业数量/家	大企业收入占比/%	大企业就业占比/%	大企业数量/家	大企业收入占比/%	大企业就业占比/%
1998	6 679	3 597	0.7	2.4	7 140	2.1	3.9
1999	6 945	4 346	1.6	2.6	8 786	4.4	4.6
2000	7 043	4 329	2.6	2.8	8 804	6.5	5.1
2001	7 609	4 356	3.4	2.7	8 851	8.3	5.5
2002	8 752	3 619	4.1	2.8	7 846	9.5	5.7
2003	1 666	2 973	0.3	0.4	7 803	0.9	1.1
2004		2 934	1.2	1.0	8 443	2.7	2.6
2005	2 126	5 503	2.1	1.7	8 542	4.5	3.2
2006	2 283	5 461	3.2	1.9	8 545	5.6	3.6
2007	2 506	5 358	4.2	2.1	8 562	6.7	3.9
2008	2 959	4 740	4.6	2.2	8 150	7.3	4.0

资料来源：根据中国工业企业数据库数据计算结果

（三）大企业的平均增长速度

在样本期间内，我国规模以上工业企业的营业收入平均增长速度明显加快。1999 年，当年平均增速仅为 0.5%，到 2007 年时持续提高到 16.4%，但 2008 年受国际金融危机影响降至 9.5%。那些营业收入增长最快的企业，增速尤其高，增速在当年前 5% 的企业的平均增速，1999 年是 72.4%，2005 年达到 86.9%，即便是前 10% 企业的平均增速，2005 年也高达 66.8%，如图 3-1 所示。

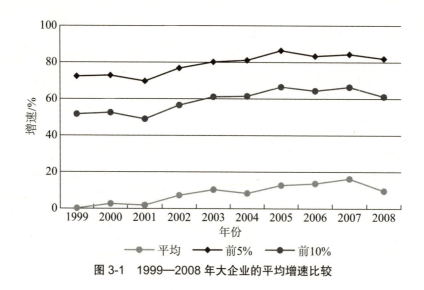

图 3-1　1999—2008 年大企业的平均增速比较

三、大企业的主要特征

（一）规模分布逐步偏大

　　根据本章定义，在样本年份之初的 1998 年，大企业营业规模多数分布于全部"规模以上"企业中的较低位置，在核密度估计图（kernol density estimate）中，其概率密度分布明显偏于左侧（图 3-2），也就是说，在这个时候，我们所定义的大企业，事实上在全部"规模以上"企业中，还算不上是真正的大企业，尽管其规模扩张很快。而到了 2008 年，它们的绝对规模明显较大，表现在总产值较大部分所占概率分布更高（图 3-3），这时就算得上是真正的大企业了，就比较符合我们所说的"较大且更快变大""规模扩张企业"这样的特征了。

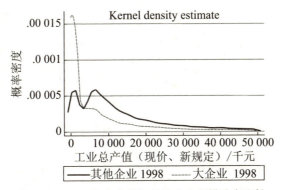

图 3-2　1998 年大企业与其他企业规模分布比较

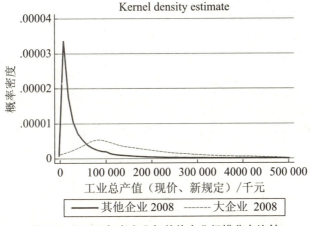

图 3-3　2008 年大企业与其他企业规模分布比较

说明：图 3-2 中略去了工业总产值大于 5 000 万元的企业，图 3-2 中略去了工业总产值大于 5 亿元的企业

（二）重化工和机械电子类数量增长快

从各行业中大企业的数量来看，食品加工和纺织服装行业的数量较多，但数量增长较慢，有些行业甚至出现净减少。例如，食品制造业和饮料制造业的大企业分别从 1998 年的 177 家和 122 家减少到 2008 年的 146 家和 87 家。这可能表明，在这个期间，已经较为成熟、增速相对平稳的行业，发生了比较明显的优胜劣汰、两极分化的现象，这其实是好现象，也从侧面说明了踏板大企业的重要意

义。但同期，重化工业和机械电子类的大企业增长较快，如化学原料和化学制品业的数量从 1998 年的 235 家增长到 2008 年的 355 家，非金属矿物制品业的数量在 2008 年达到 363 家，位居各行业之首。而通用设备制造业和计算机制造业的大企业数量均增长了一倍以上，如表 3-5 所示。

表 3-5　各行业大企业所占比重（按 5% 标准）

行　　业	代码	本书定义的大企业数量 / 个						各行业所占比重 /%					
		1998	2000	2002	2004	2006	2008	1998	2000	2002	2004	2006	2008
农副食品加工业	13	286	338	255	199	411	343	2.4	3.1	2.4	1.4	2.5	1.5
食品制造业	14	177	206	151	84	160	146	3.3	4.4	3.3	1.5	2.6	1.8
饮料制造业	15	122	140	105	40	96	87	3.2	4.1	3.2	1.2	2.5	1.6
烟草制品业	16	7	8	8	1	0	0	2.0	2.3	2.8	0.5	0.0	0.0
纺织业	17	233	273	237	218	354	298	2.0	2.4	1.7	0.9	1.4	0.9
纺织服装、鞋、帽制造业	18	66	85	74	77	155	132	1.0	1.3	0.8	0.6	1.2	0.8
皮革、毛皮、羽毛（绒）及其制品业	19	56	75	63	48	91	79	1.7	2.4	1.6	0.8	1.3	0.9
木材加工及木、竹、藤、棕、草制品业	20	69	64	64	55	118	109	2.8	2.5	2.1	1.1	1.9	1.1
家具制造业	21	21	32	31	26	61	51	1.4	2.1	1.8	0.9	1.7	1.0
造纸及纸制品业	22	82	96	81	60	107	98	1.7	2.1	1.5	0.8	1.4	1.0
印刷业和记录媒介的复制	23	68	90	69	31	64	51	1.7	2.4	1.8	0.6	1.3	0.8
文教体育用品制造业	24	23	29	27	20	37	36	1.4	1.6	1.2	0.6	1.0	0.8
石油加工、炼焦及核燃料加工业	25	16	20	17	45	69	56	1.5	2.0	1.5	2.2	3.2	2.4
化学原料及化学制品制造业	26	235	296	232	201	389	355	2.1	2.6	1.9	1.1	1.9	1.4
医药制造业	27	101	130	115	62	140	135	2.9	3.7	2.9	1.3	2.6	2.1

续表

行　业	代码	本书定义的大企业数量/个						各行业所占比重/%					
		1998	2000	2002	2004	2006	2008	1998	2000	2002	2004	2006	2008
化学纤维制造业	28	11	10	12	17	22	20	1.6	1.4	1.6	1.1	1.6	1.0
橡胶制品业	29	29	32	26	43	73	58	1.6	1.8	1.4	1.4	2.2	1.3
塑料制品业	30	87	105	91	73	173	146	1.4	1.7	1.2	0.6	1.3	0.8
非金属矿物制品业	31	246	318	258	208	416	363	1.7	2.2	1.7	1.1	1.9	1.2
黑色金属冶炼及压延加工业	32	87	111	98	135	205	157	2.4	3.4	2.7	1.9	2.9	2.0
有色金属冶炼及压延加工业	33	71	84	64	71	116	89	3.0	3.3	2.2	1.4	2.0	1.3
金属制品业	34	122	158	119	112	231	198	1.7	2.1	1.3	0.8	1.5	0.8
通用设备制造业	35	150	165	131	221	405	360	1.5	1.7	1.2	1.1	1.8	1.0
专用设备制造业	36	134	146	122	122	216	193	2.0	2.3	1.8	1.1	1.9	1.1
交通运输设备制造业	37	168	205	173	150	248	221	2.5	3.0	2.3	1.3	2.0	1.2
电气机械及器材制造业	39	161	200	166	161	264	243	2.1	2.5	1.7	1.0	1.6	1.0
通信设备、计算机及其他电子设备制造业	40	109	158	162	146	244	208	2.6	3.6	3.1	1.6	2.5	1.6
仪器仪表及文化、办公用机械制造业	41	38	43	38	39	56	46	2.0	2.2	1.6	1.0	1.4	0.8
工艺品及其他制造业	42	47	63	49	27	49	48	1.4	1.8	1.1	0.5	0.9	0.7
合计		3 022	3 680	3 038	2 692	4 970	4 326	2.0	2.5	1.8	1.1	1.8	1.1

资料来源：根据中国工业企业数据库数据计算

（三）国企占比呈显著下降趋势

在样本的期初年份，本书定义的大企业主要以国有企业为主。1998 年，制造业的大企业中有 66.2% 是国有企业。后来，随着国有企业改制，以及民营和外资企业加快发展，外资企业和非国有内资企业的占重大幅度攀升，到 2007 年，大企业中,仅有6.8%为国有企业,75.8%为非国有的内资企业,17.4%为外资企业。但在一些行业,如通信设备、计算机及其他电子设备制造业,也是我国第一大出口行业,外资大企业所占比重高达60%。如表3-6所示。

表3-6　各行业大企业的所有制分布　　　　　　　　　　%

行　业	代码	1998 年			2007 年		
		国有	除国有外的其他内资	外资企业	国有	除国有外的其他内资	外资企业
农副食品加工业	13	85.5	10.0	4.5	4.5	87.0	8.5
食品制造业	14	82.6	9.6	7.9	1.3	84.8	13.9
饮料制造业	15	84.6	8.9	6.5	6.6	76.9	16.5
烟草制品业	16	100.0	0.0	0.0			
纺织业	17	66.4	23.1	10.5	14.4	69.3	16.3
纺织服装、鞋、帽制造业	18	41.8	26.9	31.3	3.9	61.4	34.6
皮革、毛皮、羽毛(绒)及其制品业	19	60.7	25.0	14.3	2.3	62.1	35.6
木材加工及木、竹、藤、棕、草制品业	20	81.4	10.0	8.6	5.0	83.3	11.7
家具制造业	21	50.0	22.7	27.3	1.6	83.9	14.5
造纸及纸制品业	22	74.4	20.7	4.9	11.7	74.8	13.5
印刷业和记录媒介的复制	23	85.5	8.7	5.8	13.6	83.1	3.4
文教体育用品制造业	24	47.8	26.1	26.1	9.8	51.2	39.0
石油加工、炼焦及核燃料加工业	25	58.8	29.4	11.8	6.5	90.3	3.2
化学原料及化学制品制造业	26	66.8	23.5	9.7	7.2	82.8	10.0
医药制造业	27	68.6	19.6	11.8	2.9	86.1	10.9
化学纤维制造业	28	36.4	54.5	9.1	14.3	66.7	19.0
橡胶制品业	29	65.5	20.7	13.8	12.2	68.9	18.9
塑料制品业	30	41.6	32.6	25.8	4.5	73.4	22.1
非金属矿物制品业	31	71.0	22.6	6.5	5.0	86.4	8.7
黑色金属冶炼及压延加工业	32	55.2	40.2	4.6	2.1	90.4	7.4
有色金属冶炼及压延加工业	33	65.8	28.8	5.5	8.8	80.5	10.6
金属制品业	34	54.1	33.6	12.3	4.8	81.6	13.6
通用设备制造业	35	66.7	26.7	6.7	4.2	87.6	8.2

续表

行　业	代码	1998 年			2007 年		
		国有	除国有外的其他内资	外资企业	国有	除国有外的其他内资	外资企业
专用设备制造业	36	61.8	24.3	14.0	11.3	75.7	13.1
交通运输设备制造业	37	64.7	22.5	12.7	11.3	62.1	26.6
电气机械及器材制造业	39	42.4	34.5	23.0	3.7	70.7	25.6
通信设备、计算机及其他电子设备制造业	40	44.4	9.4	46.2	8.9	30.4	60.7
仪器仪表及文化、办公用机械制造业	41	56.4	15.4	28.2	18.3	45.0	36.7
工艺品及其他制造业	42	60.0	16.7	22.9	5.9	68.6	25.5
合计		66.2	21.3	12.5	6.8	75.8	17.4

资料来源：根据中国工业企业数据库数据计算

（四）大企业全要素生产率和增长率普遍高于其他企业

根据 1998—2007 年全部规模以上工业企业数据（2008 年缺乏一些重要指标，不能计算全要素生产率），本章采用 OP 方法计算了分行业的生产函数，以及全要素生产率（TFP），具体方法参见杨汝岱（2015）文献，但与杨汝岱一文不同的是，本章进一步删除了各行业中只生存一年的企业，从而保证每个企业在面板中至少出现两年，以更好地提高数据质量。从表 3-7 中可以发现，本章用 OP 方法计算得到的资本和劳动弹性系数与理论非常吻合，30 个行业中，资本和劳动系数之和的简单均值为 0.924，最大值为 1.104，最小值为 0.582。

表 3-7　TFP 计算：资本和劳动弹性与样本情况

行业代码	行　业　名　称	资本弹性 b_k	劳动弹性 b_l	b_k+b_l	OP 估计样本 / 个	总样本 / 个
13	农副食品加工业	0.331***	0.660***	0.991	94 458	130 049
14	食品制造业	0.417***	0.687***	1.104	37 866	52 379
15	饮料制造业	0.429***	0.607***	1.036	25 998	35 881
16	烟草制品业	0.185**	0.397***	0.582	2 073	2 632
17	纺织业	0.312***	0.520***	0.832	133 929	175 513
18	纺织服装、鞋、帽制造业	0.355***	0.511***	0.866	74 903	97 306

续表

行业代码	行 业 名 称	资本弹性 b_k	劳动弹性 b_l	b_k+b_l	OP 估计样本 / 个	总样本 / 个
19	皮革、毛皮、羽毛（绒）及其制品业	0.283***	0.572***	0.855	35 052	48 581
20	木材加工及木、竹、藤、棕、草制品业	0.296***	0.634***	0.930	28 470	41 344
21	家具制造业	0.359***	0.668***	1.027	16 881	23 682
22	造纸及纸制品业	0.372***	0.574***	0.946	47 408	61 147
23	印刷业和记录媒介的复制	0.459***	0.592***	1.051	32 685	43 616
24	文教体育用品制造业	0.331***	0.502***	0.833	20 716	26 451
25	石油加工、炼焦及核燃料加工业	0.535***	0.405***	0.940	11 150	14 863
26	化学原料及化学制品制造业	0.422***	0.526***	0.948	116 380	152 635
27	医药制造业	0.518***	0.504***	1.022	33 216	43 073
28	化学纤维制造业	0.335***	0.501***	0.836	7 306	10 305
29	橡胶制品业	0.426***	0.483***	0.909	18 323	24 229
30	塑料制品业	0.422***	0.474***	0.896	72 151	94 393
31	非金属矿物制品业	0.399***	0.506***	0.905	131 852	175 763
32	黑色金属冶炼及压延加工业	0.336***	0.567***	1.003	37 055	49 256
33	有色金属冶炼及压延加工业	0.421***	0.543***	0.964	29 313	39 398
34	金属制品业	0.428***	0.502***	0.930	82 735	110 092
35	通用设备制造业	0.398***	0.514***	0.912	114 974	153 398
36	专用设备制造业	0.393***	0.575***	0.968	61 746	85 924
37	交通运输设备制造业	0.466***	0.546***	1.012	69 781	93 190
39	电气机械及器材制造业	0.380***	0.531***	0.891	91 524	120 134
40	通信设备、计算机及其他电子设备制造业	0.393***	0.546***	0.939	50 797	67 600
41	仪器仪表及文化、办公用机械制造业	0.354***	0.540***	0.894	21 387	29 108
42	工艺品及其他制造业	0.295***	0.489***	0.784	34 111	45 464
43	电力燃气水的生产和供应业	0.454***	0.456***	0.910	1 482	2 111

将本章定义的大企业，与剔除这些大企业的其他"规模以上"企业（在下文和下列各图中称为"其他企业"），以及全部"规模以上"企业（在下文和下列

各图中称为"全部企业"），进行对比，就能显示大企业的卓越表现。从全要素生产率的密度分布来看，1998 年，大企业的平均生产率较低，分布明显位于其他企业的左边（图 3-4），但 2000 年后至 2007 年，其分布明显位于其他企业的右边（图 3-5 至图 3-7），显示此时大企业的平均全要素生产率较高。

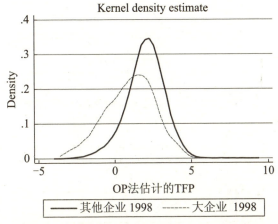

图 3-4　1998 年大企业与其他企业的 TFP 分布

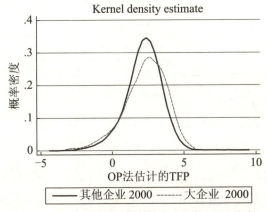

图 3-5　2000 年大企业与其他企业的 TFP 分布

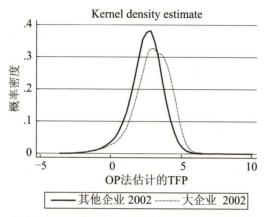

图 3-6　2002 年大企业与其他企业的 TFP 分布

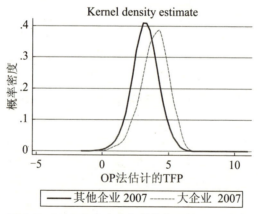

图 3-7　2007 年大企业与其他企业的 TFP 分布

从全要素生产率的平均值比较看，多数年份里，大企业的全要素生产率及增速要显著高于其他企业。1998 年，其他企业的平均全要素生产率是 2.86，大企业是 2.49，大企业要低其他企业 0.37。1998 年后这一趋势得到改变，2002 年大企业 TFP 绝对值比其他企业高出 0.57，达到峰值，后来逐渐下降，到 2007 年时缩小到 0.26（表 3-8）。

表 3-8　各类企业平均全要素生产率及其增速比较

年　份	绝　对　值				增速 /%		
	全部企业	其他企业	大企业	差值	全部企业	其他企业	大企业
1998	2.86	2.86	2.49	−0.37			

续表

年 份	绝 对 值				增速 /%		
	全部企业	其他企业	大企业	差值	全部企业	其他企业	大企业
1999	2.93	2.93	3.08	0.15	2.54	2.43	23.53
2000	3.09	3.08	3.55	0.47	5.50	5.19	15.32
2001	3.18	3.16	3.68	0.51	2.89	2.74	3.55
2002	3.36	3.34	3.91	0.57	5.75	5.62	6.41
2003	3.53	3.53	3.48	−0.05	4.97	5.64	−11.00
2004	3.68	3.68	3.47	−0.21	4.17	4.21	−0.26
2005	3.80	3.80	3.93	0.14	3.32	3.21	13.27
2006	3.89	3.88	4.17	0.30	2.32	2.14	6.13
2007	4.04	4.03	4.29	0.26	3.90	3.90	2.72

注：平均全要素生产率采用增加值加权，且类似杨汝岱（2015）的方法，并剔除了增加值最低和最高各 0.5% 的观测值

（五）大企业的年龄从双峰分布到年轻化

本章所定义的大企业的年龄分布，2003 年以前呈现显著的双峰特征，即以 5～6 年的年轻企业为主，但 40 岁左右的老企业也占相当的比重（图 3-8、图 3-9）。而 2003 年以后，随着中国经济进入新一轮快速增长期，这一期间的大企业呈现明显的以年轻企业为主的特征，2005 年，有很多是创设只有 2～3 年的企业在后期具有强大的持续发展能力，到 2008 年，大企业的年龄主要在 5～6 年（图 3-10、图 3-11）。

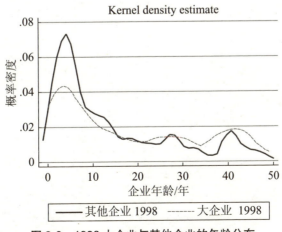

图 3-8 1998 大企业与其他企业的年龄分布

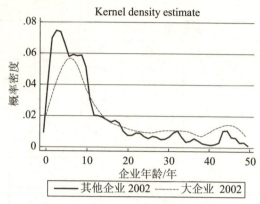

图 3-9 2002 年大企业与其他企业的年龄分布

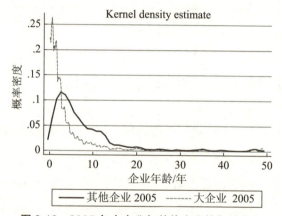

图 3-10 2005 年大企业与其他企业的年龄分布

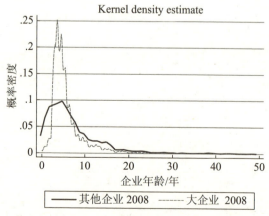

图 3-11 2008 年大企业与其他企业的年龄分布

四、假说和模型

某一类企业是否发挥了促进一个经济体攀爬增长阶梯的作用，可以从如下三个方面进行检验：第一，在攀爬增长之梯这个关键时期，该类企业自身的营业规模是否比其他企业增长得更快。因为一个经济体的国内生产总值增长主要来源于企业营业规模的增长，如果某类企业长期保持快于其他企业的增长，在一定程度上可以说发挥了对增长的支撑和保障作用，在中等收入迈向高收入的关键时期，则起到了攀爬增长之梯的作用。第二，该类企业能否促进了其他企业的增长。如果某类企业不仅自己增长快，还能带动其他企业增长，无疑也可视为发挥了类似"阶梯"的作用。第三，该类企业的发展能否促进新企业的成长和生成，能否激发更多新企业的成长。本章第二部分和第三部分已经显示，大企业在营业规模方面的表现，尤其是生产率方面的表现，总体而言都优于其他企业，这就为本段提出的第一个方面提供了证据。而现在，主要检验在其他两个方面的效果。

（一）计量模型

类似于王永进等（2017）的研究，本章首先考察大企业是否会带动其他企业的增长，具体计量模型设定如下：

$$g_{it} = \alpha_1 + \beta \ln Z_{it} + \gamma X_{it} + \varepsilon_{it} \tag{3-1}$$

式中，g_{it} 为企业 i 在第 t 年工业总产值的增长率，这里采用对数增长率，即 $g_{it} = \ln\left(\dfrac{Y_{i,t}}{Y_{i,t-1}}\right)$，这种对数增长率的好处在于可以克服样本异方差问题（王永进等，2017）；Z_{it} 为反映大企业情况的解释变量向量，考虑到中国的行政区划和企业外溢效应存在距离问题，本章分别考虑了地级市内的大企业变量、市外省内的大企业变量，以及位于其他省份的大企业变量，另外，还区分了大企业与被解释的企业是否处于同一行业（定义在 3 位码行业上）；X_{it} 为控制变量，包括企业年龄（lnage，企业年龄取对数）、企业规模（lnsale，用企业不变价工业生产总值

取对数）、企业出口比重（r_expot，企业出口总额占工业总产值比重）、企业利
润（lnprofit，企业不变价利润总额的对数）、资本密集度（lnkl，人均不变价资
本存量）和全要素生产率（tfp_op）。王永进等（2017）给出了选择以上变量的
主要考虑。本章还考虑了企业研发投入等指标，但由于该指标大幅度减少了样本
总量，因此，我们仅在稳健性检验中包括了这些变量。

　　考察大企业是否具有踏板作用的另外一个检验模型，是研究某个地区的大企
业是否会促进本地区其他企业数量的增长，具体模型设定如下：

$$g_{Nt} = \alpha_1 + \beta \ln Z_{nt} + \varepsilon_{it} \qquad\qquad (3\text{-}2)$$

式中，g_{Nt} 为地级市内其他企业（规模以上）数量的增长速度，解释变量是各种
大企业的指标。

（二）对大企业是否存在"踏板"作用的检验

　　判断大企业是否存在踏板作用，一个重要方面是，大企业的存在是否有利于
其他企业的增长。表3-9针对模型（3-1）进行面板数据回归。在回归结果（1）～（4）
中，被解释变量是其他企业实际产出的增长率，我们控制了企业的规模、出口比
重、企业年龄、利润总额、人均资本存量、全要素生产率等控制因素，另外还控
制了产业、地区和年份的固定效应。从回归结果（1）可见，本市内相同行业的
大企业数量可以显著促进本市内其他企业的产出增长，大企业数量增长 1%，其
他企业的增长速度会提高 0.021%。同时，本地区其他企业的数量也有溢出效应。
回归结果（2）表示，不仅是相同行业，不同行业的大企业数量也能促进其他企
业产出增长，而且这种促进作用的效果更加明显。回归结果（3）显示，市外省
内（不包括本市的同一省份其他地区）相同行业大企业数量和其他企业数量同样
对其他企业的产出有正向溢出作用。回归结果（4）则说明，其他省份相同行业
大企业数量有正向作用，但其他企业的数量则有负向效果，显示出同业的竞争
效应。

表 3-9　大企业对本市内其他企业产出增长率的影响

回归结果	（1）gy	（2）gy	（3）gy	（4）gy
lnNsisc_Db	0.037***	0.022***	0.021***	0.021***
本市内相同行业大企业数量	（24.05）	（14.33）	（13.64）	（13.61）
lnNsisc_Nb	0.025***	0.023***	0.021***	0.021***
本市内相同行业其他企业数量	（19.90）	（18.69）	（14.25）	（14.45）
lnNnisc_Db		0.036***	0.035***	0.035***
本市内不同行业大企业数量		（36.36）	（34.82）	（34.67）
lnNsisp_Db			0.009***	0.009***
市外省内相同行业大企业数量			（7.80）	（7.37）
lnNsisp_Nb			0.002	0.004*
市外省内相同行业其他企业数量			（1.12）	（2.22）
lnNsisn_Db				0.014***
外省相同行业大企业数量				（8.58）
lnNsisn_Nb				-0.017***
外省相同行业其他企业数量				（-7.01）
L.lnsale	-0.524***	-0.525***	-0.525***	-0.525***
本企业规模	（-455.59）	（-456.40）	（-456.42）	（-456.35）
L.lnprofit	0.015***	0.015***	0.015***	0.015***
本企业利润总额	（66.62）	（66.68）	（66.67）	（66.62）
L.r_export	0.033***	0.034***	0.034***	0.034***
本企业出口比重	（11.59）	（11.87）	（11.93）	（11.94）
lnage	-0.023***	-0.022***	-0.022***	-0.022***
本企业年龄	（-22.24）	（-21.34）	（-21.30）	（-21.20）
L.lnkl	0.001	0.001	0.001	0.001
本企业资本密集度	（1.70）	（1.03）	（0.98）	（0.91）
L.tfp_op	-0.048***	-0.048***	-0.048***	-0.048***
滞后一期本企业全要素生产率	（-56.26）	（-56.60）	（-56.63）	（-56.64）
SOE	-0.005	-0.004	-0.004	-0.004
国有企业虚拟变量	（-1.52）	（-1.20）	（-1.20）	（-1.18）
foreign	0.032***	0.030***	0.030***	0.030***
外资企业虚拟变量	（7.09）	（6.67）	（6.67）	（6.67）
年份虚拟变量	有	有	有	有
省份虚拟变量	有	有	有	有
行业虚拟变量（3 位码）	有	有	有	有

回归结果	（1）	（2）	（3）	（4）
	gy	gy	gy	gy
样本量	1 293 584	1 293 584	1 293 584	1 293 584
R2	0.274 6	0.275 6	0.275 7	0.275 7

注：* 表示在 5% 水平上显著；** 表示在 1% 水平上显著；*** 表示在 1‰ 水平上显著

（三）大企业踏板作用与学习效应

全要素生产率是反映企业整体技术水平的综合指标。本章第二部分的比较分析已经显示，21 世纪以来，我国大企业的全要素生产率整体上要高于其他企业。而具有较高技术或管理水平的大企业往往会通过产品和人员的交流而产生多种溢出效应，从而有利于其他企业提高能力，进而促进宏观经济增长。事实上，不少大企业往往被誉为行业的"黄埔军校"，因为大企业的很多技术或管理人员会流动到其他企业，并产生重要的带动作用。当然，其他企业对大企业的产品逆向研发，或者直接派人去大企业参观学习培训也是重要的学习途径。表 3-10 中的回归结果（5）、（6）和（7）首先显示同一行业的大企业对其他企业有显著的技术溢出效应，无论是本市内相同行业的大企业数量、市外省内相同行业的大企业数量，还是外省同行业大企业数量的系数都显著为正。

回归结果（6）和（7）还显示同一行业的其他企业（主要是中小企业）存在明显的竞争效应。虽然同行业的大企业或龙头企业，由于生产效率较高，有利于同行业其他企业的发展，但其他的同行业中小企业之间更容易产生负向的竞争效应，在回归结果（6）和（7）中，市外省内相同行业的其他企业数量以及外省相同行业其他企业数量，这两个变量的回归系数显著为负，说明有明显的竞争和负向替代效应。但是，回归结果（5）显示本市内相同行业的其他企业数量没有显著关系，这主要是因为在同一市内，同一行业的企业积聚，除了竞争效应外，还会产生规模效应，如我国浙江、广东的一些特色镇有许多以某些产业为重点的集群等，同一行业许多企业容易产生正向的集聚效应。这种竞争和集聚效应存在一定的抵消性，因此总体效应并不显著。

　　大企业的带动作用并不仅仅显示为同行业的外溢效应，现实中经常发现，大企业对不同行业的带动作用往往更加显著。例如，一个大企业，往往会带动一批为大企业配套的上游企业。近年来，韩国三星等大企业从国内撤出，就带走了许多为之配套的企业。另外，一个大企业的发展，有时也会带动下游行业的发展。例如，某个地区建成了一个大的有色金属冶炼公司，后面可能会出现很多金属的深加工企业等。在回归结果（8）中，我们发现本地区不同行业大企业数量有着显著正向影响，而且回归系数 0.043 要显著大于本市相同行业大企业数量的 0.023。

表 3-10　大企业对其他企业全要素生产率的影响

回归结果	（5）	（6）	（7）	（8）
	tfp_op	tfp_op	tfp_op	tfp_op
lnNsisc_Db	0.042***	0.039***	0.039***	0.023***
本市内相同行业大企业数量	（19.85）	（18.22）	（18.22）	（10.50）
lnNsisc_Nb	−0.003	0.000	0.001	−0.000
本市内相同行业其他企业数量	（−1.75）	（0.24）	（0.57）	（−0.02）
lnNsisp_Db		0.024***	0.024***	0.017***
市外省内相同行业大企业数量		（15.18）	（14.75）	（10.68）
lnNsisp_Nb		−0.018***	−0.016***	−0.021***
市外省内相同行业其他企业数量		（−8.31）	（−6.77）	（−8.69）
lnNsisn_Db			0.020***	0.022***
外省相同行业大企业数量			（8.54）	（9.67）
lnNsisn_Nb			−0.021***	−0.014***
外省相同行业其他企业数量			（−6.11）	（−4.17）
lnNnisc_Db				0.043***
本市内不同行业大企业数量				（30.89）
L.lnsale	0.208***	0.208***	0.208***	0.207***
本企业规模	（149.89）	（149.84）	（149.91）	（149.35）
L.lnprofit	0.018***	0.018***	0.018***	0.018***
本企业利润总额	（59.64）	（59.63）	（59.58）	（59.61）
L.r_export	−0.018***	−0.017***	−0.017***	−0.016***
本企业出口比重	（−4.52）	（−4.37）	（−4.37）	（−4.15）
Lnage	−0.055***	−0.055***	−0.055***	−0.054***
本企业年龄	（−38.32）	（−38.14）	（−38.04）	（−37.28）
lnkl	−0.119***	−0.119***	−0.119***	−0.119***

续表

回归结果	（5）	（6）	（7）	（8）
	tfp_op	tfp_op	tfp_op	tfp_op
本企业资本密集度	（-112.11）	（-112.24）	（-112.30）	（-112.83）
SOE	-0.065***	-0.065***	-0.065***	-0.063***
国有企业虚拟变量	（-15.41）	（-15.28）	（-15.27）	（-15.01）
foreign	-0.016*	-0.015*	-0.015*	-0.017**
外资企业虚拟变量	（-2.48）	（-2.44）	（-2.42）	（-2.73）
年份虚拟变量	有	有	有	有
省份虚拟变量	有	有	有	有
行业虚拟变量（3位码）	有	有	有	有
N	1 293 928	1 293 928	1 293 928	1 293 928
R2	0.152	0.152	0.12	0.152

注：* 表示在 5% 水平上显著；** 表示在 1% 水平上显著；*** 表示在 1‰水平上显著

（四）东部和中部地区的大企业溢出作用更加明显

大企业溢出作用与各地区大企业的数量和所处的行业结构等多种因素有关。有些研究发现，西部地区虽然也散布着一些大中型国有企业，但存在"双重封闭的二元结构"，中央大型企业和地方中小企业无法建立良好的分工与协作关系，也无法通过企业间的共生互补效应形成高效的专业化分工与协作的地方合作网络，不能形成上下游产业的互补效应，缺乏既竞争又合作的创新动力（马建会，2009）。本章的检验发现，东部和中部地区大企业的多种溢出作用更加明显，而在西部地区，除了广西和四川两地外，其他地区的溢出效应低于东部地区（表 3-11）。

表 3-11 不同地区大企业对其他企业产出增长率的影响

省级行政区	市内同行业大企业	市内不同行业大企业	市外省内同行业大企业	外省同行业大企业	市内同行业中小企业	市外省内同行业其他企业	外省同行业其他企业	观测值个数 / 家
北京					0.053***		—	29 096
天津	—							22 664
河北	0.031***	0.018***		0.022***	0.019**			50 079

续表

省级行政区	市内同行业大企业	市内不同行业大企业	市外省内同行业大企业	外省同行业大企业	市内同行业中小企业	市外省内同行业其他企业	外省同行业其他企业	观测值个数/家
上海	0.015**			—	0.054***		—	76 141
江苏		0.015***			0.019***		0.017*	178 610
浙江	—			0.009**	0.023***		—	192 661
福建					0.037***			56 384
山东	0.019***	0.012**			0.014**	0.015*		117 480
广东	0.008*	0.026***			0.044***	—		170 995
海南	—			—			0.118*	2 770
辽宁		0.028***		0.028***		—		46 938
吉林		0.042***						9 535
黑龙江								14 016
山西	0.075***	0.027**	0.045***	0.088***				15 660
安徽	0.080***		—	—	0.074***	0.046***		28 732
江西					0.048***	0.027*		19 867
河南	0.041***		0.013**	0.019**				59 513
湖北		0.027***	—				0.043**	37 930
湖南	0.035**							32 848
内蒙古		—				0.035*		7 934
广西	0.052*		0.035**			0.027*		17 595
重庆				0.028*	0.041**			14 486
四川	0.076***	0.032***	0.014*			—		34 123
贵州	—		—			0.031*	—	10 404
云南	0.096**				0.034*			11 280
西藏	—			—		0.114**		836
陕西								14 857
甘肃							0.054*	8 940
青海								1 748
宁夏						0.080***		2 807
新疆		—	0.123**			0.035*		6 638

注 1：* 表示在 5% 水平上显著；** 表示在 1% 水平上显著；*** 表示在 1‰ 水平上显著

注 2："–"表示为负向显著

（五）几乎所有制造业行业均存在显著的大企业溢出作用

　　根据分行业检验结果，在制造业行业中，除了化学纤维制造业的大企业对其他企业增长有显著负向影响外，各行业的大企业都对其他企业有正向溢出效应。表 3-12 显示了我们的分析结果。

表3-12　不同行业大企业对其他企业产出增长率的影响

行　　业	市内同行业大企业	市内不同行业大企业	市外省内同行业大企业	外省同行业大企业	市内同行业其他企业	市外省内同行业其他企业	外省同行业其他企业
农副食品加工业	0.043***	0.017***				0.032***	
食品制造业		0.019***	0.023*		0.027**		
饮料制造业	0.059***			0.039**	0.061***		—
烟草制品业							
纺织业	0.019***	0.019***		0.014**	0.028***	0.016**	—
纺织服装、鞋、帽制造业		0.019***	0.020***		0.072***		—
皮革、毛皮、羽毛（绒）及其制品业	0.034***	0.022***	—		0.062***		—
木材及木、竹、藤、棕、草制品业	0.076***				0.055***		
家具制造业		0.044***			0.046***	0.053***	
造纸及纸制品业	—	0.032***				—	0.031*
印刷业和记录媒介的复制				—	0.072***	0.031***	—
文教体育用品制造业		0.030***	—		0.038**	0.079***	
工艺品及其他制造业	—	0.037***	—		0.078***		
石油加工、炼焦核燃料加工业	0.064***	0.050***	0.034*	0.212***		0.045*	
化学原料及化学制品制造业	0.020***	0.019***		0.023**		0.043***	
化学纤维制造业							—
橡胶制品业		0.031***		0.032**	0.046***	0.026*	—

续表

行　业	市内同行业大企业	市内不同行业大企业	市外省内同行业大企业	外省同行业大企业	市内同行业其他企业	市外省内同行业其他企业	外省同行业其他企业
塑料制品业		0.021***	—		0.020***		
非金属矿物制品业	0.041***	0.010***	0.013***		0.022***	0.011*	
黑色金属冶炼及压延加工业		0.041***	—			0.033**	
有色金属冶炼及压延加工业		0.018**			0.022*		
金属制品业		0.022***			0.023***	0.015*	
医药制造业		0.020***					
通用设备制造业	0.019***	0.011***		—	0.031***	0.042***	
专用设备制造业		0.027***	0.014*			0.026**	0.039**
交通运输设备制造业			0.013**	0.027***	0.048***	0.017*	—
电气机械及器材制造业	—	0.015***			0.035***	0.042***	—
通信设备、计算机其他电子设备制造业	0.023**			0.017*	0.031***	0.039***	
仪器仪表及文化、办公用机械制造业				0.036**	0.033**	0.034**	

注 1：* 表示在 5% 水平上显著；** 表示在 1% 水平上显著；*** 表示在 1‰ 水平上显著

注 2："-"表示为负向显著

五、主要发现及其政策意义

本章根据 1998—2008 年规模以上工业的数据，对工业企业的营业规模扩张情况进行了比较分析，定义了扩张速度位于全部企业前 5% 的大企业，这些企业的数量总共有 3 000 ～ 5 000 家。这些持续较快增长的大企业是我国跨越中等收入陷阱、攀登增长之梯的"关键少数"。

比较分析发现，本章所定义的大企业，在发展初期，规模并不大，全要素生产率也不高，但在后期的发展中表现出较高的生产率和持续较快增长，并最终发展成为规模较大的企业。从行业分布看，这些大企业所处的行业与不同发展阶段的主导产业密切相关，如在 1998 ～ 2002 年，在食品、饮料、纺织等行业所占比重较高，但在 2003 年以后，随着我国工业化、信息化、城镇化快速推进以及全球化不断深化，在重化工和机械电子等行业，大企业数量显著增加，而一些传统劳动密集型制造业的大企业数量甚至有所减少。与经济快速成长相对应，大企业的年龄也从 1998—2002 年的双峰分布，即既有大量企业年龄只有 5 ～ 6 年的成长期企业，也有不少 40 年左右的老企业，到 2008 年，以平均年龄只有 5 ～ 6 年的新兴企业为主。

本章对大企业是否发挥踏板作用进行了定量分析。一方面，大企业本身营业收入增长快、生产率增速快；另一方面，我们的计量分析结果发现，大企业可以显著促进本市内其他企业的产出增长，这种促进作用不仅体现在相同行业，也体现在不同行业。进一步分析发现，这种对其他企业的带动作用，主要通过提高其他企业的全要素生产率来实现，是一种典型的"高质量"带动模式。另外，本章也发现，东部和中部地区大企业数量相对较多，大企业对其他企业的带动作用也更为明显，这可能意味着，东中部地区有着更多的踏板企业，因而东中部地区更容易攀爬增长之梯、进入高收入社会。

本章的研究具有一定的政策意义。本章分析显示，在从中等收入迈向高收入的艰难进程中，数量有限的"踏板企业"才是"关键少数"。这些企业大部分都比较年轻，而且非国有企业占比越来越高，它们在起步阶段，营业规模并不大，生产率也不是很高，但很快就能脱颖而出，成为"增长之梯"上不可或缺的"踏板"。这一结果告诉我们，许多成为踏板或者可以视为踏板的企业，是从中小企业迅速成长壮大起来的新兴大企业，而不是那些长期维持较大规模并占有较多资源的老企业。新兴大企业不断替代原有大企业，各种大企业排行榜每过几年就有一些企业被更替，新崛起的大企业不但成为竞争劲旅也成为行业龙头，这样的经济体就很有希望在增长之梯上不断向上攀爬。因此，未来的政策重点，应该考虑如何强化优胜劣汰机制，加快劣势企业退出市场，并为优势企业创造更好的发展环境和增长空间，而不是以各种手段给劣势企业"输血"以维持它们的生存。也许政府将自己所掌握的资金，更多投入到社会安全网的完善、关闭破产企业和僵尸企业的债务清理、职工再就业的辅导与帮助，而不是耗费在各式各样的企业扶持和救助政策中，更有利于我国跨越中等收入陷阱，迈向高收入社会。

第四章

制造行业龙头企业的
变迁与发展

企业，是经济活动的主体。大企业、行业龙头企业，更是对带动行业发展、助推国家经济发挥着巨大作用。在攀爬增长之梯的过程中，许多大企业发挥了踏板作用。但是，在现实中，无论中外，行业龙头常常变迁。日本的《日经》（*Business*）杂志在其《日本顶尖企业过去百年之变迁》的报告中指出，1896—1982 年，以每 10 年为一个阶段，列入日本前 100 名的企业变动极大。20 世纪 50 年代《财富》杂志所列的世界 500 强企业，到 90 年代已有近 1/3 在名单中消失（王东民，2005）。我国改革开放 40 年来，亦有不少企业曾红极一时但随后陨落，行业龙头企业也不断变换。

把一国的行业龙头大企业放到全球范围内来审视，则可以看到国家经济竞争力的兴衰和国家攀爬增长之梯的成败。美国哈佛大学教授波特（2012）在其经典著作《国家竞争优势》中，就分析了美国、英国、德国、意大利、日本、韩国等国家一些出口型产业的变迁以及行业龙头企业的崛起，从而剖析了这些国家如何成为高收入经济体，或者如何从高位滑落的原因。如果一个国家的一些重要行业的龙头大企业孱弱、萎靡、扩张乏力，则这些企业就不能帮助国家赢得全球竞争优势，对于发展中国家而言，这些企业就不能成为增长之梯上的踏板；如果这些企业强盛有力，它们就能在市场中不断扩张规模，就能帮助国家获得全球竞争优势，就能为国民收入不断提高作出突出贡献。

但是，在竞争环境中，特别是在全球化的背景中，一些企业为何能成长或快速成长并成为行业龙头企业？而有些曾经辉煌一时的龙头企业为何又陷入停滞甚至破产关闭？探讨、研究龙头大企业的兴衰，了解其内在的原因和机理，不但有助于人们了解企业发展规律，也有助于我们理解增长之梯的踏板企业如何"炼成"。

鉴于此，本章聚焦于我国制造业中的 8 个典型行业，以 Wind 数据库中的上市公司年报数据为支撑，采用理论分析和案例研究的方式，来探讨这些行业上市公司龙头企业在 2008—2017 年这 10 年中的兴衰变迁，为我们寻找和理解踏板企业，进而助推更多踏板企业的生成和发展，提供有用的视角。

本章第一部分对 8 个制造业行业进行了数据统计，客观描述这些行业中龙头企业的排名变化；第二部分对已有的研究企业兴衰的文献进行了综述与评价；第三部分在前人研究的基础上，本章构建了"资源—能力—意愿—机遇"的分析框架，结合各个行业的特点，对 8 个行业上市公司龙头企业的变迁进行了研究分析；第四部分是小结与启示。

一、制造业上市公司行业龙头的变迁

为分析我国制造业上市公司行业龙头的变迁状况，本章数据来源根据 Wind 数据库的 A 股上市公司统计，行业分类按照证监会行业分类（CSRC）。在 CSRC 制造业分类中，选取了汽车制造业，计算机、通信和其他电子设备制造业，专用设备制造业，电气机械及器材制造业，化学原料及化学制品制造业，医药制造业，食品制造业，纺织服装业比较具有代表性的 8 个行业（其中将 CSRC "纺织业"与 CSRC "纺织服装、服饰业"合并称为"纺织服装业"），将拥有 2008—2017 年完整 10 年年报的 941 家 A 股上市公司作为分析样本。[①]

（一）CSRC 汽车制造业

CSRC 汽车制造业，包含了汽车整车制造和汽车零部件制造。剔除 B 股，剔除没有 2008 年年报的企业，CSRC 汽车制造业行业总共有 77 家企业拥有 2008—2017 年完整 10 年的年报。

单一年度营收排名可能会受到一些偶然因素影响，采用三年平均值来排名，

---

① 样本企业大多都是在 2008 年（含）以前上市的企业，也有个别企业是 2008 年以后上市的，但 Wind 数据库中能查到 2008—2010 年年报，故也纳入分析。如际华集团正式上市是 2010 年，但 2008—2010 年年报数据齐全，因此也纳入分析。

则更能显示企业在行业中的实际位置。因此，根据 2008—2010 年三年平均的营业总收入和 2015—2017 年三年平均的营业总收入，排名前 20 的汽车制造企业见表 4-1。

表 4-1 CSRC 汽车制造业营业总收入排名的变迁 　　　　万元

2008—2010 年平均排名	企业名称	2008—2010 年平均年收入	2015—2017 年平均排名	企业名称	2015—2017 年平均年收入
1	上汽集团	18 630 143.41	1	上汽集团	76 583 460 .51
2	潍柴动力	4 397 751.04	2	华域汽车	11 863 442.27
3	福田汽车	4 280 050.24	3	潍柴动力	10 615 760.98
4	比亚迪	3 909 651.23	4	比亚迪	9 646 455.57
5	一汽轿车	2 845 011.16	5	长城汽车	9 193 944.46
6	华域汽车	2 471 866.27	6	长安汽车	7 510 874.25
7	长安汽车	2 388 375.86	7	广汽集团	5 013 694.59
8	中国重汽	2 281 915.50	8	江淮汽车	4 938 267.86
9	江淮汽车	2 150 690.48	9	福田汽车	4 407 989.96
10	东风汽车	1 551 437.23	10	宇通客车	3 342 775.49
11	长城汽车	1 474 177.11	11	江铃汽车	2 750 252.94
12	金龙汽车	1 343 898.15	12	中国重汽	2 593 101.90
13	江铃汽车	1 159 604.51	13	一汽轿车	2 575 867.94
14	宇通客车	1 019 863.44	14	金龙汽车	2 213 298.23
15	一汽夏利	857 935.09	15	均胜电子	1 774 684.79
16	广汽集团	757 670.09	16	东风汽车	1 706 469.51
17	海马汽车	752 603.05	17	宁波华翔	1 237 416.87
18	力帆股份	608 307.69	18	海马汽车	1 216 645.64
19	万向钱潮	607 928.52	19	力帆股份	1 201 940.73
20	曙光股份	482 607.08	20	一汽富维	1 152 962.70

资料来源：作者根据 Wind 数据库整理。营业总收入数据来自企业各年度的年报

在 2008—2017 年这 10 年间，将 2008—2010 年前三年平均数与 2015—2017 年后三年平均数作比较，很显然，上汽集团保持了第 1 名的位置，而且一直是遥遥领先；潍柴动力从第 2 名下降到第 3 名，但仍处前三名。

扩大到前 5 名来看，福田汽车从第 3 名跌落到第 9 名，一汽轿车从第 5 名跌落到第 13 名；华域汽车则从第 6 名上升为第 2 名，长城汽车从第 11 名上升为第 5 名。

进一步扩展来看，东风汽车从第 10 名跌至第 16 名；一汽夏利从第 15 名跌至第 48 名。

其他汽车制造业企业的排名变化则相对不大。

（二）CSRC 计算机、通信和其他电子设备制造业

剔除没有 2008 年年报的公司，以及 2018 年上市的工业富联（富士康），总共 211 家企业拥有 2008—2017 年完整 10 年的年报。需要指出的是，通信设备制造商巨头华为公司并不是 A 股上市公司，虽然其属于这个行业，但不在本章分析之列。

根据 2008—2010 年三年平均的营业总收入和 2015—2017 年三年平均的营业总收入，排名前 20 的计算机、通信和其他电子设备制造业见表 4-2。

表 4-2　CSRC 计算机、通信和其他电子设备制造业营业总收入排名的变化　万元

2008—2010 年平均排名	企业名称	2008—2010 年平均年收入	2015—2017 年平均排名	企业名称	2015—2017 年平均年收入
1	中兴通讯	5 827 662.13	1	TCL 集团	10 774 097.70
2	TCL 集团	4 486 143.56	2	中兴通讯	10 341 161.47
3	中国长城	3 668 923.95	3	京东方 A	7 043 995.68
4	四川长虹	3 370 000.97	4	四川长虹	6 988 521.10
5	海信电器	1 769 245.23	5	中国长城	5 052 361.85
6	深科技	1 604 137.70	6	海康威视	3 303 362.92
7	同方股份	1 585 775.93	7	海信电器	3 167 702.68
8	深康佳 A	1 419 192.66	8	同方股份	2 720 366.95
9	环旭电子	1 290 902.81	9	紫光股份	2 671 021.83
10	华阳集团	977 195.00	10	欧菲科技	2 634 507.23
11	方正科技	774 420.81	11	航天信息	2 591 722.94
12	航天信息	762 454.55	12	环旭电子	2 500 421.53
13	京东方 A	753 616.69	13	深康佳 A	2 330 742.95
14	东方通信	506 871.55	14	歌尔股份	1 949 352.13
15	烽火通信	459 993.57	15	长电科技	1 793 902.13
16	生益科技	447 413.98	16	烽火通信	1 730 231.33
17	紫光股份	410 690.87	17	浪潮信息	1 609 297.40

续表

2008—2010 年平均排名	企业名称	2008—2010 年平均年收入	2015—2017 年平均排名	企业名称	2015—2017 年平均年收入
18	*ST 厦华	400 030.71	18	立讯精密	1 557 606.27
19	大恒科技	346 482.15	19	深科技	1 488 025.46
20	*ST 大唐	331 500.26	20	大华股份	1 408 379.52

资料来源：作者根据 Wind 数据库整理。营业总收入数据来自企业各年度的年报

在 2008—2017 年这 10 年间，将 2008—2010 年前三年平均数与 2015—2017 年后三年平均数作比较，很显然，中兴通讯和 TCL 集团保持了前两名，只不过排名顺序掉了个个儿；京东方 A 从第 13 名上升到第 3 名，中国长城则从第 3 名降到第 5 名。

扩大排名范围来看，海康威视从第 25 名上升到第 6 名，紫光股份从第 17 名上升到第 9 名，欧菲科技从第 125 名上升到第 10 名；同期，深科技从第 6 名降到第 19 名，深康佳 A 从第 8 名降到第 13 名。

而其他一些企业，排名变化则不那么大。

（三）CSRC 专用设备制造业

CSRC 专用设备制造业，从分类来看，主要是除开通用设备制造（如机床）之外的设备制造业，主要包括工程机械等。剔除缺乏 2008 年之后年报的企业，A 股 CSRC 专用设备制造业中共有 120 家企业拥有 2008—2017 年完整 10 年的年报。

根据 2008—2010 年三年平均的营业总收入和 2015—2017 年三年平均的营业总收入，排名前 20 的专用设备制造业见表 4-3。

表 4-3　CSRC 专用设备制造业营业总收入排名的变化　　　　万元

2008—2010 年平均排名	企业名称	2008—2010 年平均年收入	2015—2017 年平均排名	企业名称	2015—2017 年平均年收入
1	中铁工业	3 959 025.68	1	中铁工业	4 163 819.90
2	振华重工	2 404 123.28	2	三一重工	2 832 734.27
3	中联重科	2 216 787.35	3	振华重工	2 315 976.55

续表

2008—2010 年平均排名	企业名称	2008—2010 年平均年收入	2015—2017 年平均排名	企业名称	2015—2017 年平均年收入
4	三一重工	2 139 869.15	4	中联重科	2 134 958.57
5	徐工机械	1 642 239.85	5	徐工机械	2 089 338.80
6	柳工	1 160 582.36	6	天地科技	1 422 092.19
7	中国一重	931 687.94	7	经纬纺机	1 020 860.38
8	一拖股份	928 890.44	8	航天电子	1 007 056.05
9	山推股份	897 904.95	9	新华医疗	863 406.20
10	太原重工	825 674.03	10	一拖股份	862 819.61
11	厦工股份	717 980.37	11	柳工	830 847.44
12	天地科技	622 192.60	12	大族激光	803 544.21
13	郑煤机	521 157.29	13	龙净环保	784 239.75
14	经纬纺机	485 553.34	14	安徽合力	675 894.12
15	安徽合力	394 123.69	15	大连重工	667 127.87
16	龙净环保	322 637.34	16	中国一重	615 613.50
17	杭氧股份	279 198.04	17	太原重工	610 520.14
18	航天电子	260 570.57	18	杭氧股份	577 864.40
19	山东墨龙	252 969.58	19	卓郎智能	542 793.93
20	大族激光	225 815.40	20	郑煤机	522 901.96

资料来源：作者根据 Wind 数据库整理。营业总收入数据来自企业各年度的年报

在 2008—2017 年这 10 年间，将 2008—2010 年前三年平均数与 2015—2017 年后三年平均数作比较，很显然，CSRC 专用设备制造业的前 5 名保持了相对稳定，只是彼此排名有所调整，其中中铁工业始终保持了第 1 名，而徐工机械始终保持了第 5 名。

但是，前 20 名中有些企业的变动比较明显，值得关注。天地科技从第 12 名上升至第 6 名，经纬纺机从第 14 上升到第 7 名，大族激光从第 20 名上升到第 12 名；而柳工从第 6 名下降到第 11 名，中国一重从第 7 名下降到第 16 名。

（四）CSRC 电气机械及器材制造业

CSRC 电气机械及器材制造业，主要是家电类、电气设备类制造企业。剔除缺乏 2008 年以后年报的企业，包括 2018 年上市的宁德时代（300750），总共有

153 家上市公司拥有 2008—2017 年完整 10 年的年报。

根据 2008—2010 年三年平均的营业总收入和 2015—2017 年三年平均的营业总收入，排名前 20 的电气机械及器材制造业见表 4-4。

表 4-4　CSRC 电气机械及器材制造业营业总收入排名的变化　　　万元

2008—2010 年平均排名	企业名称	2008—2010 年平均年收入	2008—2010 年平均排名	企业名称	2015—2017 年平均年收入
1	美的集团	8 093 263.70	1	美的集团	18 036 924.03
2	格力电器	4 854 808.31	2	青岛海尔	12 268 953.75
3	青岛海尔	4 132 523.56	3	格力电器	12 023 236.90
4	特变电工	1 501 450.45	4	特变电工	3 861 688.54
5	中国西电	1 332 513.58	5	海信科龙	2 789 647.09
6	海信科龙	1 189 586.56	6	中天科技	2 157 743.07
7	小天鹅 A	662 353.29	7	亨通光电	1 962 682.30
8	长虹美菱	629 573.14	8	正泰电器	1 853 585.39
9	保变电气	600 270.58	9	小天鹅 A	1 695 041.35
10	精达股份	557 925.65	10	宝胜股份	1 626 876.43
11	正泰电器	519 424.01	11	中利集团	1 428 218.98
12	九阳股份	476 879.16	12	中国西电	1 396 753.30
13	宝胜股份	472 347.47	13	智慧能源	1 373 800.00
14	陕鼓动力	396 742.79	14	长虹美菱	1 324 665.90
15	双良节能	393 976.13	15	德赛电池	988 152.44
16	中天科技	366 102.60	16	欣旺达	952 280.20
17	智慧能源	329 327.38	17	卧龙电气	949 120.18
18	许继电气	316 550.34	18	许继电气	909 467.71
19	汉缆股份	302 968.12	19	精达股份	907 472.32
20	维科技术	283 520.22	20	平高电气	788 668.87

资料来源：作者根据 Wind 数据库整理。营业总收入数据来自企业各年度的年报

从表 4-4 看，在 2008—2017 年这 10 年间，将 2008—2010 年前三年平均数与 2015—2017 年后三年平均数作比较，前三强还是美的集团、格力电器和青岛海尔，只是青岛海尔从第 3 名变到第 2 名。

扩大范围来看，中国西电从第 5 名下降到第 12 名，长虹美菱从第 8 名降到第 14 名。值得注意的是，德赛电池 2008 年单年仅排第 67 位，2008—2010 三年

平均排第 63 位（平均营业总收入 100 247.69 万元），但到 2015—2017 年，已经上升排到第 15 位（平均营业总收入 988 152.44 万元）。

（五）CSRC 化学原料及化学制品制造业

CSRC 化学原料与化学制品制造业主要是化工类企业，剔除缺乏 2008 年以后年报的企业，总共有 155 家该类上市公司拥有 2008—2017 年完整 10 年的年报。

根据 2008—2010 年三年平均的营业总收入和 2015—2017 年三年平均的营业总收入，排名前 20 的化学原料及化学制品制造业见表 4-5。

表 4-5　CSRC 化学原料及化学制品制造业营业总收入排名的变化　　　万元

2008—2010 年平均排名	企业名称	2008—2010 年平均年收入	2015—2017 年平均排名	企业名称	2015—2017 年平均年收入
1	中化国际	2 994 806.65	1	云天化	5 295 735.51
2	*ST 宜化	914 542.99	2	中化国际	4 895 617.08
3	华谊集团	817 188.29	3	华谊集团	4 182 331.11
4	万华化学	787 569.65	4	万华化学	3 423 847.26
5	鲁西化工	702 684.04	5	中泰化学	2 656 151.68
6	山东海化	698 650.18	6	金正大	1 877 267.46
7	云天化	695 759.54	7	阳煤化工	1 820 415.10
8	氯碱化工	543 829.51	8	三友化工	1 654 879.45
9	中粮生化	526 002.42	9	三聚环保	1 523 564.99
10	亿利洁能	524 928.86	10	*ST 宜化	1 515 824.39
11	浙江龙盛	517 398.94	11	兴发集团	1 423 044.71
12	新安股份	513 844.29	12	浙江龙盛	1 409 951.53
13	巨化股份	483 820.93	13	鲁西化工	1 319 375.12
14	*ST 天化	467 236.21	14	天原集团	1 283 042.12
15	三友化工	465 888.77	15	亿利洁能	1 161 643.23
16	盐湖股份	452 688.16	16	巨化股份	1 112 837.81
17	金正大	442 427.61	17	盐湖股份	1 098 192.25
18	天原集团	421 163.73	18	传化智联	1 093 353.93
19	华鲁恒升	405 976.96	19	齐翔腾达	1 079 329.89
20	红太阳	361 873.54	20	广州浪奇	974 348.99

资料来源：作者根据 Wind 数据库整理。营业总收入数据来自企业各年度的年报

从表 4-5 来看，在 2008—2017 年这 10 年间，将 2008—2010 年前三年平均数与 2015—2017 年后三年平均数作比较，发现 CSRC 化学原料与化学制品制造业排名有起有伏。其中排名上升的有：云天化从第 7 名上升到第 1 名，中泰化学从第 21 名上升至第 5 名，三聚环保从第 127 名上升至第 9 名，阳煤化工从第 155 名上升至第 7 名。排名不变的主要有：华谊集团保持第 3 名不变，万华化学还是第 4 名。排名下降的主要有：中化国际从第 1 名下降到第 2 名，ST 宜化（宜化集团）从第 2 名下降到第 10 名。

（六）CSRC 医药制造业

CSRC 医药制造业，剔除缺乏 2008 年以后年报的企业，总共有 144 家该类上市公司拥有 2008—2017 年完整 10 年的年报。

根据 2008—2010 年三年平均的营业总收入和 2015—2017 年三年平均的营业总收入，排名前 20 的医药制造业见表 4-6。

表 4-6　CSRC 医药制造业营业总收入排名的变化　　　　万元

2008—2010 年平均排名	企业名称	2008—2010 年平均年收入	2015—2017 年平均排名	企业名称	2015—2017 年平均年收入
1	哈药股份	822 695.21	1	中国医药	2 547 015.22
2	安迪苏	636 673.26	2	云南白药	2 248 779.82
3	云南白药	574 260.51	3	康美药业	2 206 204.10
4	华北制药	502 003.07	4	白云山	2 003 818.83
5	太极集团	401 896.26	5	复星医药	1 525 700.81
6	华润双鹤	383 906.66	6	天士力	1 442 238.64
7	东北制药	363 302.69	7	哈药股份	1 400 020.83
8	中国医药	353 217.35	8	人福医药	1 261 020.42
9	华润三九	338 351.43	9	同仁堂	1 209 182.26
10	浙江医药	312 575.88	10	安迪苏	1 208 647.26
11	复星医药	305 022.81	11	恒瑞医药	1 141 510.46
12	天士力	301 961.30	12	健康元	971 423.13
13	白云山	297 385.74	13	海正药业	969 079.28
14	海正药业	293 248.94	14	华润三九	933 394.23
15	健康元	277 364.80	15	科伦药业	925 474.41

续表

2008—2010 年 平均排名	企业名称	2008—2010 年 平均年收入	2015—2017 年 平均排名	企业名称	2015—2017 年 平均年收入
16	同仁堂	250 342.89	16	华北制药	789 802.90
17	科伦药业	247344.41	17	太极集团	789 573.72
18	新和成	241 436.28	18	丽珠集团	760 108.68
19	恒瑞医药	229 140.71	19	现代制药	677 525.77
20	中新药业	217 991.81	20	东阿阿胶	637 971.29

资料来源：作者根据 Wind 数据库整理。营业总收入数据来自企业各年度的年报

从表 4-6 看，在 2008—2017 年这 10 年间，将 2008—2010 年前三年平均数与 2015—2017 年后三年平均数作比较，发现 CSRC 医药制造业排名有比较大的变化，可以说，医药制造业在 2008—2017 这 10 年发生了比较大的"洗牌"。

在排名前 20 中，排名上升的有：中国医药从第 8 名上升至第 1 名，云南白药从第 3 名上升到第 2 名，康美药业从第 21 名上升到第 3 名，白云山从第 13 名上升到第 4 名，复星医药从第 11 名上升到第 5 名，天士力从第 12 名上升到第 6 名，人福医药从第 32 名上升到 8 名，同仁堂从第 16 名上升到第 9 名。

排名下降的有：哈药股份从第 1 名下降到第 7 名，安迪苏从第 2 名下降到第 10 名，华北制药从第 4 名下降到第 16 名，太极集团从第 5 名下降到第 17 名。

（七）CSRC 食品制造业

剔除缺乏 2008 年以后年报的企业，CSRC 食品制造业中总共有 27 家上市公司拥有 2008—2017 年完整 10 年的年报。

根据 2008—2010 年三年平均的营业总收入和 2015—2017 年三年平均的营业总收入，排名前 20 的食品制造业见表 4-7。

表 4-7 CSRC 食品制造业营业总收入排名的变化　　　　万元

2008—2010 年 平均排名	企业名称	2008—2010 年 平均年收入	2015—2017 年 平均排名	企业名称	2015—2017 年 平均年收入
1	伊利股份	2 521 570.83	1	伊利股份	6 300 908.99
2	光明乳业	829 127.50	2	光明乳业	2 041 737.64

续表

2008—2010 年平均排名	企业名称	2008—2010 年平均年收入	2015—2017 年平均排名	企业名称	2015—2017 年平均年收入
3	*ST 因美	307 065.97	3	上海梅林	1 609 613.62
4	莲花健康	240 919.22	4	梅花生物	1 135 936.91
5	梅花生物	228 831.83	5	三元股份	550 830.74
6	三元股份	212 183.24	6	安琪酵母	494 987.36
7	上海梅林	170 215.55	7	三全食品	475 809.43
8	安琪酵母	169 953.02	8	*ST 因美	331 958.83
9	三全食品	158 356.48	9	中炬高新	317 531.53
10	云南能投	147 507.61	10	汤臣倍健	256 198.36
11	星湖科技	124 170.11	11	黑芝麻	232 462.22
12	加加食品	123 041.22	12	皇氏集团	216 610.74
13	中炬高新	106 798.95	13	克明面业	208 547.64
14	恒顺醋业	100 709.29	14	加加食品	184 430.18
15	广泽股份	80 837.99	15	莲花健康	179 865.35
16	克明面业	47 019.98	16	双塔食品	171 864.26
17	涪陵榨菜	46 965.81	17	金达威	165 039.45
18	金达威	41 628.11	18	云南能投	152 250.01
19	天润乳业	40 036.20	19	恒顺醋业	143 142.86
20	黑芝麻	37 820.58	20	溢多利	123 839.23

资料来源：作者根据 Wind 数据库整理。营业总收入数据来自企业各年度的年报

从表 4-7 看，在 2008—2017 年这 10 年间，将 2008—2010 年前三年平均数与 2015—2017 年后三年平均数作比较，发现 CSRC 食品制造业中，伊利股份和光明乳业保持了第 1 名和第 2 名；ST 因美（贝因美）从行业第 3 名下降到第 8 名，莲花健康从第 4 名下降到第 15 名；而同期，上海梅林则从第 7 名上升到第 3 名。

（八）纺织服装业

由于行业近似且具有较强的关联性，本章将 CSRC"纺织业"与 CSRC"纺织服装、服饰业"合并称为"纺织服装业"来一起进行分析。事实上，在 Wind 数据库的行业分类中，CSRC 纺织业和 CSRC 纺织服装、服饰业都归属于"耐用消费品与服装"行业。剔除缺乏 2008 年以后年报的企业，纺织服装业中共有

54 家上市公司拥有 2008—2017 年完整 10 年的年报。需要指出的是，有些以前以纺织服装为主业的企业，由于其主营业务已经发生了较大的变化，已经不再归类为纺织服装业，如雅戈尔，在今天的 CSRC 分类中已经被归到房地产业。

根据 2008—2010 年三年平均的营业总收入和 2015—2017 年三年平均的营业总收入，排名前 20 的纺织服装业见表 4-8。

表 4-8　纺织服装业营业总收入排名的变化　　　　　　　　　万元

2008—2010 年平均排名	企业名称	2008—2010 年平均年收入	2015—2017 年平均排名	企业名称	2015—2017 年平均年收入
1	际华集团	1 187 003.46	1	际华集团	2 501 096.25
2	美邦服饰	573 055.91	2	海澜之家	1 700 993.09
3	森马服饰	462 003.64	3	森马服饰	1 071 597.17
4	鲁泰 A	432 789.38	4	常山北明	1 037 690.89
5	百隆东方	389 348.79	5	华孚时尚	941 236.81
6	孚日股份	355 673.39	6	搜于特	888 522.63
7	龙头股份	339 357.76	7	美邦服饰	642 877.84
8	常山北明	326 695.10	8	鲁泰 A	618 809.94
9	江苏阳光	299 979.33	9	百隆东方	547 997.54
10	华孚时尚	276 810.84	10	孚日股份	446 730.78
11	航民股份	197 813.65	11	龙头股份	431 173.66
12	新野纺织	195 401.45	12	新野纺织	410 912.61
13	七匹狼	194 588.73	13	联发股份	373 973.43
14	华纺股份	173 419.81	14	罗莱生活	357 656.71
15	联发股份	172 663.33	15	鹿港文化	335 654.85
16	华茂股份	167 172.37	16	探路者	323 965.23
17	伟星股份	156 736.60	17	航民股份	323 802.29
18	嘉欣丝绸	152 398.04	18	*ST 中绒	309 538.70
19	上海三毛	147 792.39	19	红豆股份	280 222.11
20	红豆股份	143 656.42	20	七匹狼	273 698.88

资料来源：作者根据 Wind 数据库整理。营业总收入数据来自企业各年度的年报

从表 4-8 来看，在 2008—2017 年这 10 年间，将 2008—2010 年前三年平均数与 2015—2017 年后三年平均数作比较，发现"纺织服装业"中际华集团保持了第 1 名，而且保持了相对较大的营收优势；森马服饰保持了第 3 名；而美邦服饰从第 2 名掉到第 7 名，七匹狼从第 13 名下降到第 20 名；快速上升的企业中，

海澜之家从第 27 名上升为第 2 名，常山北明从第 8 名上升到第 4 名。

那么，在上述 8 个行业中，为何在 2008—2017 年这短短 10 年间，有的企业沉浮如此巨大？为什么有些企业快速崛起，有些企业曾经位列行业前列，而在 10 年间就落后甚至衰败？

二、研究企业兴衰的文献综述

研究企业的兴衰，即研究企业的成长和企业的衰败，是学术界一直较为关注的话题。

（一）一些分析框架

从主观感受上看，企业的成长与衰败是个十分复杂的问题，影响因素非常多。邬爱其和贾生华（2002）在梳理国外有关企业成长理论研究成果时提到，法国经济学家吉布莱特（Gibrat，1931）在其代表作《非均衡经济学》中对企业规模与成长和产业结构之间的关系问题进行了开创性的研究，其研究成果被人们称作吉布莱特定律。吉布莱特认为，企业成长是一个随机过程，影响企业成长的因素过于复杂，无法对其准确预测和把握，不同规模的企业成长率并不会因为规模不同而有所差异。

然而，后世的学者仍然不懈努力，试图建立一定的理论和分析框架来解释企业为何成长（或衰败）。

周晖和彭星闾（2000）总结了几种已有的企业成长理论：①产业组织理论和 SCP 框架。认为企业的绩效和成长取决于企业所处的市场结构和所采取的市场行为。②企业的性质与成长。强调合适的制度安排及制度创新对企业成长的重要性，企业科层组织可通过组织和流程再造增强企业的竞争力和成长性；并用交易费用分析了企业的最佳规模。③以 Michael E.Porter 为代表的企业市场拓展论。将企业竞争优势和企业成长归于企业的市场力量与产业拓展，并假设这一力量与企业进行市场定位、构筑进入和退出市场壁垒的能力相一致。④以 Winter·S.G 为代表的企业进化论。认为企业的成长是通过生物进化的三种核心机制（多样性、遗传性和自然选择性）来完成的。应重视组织、创新、路径依赖等的进化对企业成长的影响。⑤以 Ichak Adizes （常泽为伊查克·爱迪思）为代表的企业生命周期论。主要从企业生命周期的各个阶段分析了企业成长与老化的本质及特征。⑥以 Prahalad 和 Hamel 为代表的企业核心能力理论。强调从企业自身的资源出发而不是从市场角度来研究企业的成长与竞争能力。认为企业的成长取决于其自身拥有的资源，企业拥有的资源状况决定了它不同于其他企业的成长途径，一套强有力的核心能力的存在决定了企业有效的战略活动领域,也产生出企业特有的生命线。⑦企业知识论。认为隐藏在能力背后并决定企业能力的是企业掌握的知识，强调知识对企业成长的重要作用。①

韩太祥（2002）则从产业组织理论的发展和历史沿革的角度对企业成长理论进行了归纳，认为有如下几种企业成长理论：①古典经济学的企业成长论，用分工的规模经济利益来解释企业成长问题；②新古典经济学的企业成长论，就是企业规模调整理论，企业成长的动力和原因就在于对规模经济（以及范围经济）的追求；③新制度经济学的企业成长论，认为企业成长就是企业边界扩大的过程，分析企业成长因素也就是探讨决定企业边界的因素，企业成长的动因在于节约市场交易费用；④后凯恩斯主义的企业成长论，在企业增长率最大化的目标假设下，构建一个把企业产量决策、投融资决策和定价决策融为一体的企业成长模型；⑤企业成长的制度变迁理论，认为企业制度变迁是随企业经营规模扩张而出现的，它又是维持和促进规模扩张的必要条件；⑥彭罗斯的企业成长论，也叫内在成长论，即始终以单个企业为研究对象，建立了一个企业资源—企业能力—企业成长的分析框架，即企业拥有的资源状况是决定企业能力的基础；企业能力决定了企业成长的速度、方式和界限；⑦管理者理论的企业成长论。该理论认为，由于管理者的利益并不是与利润直接相关，而是与企业的规模或增长密切相关，这就导致企业行为方面的新特点，即企业成长成为企业的目标，因为这符合管理者的效用函数。

综合来看，以彭罗斯的企业成长论为代表的企业能力理论（彭罗斯构建了一

① 该综述转引自余博.中国大企业成长战略研究 [D].湘潭：湘潭大学，2005.

个"企业资源—企业能力—企业成长"的分析框架）和以 Ichak Adizes 为代表的企业生命周期理论影响较大，后来的学者多在这两个方面进一步延伸、拓展，相关的文献也更多一些。

例如，乐长征、陈小林和胡胜（2018）通过梳理认为，在众多的企业成长理论中，企业能力理论关注企业的资源配置、知识与经验积累、技术创新及其相互影响，强调企业成长能力的客观性、系统性和动态性，超越企业所属行业揭示了企业成长的基本规律，是解释企业取得市场竞争优势和超额利润，保持可持续成长和基业常青的最具说服力的理论工具之一。在此基础上，乐长征等人（2018）基于"企业成长机会集"概念，以价值创造能力为代理变量，认为企业短期成长能力可定义为企业的短期价值创造能力；企业长期成长能力由具有不同性质的企业可持续成长能力、再投资价值创造能力和潜在成长能力三种能力组成。杨洋（2011）则在若干学者的企业成长概念的思想基础上，提出了企业成长的一个概念框架。即企业成长至少应该包括量（规模）的变化、质（能力）的变化和动态的过程三个方面。再如，殷建平（1999）在对中国大企业成长问题进行研究的过程中，提出"企业增长极限"的概念，他认为，大多数大企业已经进入盛年期，乃至稳定期，想要持续发展需要突破六个增长极限，即企业家极限、市场极限、技术极限、管理极限、员工素质极限和自然资源极限；同时提出大企业需要具备六大能力，即竞争能力、应变能力、盈利能力、学习能力、创新能力与应付危机能力。

企业能力的视角能解释企业成长，也往往能够解释企业为何衰败。

例如徐思雅和冯军政（2013）从动态能力视角出发，认为动态能力理论可以解释"在位者诅咒"这一现象及其内在作用机制。他们选择通信行业巨头诺基亚为样本，以动态能力的两个维度，即外部资源获取和资源释放来考察其发展历程，认为诺基亚在其辉煌的经营历程中形成了刚性和路径依赖，难以改变资源基础从而缺乏动态能力，进而在技术范式转变期的通信行业中逐渐失去竞争优势。

再如，刘海建、余舒意和马文丽（2012）在《能力惰性、企业衰败与成长：一个演化模型》一文中，从微观机制视角探讨了大型企业转型衰败过程，根据高管人员感知和处理企业内外部信息方式，把决策机制失灵分为高管感觉失灵、态度失灵、纠偏失灵与沟通环境环节失灵四个方面。他们认为大型企业转型失败的原因主要是因为企业更多关注的是眼前效率而忽视了对客户需求变化的适应；如果要转型成功，企业必须承认自身的不足，进行反省式学习，特别要从企业自身过去的失败与成功经验中、从对手身上进行学习。

但对企业生命周期理论，笔者有一些不同的看法。在企业生命周期理论中，伊查克·爱迪思把企业成长过程分为孕育期、婴儿期、学步期、青春期、盛年期、稳定期、贵族期、官僚化早期、官僚期以及死亡期十个阶段。有不少学者亦将企业生命周期简化为幼稚期、成长期、成熟期和衰退期四个阶段。笔者认为，企业创立时点有早有晚，存续的时间有长有短，但不同的行业有着不同的竞争格局和行业发展规律，企业自身也是一个复杂综合体，将其划分为若干阶段的企业生命周期理论更像是事后的评价，而不是客观的分析。当我们站在历史的某个时点，某个企业已经创立了 10 年，请问，它是处于青春期还是盛年期？这就如股市，站在 4 000 点时，有人说要涨到 10 000 点，也有人说已经太高了，马上要崩盘。一切的评判，都只是在事后才知道。所以，笔者认为，企业生命周期理论，描述的只是事后的结果，而不是内在原因。初创时点差不多、各种情况类似的一批企业，有的企业在激烈的竞争中存活了，壮大了，但有的企业衰败了，那要怎么划分成长期和衰败期呢？

企业是个复杂综合体，既有存活百年的长寿企业，也有昙花一现的企业，恐怕还是只能更多地从企业自身、从企业内部去解释企业兴衰的奥秘。当然，有时外部环境对企业的影响也很大。例如，杨镇宇（2005）指出，20 世纪 90 年代中期，一大批民营企业迅速崛起，有过短暂的辉煌之后，又迅速地走向衰败，人们把这种现象称为"流星"现象。导致民营企业衰败的因素可以分为内部因素和外部因素两大类，在一些企业衰败的过程中，外部因素甚至还扮演着主要的角色。外部因素主要有市场机制不健全、政府行政干预、新闻媒体过度炒作、银行经营短期化、市场竞争过度等。再如，王东民（2005）总结认为，造成企业衰败的具体因素各种各样，衰败形式也各不相同。但概括起来说，危机的成因不外乎来自外部环境和企业内部两大方面。造成企业衰败的外部环境主要有：市场有效需求不足；竞争对手的变化；技术进步；产业结构演变。造成企业衰败的内部原因主要有：经营者无法对环境变动作出有效的反应；财务失控；组织结构不合理；经营运行的失误。

（二）案例分析法

正是鉴于企业的复杂性，很多研究不采用什么理论或分析框架来分析，而只按照案例研究的方法来探讨企业的兴衰，细节的展示往往更有说服力。例如，2012 年 1 月英国《经济学人》杂志刊文《柯达富士兴衰启示录》，就分析了柯达为何盛极而衰，而同为胶卷企业的富士为何屹立不倒。创立于 1880 年的柯达以先锋技术和创意营销而闻名。其实早在 1975 年，柯达就开发了全球首款数码相机，而且，当年的柯达可以说是那个时代的谷歌。但是，面对数字时代的来临，过于骄傲自满、战略迟疑不决、未能及时变革，导致柯达的失败。走到 2012 年 1 月，柯达申请破产保护。而被柯达瞧不起的、立足低端市场的日本富士胶片大胆预见未来数码时代的崛起，并且制定了三管齐下的战略：尽可能多地从胶片业务抽离资金，为数码时代的转型做好准备，并开发新的业务（周玲，2012）。从而使得富士公司避免了营收的大幅度下滑，如今仍然好好地活着。

此外，人们常说，"企业家是企业的灵魂"。企业家对一家企业的生死存亡至关重要，所以，还有不少学术研究或类学术研究，将目光聚焦于企业家身上。例如，叶康涛、冷元红和何建湘（2015）的《兴衰 30 年——中国企业 30 年成败模式》试图用学术规范的研究，来分析中国企业改革开放 30 年来兴衰的原因。该书选取了 8 对入选福布斯／胡润中国富豪榜的企业家（失败企业家 vs. 成功企业家），进行了深入的对比研究，旨在回答一个重要而有趣的问题：同样是在中国，同样是处于转轨经济时期，为什么有的企业家只能昙花一现，有的却能够持续成功？是什么决定着他们的成败？该书研究发现：从表面原因来看，中国企业家失败源于激进式扩张和风险控制意识弱化，最终导致资金链断裂或铤而走险、触犯法律。但是企业家失败还有更深层次的原因，即企业家过度自信及理性思维的欠缺、唯我独尊的帝王情结，以及过度倚重潜规则尤其是政商关系。这也意味着，大多数中国企业家的失败并不在于战略或战术，追根溯源在于企业家自身的修为不足，缺乏企业长青所需的境界和胸怀。因此，企业家要想避免失败，打造长青的企业，首先，也是最重要的，是自我修炼，提高自己的境界和胸怀。

当然，探讨企业兴衰的已有相关研究各有优缺点。以企业能力（或核心能力）

为代表的企业成长理论，往往忽略或低估了企业家的主观意愿对于企业发展的巨大影响；个案企业的研究又往往未能抽象出一些影响企业兴衰的共性因素；而以企业家为主角的研究，则常常过于夸大了企业家的作用，而企业拥有的资源、企业形成的能力以及外部时代与产业的机遇，有时对于企业成败起到了至关重要的作用，正如那句戏谑而又深刻的调侃之语，"站在风口上，猪都能飞起来"，在改革开放的大潮中，相当多的企业家只是恰好坐对了电梯而已。

因此，笔者希望能在已有相关研究的基础上再进一步，构建一个相对完善的分析框架，并综合采用案例分析的方法，来解释第一部分中国制造业 8 个行业中上市龙头企业的变迁，在探索内在变迁机理的基础上，进而对中国企业的发展提出若干建议。

三、"资源—能力—意愿—机遇"的框架与解释

（一）本章分析框架的构建

在前人学者相关研究的基础上，笔者构建了一个"资源—能力—意愿—机遇"的分析框架来分析企业的兴衰。如图 4-1 所示。

图 4-1 本书构建的企业兴衰分析框架

笔者认为，企业是个复杂的综合体，企业兴衰受到很多因素的影响，但可以抽象出"资源—能力—意愿—机遇"四大影响要素。每大要素下面，还有两到三个子项。下面就结合前述 8 个行业部分上市龙头企业的兴衰和大家所熟知的一些

企业案例，来进行简要的解释。

1. 企业资源

企业所拥有的资源在相当程度上影响着企业的发展。企业所拥有的资源，包括内部资源和外部资源。

在纺织服装业中，际华集团之所以能够稳居行业第一，2008—2010 年平均年营业总收入为 118.7 亿元，到 2015—2017 年平均营业总收入已经达到 250.1 亿元，均远远领先于行业中其他的企业；笔者认为，其关键原因在于际华集团作为央企，拥有军方稳定而大宗的被服及鞋靴订单。际华集团是新兴际华集团成员企业，其官网介绍，"际华集团是军需轻工生产制造企业，是国内统一着装部门和行业以及其他职业装着装单位的主要生产供应商，是国内少数几个面向国际军需品市场的销售、加工基地之一。"际华集团所拥有的这种外部资源（军方订单和国内统一着装部门订单），是其他企业所难以获取的。再如纺织服装业中的"常山北明"，原名为"石家庄常山纺织股份有限公司"；2017 年年初，公司重大资产重组完成后，公司已经由纺织单主业变为纺织和软件主业共同支撑的双主业格局。于是，公司公告变更公司全称，中文名称由"石家庄常山纺织股份有限公司"变更为"石家庄常山北明科技股份有限公司"，简称"常山北明"。数据显示，公司子公司北明软件 2016 年为上市公司贡献的营业收入和净利润分别为 36.61 亿元和 2.65 亿元，较上年分别增长了 70.80% 和 15.99%。常山北明通过资产重组，获取了软件业的资源，从而从纺织单主业变成纺织、软件双主业，进而在纺织服装业中的排名，从 2008—2010 年平均排名第 8 名，上升到 2015—2017 年平均排名第 4 名。

2. 企业能力

在彭罗斯及其后许多学者的分析中，企业能力（或核心能力）对企业兴衰的影响至关重要，笔者十分赞同。对于企业能力，笔者认为主要可分为三大核心能力：管理能力、创新能力和营销能力。这三点比较好理解，后文还将结合案例详述。

3. 企业意愿

企业意愿，是笔者分析企业兴衰框架中的一个主观项。笔者认为"企业意愿"可以分为两块：一块是企业领头人即企业家的主观意愿，就是"企业家精神"；

另一块就是企业上上下下的文化，这是企业员工群体对于企业的主观意愿。

先来看"企业家精神"。起步条件相似、创办时点差不多、各方面资源条件也类似的若干同行业企业，面临几乎相同的外部环境和市场竞争，为何有的企业兴旺发达，有的却无法长大甚至消亡？笔者认为，企业家对企业兴衰的作用是至关重要的、不可忽视的。正如 2017 年 9 月公布的《中共中央国务院关于营造企业家健康成长环境弘扬优秀企业家精神更好发挥企业家作用的意见》所指出的那样，"企业家是经济活动的重要主体。改革开放以来，一大批优秀企业家在市场竞争中迅速成长，一大批具有核心竞争力的企业不断涌现，为积累社会财富、创造就业岗位、促进经济社会发展、增强综合国力作出了重要贡献。"企业家精神的内涵非常丰富，笔者认为其核心应该是"危机感、进取心、百折不挠、把握机遇的能力"。

再来看"企业文化"。企业家是企业的领头人，但单凭一人就把企业做大做强，是不可能的，得依靠企业上上下下员工的共同努力，所谓"上下同欲者胜"，这就需要企业形成一种积极进取向上的文化。成功企业的企业文化涉及方方面面，可以说是多姿多彩，笔者认为好的企业文化，表现形式和表述可以多种多样，但其核心大致相同，那就是"积极进取"，或者说，某种程度上像华为公司的"狼性"文化。正如田涛和吴春波（2012）在《下一个倒下的会不会是华为：任正非的企业管理哲学与华为的兴衰逻辑》一书中总结的那样，"总的来说，华为在过去一直保持清醒的头脑，通过自我批判统一了思想和步伐，构筑了独特的自洁机制，形成了以客户为中心，以奋斗者为本，长期坚持艰苦奋斗的核心价值观。"

4. 企业机遇

机遇对于企业兴衰的重要性不言而喻，较好理解，笔者认为可以分为时代机遇、行业机遇和技术变革机遇。首先，很多企业创办于改革开放初期的短缺经济时代，那时不需要太多努力，也无论做什么行当，基本上都能很快发家致富，这是因为赶上了好时代，是改革开放的时代机遇成就了无数的企业和企业家。其次，行业机遇来临时，行业内的企业基本都会得到较大发展，如在 2003—2013 年我国重化工业浪潮中，重化相关行业企业都取得了长足发展。最后，就是技术变革机遇，技术变革来临之时，也往往是行业洗牌之时。当互联网从 PC 互联网转向了移动互联网时,传统的门户网站新浪、搜狐等虽然曾经红极一时,但也不得不让位于后起的 BATJ(百度、阿里巴巴、腾讯和京东);当手机从功能手机时代转向智能手机时代时,功能手机业界老大诺基亚曾经风光无限,也在苹果、三星等智能手机的冲击下,不得不黯然退场,落了个被微软收购的下场。而 2018 年 8 月初,苹果公司已经成为全球首家市值突破 1 万亿美元的企业。可以说,成功的企业基本上都是"踏浪而行"。

当然,企业资源、企业能力、企业意愿、企业机遇,有时是相互影响、相辅相成的,完全彼此独立地剥离分析不太可能,面对企业这个复杂的综合体,只能是做到相对独立地对这些要素进行分析。而在某个具体企业的兴衰变迁中,可能某个因素或某几个因素是起到了决定性作用的。

(二)对 8 个行业上市公司龙头变迁的分析

汽车制造业,计算机、通信和其他电子设备制造业,专用设备制造业,电气机械及器材制造业,化学原料及化学制品制造业,医药制造业,食品制造业,纺织服装业这 8 个制造业行业,是具有行业异质性(heterogeneity)的。8 个行业可以大致分为如下三类:技术密集型的"计算机、通信和其他电子设备制造业";技术密集型+资本密集型的"汽车制造业""电气机械及器材制造业""专用设备制造业""化工原料及化学制品制造业""医药制造业",大规模工业化生产的特征比较明显;非技术密集型的"食品制造业"和"纺织服装业"。这三类行业的行业特征不同,影响企业兴衰的主要因素也有较大差异。

限于篇幅,下文就结合行业特点,应用笔者建立的"资源—能力—意愿—机遇"的分析框架,点面结合,来分析这 8 个行业上市公司龙头企业的兴衰。

1. 技术密集型的"计算机、通信和其他电子设备制造业"

技术密集型特征最为突出的行业是计算机、通信和其他电子设备制造业。这个行业的技术更新换代快,竞争激烈,经常可能会出现技术变革的浪潮。因此,在这个行业中,创新能力的强弱和企业家对变革机遇的把握,就对企业的兴衰有着较大的影响。

例如，京东方的崛起，靠的是董事长王东升带领企业，数十年如一日，坚持研发创新，初始并购韩国液晶面板厂商获取了技术基础，继而消化吸收并研发创新突破了液晶面板的生产技术，并成功赶上了液晶面板替代 CRT 显示器的技术变革机遇和智能手机大发展的行业机遇，从而从 2008—2010 年平均排名第 13 名快速上升到 2015—2017 平均排名第 3 名。海康威视的快速崛起亦如是，公司在视频监控方面的技术研发创新，抓住了国内城市加大视频监控的投入机遇，从而快速崛起。

下面结合笔者建立的"资源—能力—意愿—机遇"的分析框架，分别对这个行业上市公司龙头企业的变迁作一简要分析。

表 4-9　CSRC 计算机、通信和其他电子设备制造业上市公司龙头企业变迁的分析

企业名称	排名变化（2008—2010年平均排名与2015—2017年平均排名）	企业所有制属性	企业兴衰主要影响因素	分析描述
京东方 A	从第 13 名上升到第 3 名	国有控股	企业资源 + 企业能力 + 企业意愿 + 企业机遇	通过并购韩国厂商获取液晶面板技术的基础，国家和地方政府的大力支持；自己消化吸收加创新；王东升志向远大的企业家精神；液晶面板替代 CRT 和智能手机大发展带来的液晶面板巨大需求的机遇
海康威视	从第 25 名上升到第 6 名	国有控股	企业资源 + 企业能力 + 企业机遇	以中电五十二所工程师为主的创业团队起家，有技术资源基础；始终将技术研发作为核心竞争力，保持研发高投入，做到技术引领；抓住安防行业多次技术浪潮和国内加强安防投入的机遇
紫光股份	从第 17 名上升到第 9 名	国有控股	企业资源 + 企业能力 + 企业机遇	"清华系"起家，背靠清华大学的丰富资源，且于 2015 年收购惠普公司旗下"新华三"公司 51% 的股权，"新华三"包括惠普公司的全资子公司华三通信与惠普中国有限公司的服务器、存储和技术服务业务；较强的技术研发创新能力；抓住了云计算大发展的机遇
欧菲科技	从第 125 名上升到第 10 名	私营企业	企业资源 + 企业能力 + 企业机遇	以前名为"欧菲光"，专注于光学器件，通过并购获取外部资源，如 2016 年收购索尼华南厂，以进入苹果公司供应链；超强的研发创新能力；抓住了智能手机普及浪潮的机遇

续表

企业名称	排名变化（2008—2010年平均排名与2015—2017年平均排名）	企业所有制属性	企业兴衰主要影响因素	分析描述
中国长城	从第 3 名下降到第 5 名	国有控股	企业机遇	公司是原来的"长城电脑"，中国电子信息产业集团是其第一大股东，占比 40.91%，虽然发展仍较为稳健，但总体来说受到了 PC 时代没落、相关产品增速放缓的影响，新一代信息技术浪潮的机遇未能充分把握
深科技	从第 6 名下降到第 19 名	国有控股	企业机遇	公司也是中国电子信息产业集团的核心企业，中国电子信息产业集团占股 44.51%。公司 1985 年创建时从事硬盘磁头的制造，之后逐步开拓了板卡、智能电表、内存、LED、智能终端制造、存储器封测等领域，总体上受到 PC 时代没落、相关产品增速放缓的影响
深康佳 A	从第 8 名下降到第 13 名	国有控股	企业机遇	公司是中国首家中外合资电子企业，是中国彩电行业和手机行业骨干龙头企业。显然，主要因为彩电市场的日益饱和、康佳手机类产品无法适应智能手机时代，导致公司的相对没落

总体来看，我国"计算机、通信和其他电子设备制造业"上市公司龙头企业受技术变革的影响较大，行业凸显出较为明显的技术密集型特征。

2. 技术密集、资本密集的汽车制造业等 5 个行业

汽车制造业、电气机械及器材制造业、专用设备制造业、化工原料及化学制品制造业和医药制造业，都具有"技术密集＋资本密集"的特征。在某种程度上，这几个行业的技术更新换代速度没有那么快，但对大规模工业化生产的能力要求比较高，讲究规模经济，这时，企业拥有的内外部资源＋企业的管理能力（尤其是成本控制能力）＋营销能力＋一定的研发创新能力，就对这几个行业中企业的兴衰有着较大影响。同时，企业外部的机遇对企业的兴衰也有较大影响，尤其是周期性特征比较明显的专用设备制造业（工程机械）和化工原料及化学制品制业（化工）。

例如，在竞争激烈、大工业化生产的汽车制造业中，长城汽车为何能在诸多民营汽车厂商中异军突起？李林芳和陈子辉（2017）研究认为：精准的产品定位、高度的聚焦战略和卓越的运营效益是长城汽车成功的关键因素。笔者认为，长城汽车的成功，其创始人魏建军有远大志向、精益求精是一方面，长城汽车严格有效的管理能力和成本管控是另一方面，致使不少机构和研究者认为长城汽车是"中国的丰田"，将其与日本丰田公司的"精益生产"相对标。

下面结合笔者建立的"资源—能力—意愿—机遇"的分析框架，分别对这几个行业上市公司龙头企业的变迁作一简要分析。

1）CSRC 汽车制造业

汽车制造业上市公司龙头企业变迁分析见表 4-10。

表 4-10　CSRC 汽车制造业上市公司龙头企业变迁分析

企业名称	排名变化（2008—2010年平均排名与2015—2017年平均排名）	企业所有制属性	企业兴衰主要影响因素	分析描述
华域汽车	从第 6 名上升为第 2 名	国有控股	企业资源＋企业能力＋企业机遇	华域汽车是国内领先的汽车零部件供应商，公司前身是上汽集团旗下的零部件业务模块，2009 年上汽集团借巴士股份重组契机，将零部件业务注入巴士股份并更名为"华域汽车系统股份有限公司"。笔者认为，华域汽车"出身名门"，一方面背靠上汽集团这棵大树（上汽系销售占比，2014—2017 年分别为 65.0%、54.8%、51.0%、50.5%），并积极争取其他客户，在中国汽车产业快速发展期迅猛成长；另一方面，不断与世界优秀的汽车零部件生产企业合资合作及并购，拓展产品线。此外，还积极进取，积极布局电动化、智能化
长城汽车	从第 11 名上升为第 5 名	私营企业	企业资源＋企业能力＋企业意愿＋企业机遇	长城汽车是国内 SUV（运动型实用汽车）行业的龙头企业，2017 年虽然受行业竞争加剧、在售车型较旧等不利因素影响，销量增速放缓，但 SUV 销量仍处在国内前列，市场占有率达 9.1%。笔者认为，长城汽车企业资源全面，旗下子公司涉及零部件制造、汽车销售、汽车金融等方面，通过全产业链布局降低了采购、生产及销售成本；企业的管理能力、研发创新能力和营销能力都很突出，哈弗系列连续多年畅销不衰；创始人魏建军志向远大，精益求精，带领长城汽车稳健成长；长城汽车也充分抓住了我国 SUV 市场大发展的机遇，SUV 是近年乘用车市场增量的主要来源

续表

企业名称	排名变化（2008—2010年平均排名与2015—2017年平均排名）	企业所有制属性	企业兴衰主要影响因素	分析描述
福田汽车	从第3名跌落到第9名	国有控股	企业机遇	福田汽车是我国最大的商用车企业，2015年商用车销售49万辆，市场份额居全国第一。在商用车取得领先地位的同时，福田汽车也在积极推进从商用类向乘用类转型。2014年，福田汽车收购了宝沃品牌，宝沃的首款SUV车型BX7于2016年北京车展正式上市。但从2010年起，整个商用车行业进入下行周期，导致福田汽车同期的商用车收入大幅下滑
一汽轿车	从第5名跌落到第13名	国有控股	企业能力	一汽轿车股份有限公司是一汽集团发展自主品牌乘用车的核心企业，是中国轿车制造业第一家股份制上市公司，由一汽集团公司主要从事红旗轿车及其配件生产的优质资产重组成立。公司旗下现主要有一汽奔腾、马自达两大乘用车产品系列，但近年来奔腾、马自达销售下滑，自主品牌的红旗、欧朗更是表现不佳。近年来落后的主要原因是公司产品更新换代相对较慢，没有跟上自主品牌SUV崛起的步伐。但笔者认为，深层原因是一汽集团的国企改革久拖不决，对企业的发展造成较大影响
东风汽车	从第10名跌至第16名	国有控股	企业机遇	东风汽车隶属于东风汽车集团与日产汽车合资公司——东风汽车有限公司，是国内领先的轻型商用车和柴油发动机供应商。公司拥有涵盖全系轻型商用车到轻、中、重完整体系的发动机产品，全系列汽车品种从轻卡、工程车、皮卡、特种车到SUV、MPV（多用途车）、客车、轻型客车及底盘等。公司排名下滑的主要原因是从2010年起，整个商用车行业进入下行周期。公司2017年11月完成剥离持续亏损的郑州日产
一汽夏利	从第15名跌至第48名	国有控股	企业能力+企业机遇	夏利曾经火遍大江南北，被誉为"国民车"，也曾是各地出租车市场上的主力车型。但公司缺乏创新，不思进取，车型老旧，营销不力，出租车市场升级换代的机遇也未能把握，最终导致了明星的陨落。2017年夏利系列停产

案|例 **夏利的陨落**

20世纪80年代初，天津汽车作为中国汽车工业总公司大力扶持的企业之一，其主要任务是打造一款经济、实用的国民车。经过考察，天津汽车有意将日本大发旗下的 Charade 车型引入国产。1986年，天津汽车以 CKD（全散件组装）形式组装了一批第二代大发 Charade，并取了一个中国名字"夏利"。

夏利一经面世，便受到热捧。特别是那些先富起来的人，更是把拥有一台夏利车作为财富和地位的象征。随后因为其结实耐用、价格实惠、维修便宜等优势，在各地出租车市场上更是被频频采用，成为主力车型。据当年《中国经营报》报道，1999年，夏利在北京地区的总销量在2.3万辆左右，其中90%以上为出租车。不少市民戏称，是夏利让中国普通老百姓尝到了坐轿车的滋味。一时间，夏利火遍大江南北，"国民车"的称谓也由此而来。

作为国内资格最老的小型轿车制造基地，天津一汽夏利曾经在轿车市场达到过40%的占有率，也曾连续18年国内汽车销量第一。2002年，夏利轿车出口美国，首开中国轿车出口先河；2004年，夏利品牌宣布100万辆汽车下线，成为第一个产量过百万的民族轿车品牌。

然而，2004年，北京申奥成功后，"更换夏利出租车"的方案被提出，这直接使得大量依赖出租车市场的夏利在2005年第一次从销量冠军的宝座上跌落，并且开启了一汽夏利的下坡之路。据野马财经分析，从2012年开始，公司的扣非净利润就已经为负，到2013年、2014年，亏损进一步扩大，甚至超过数十亿规模。在连续两年归属上市公司股东净利润为负后，一汽夏利被 *ST。2015年、2016年两年，一汽夏利通过变卖资产和股权实现扭亏为盈，但似乎已经无力回天。2017年年报显示，一汽夏利实现营业收入14.5亿元，同比下降28.34%；归属上市公司股东的净利润为 -16.41亿元，同比降幅达1 110.64%；资产总额为49亿元，负债总额为48.1亿元，净资产仅有8 831.2万元，资产负债率高达98.2%，近乎资不抵债。而且，自2017年6月开始，夏利系列就已经停产，一汽方面把这称为"雪藏"。

对于夏利的陨落，尽管或多或少受到与一汽重组后资源分配方面的影响，但业内普遍认为，其主要原因是：缺乏创新，不思进取。夏利诞生于有部车就大卖的洪荒年代，引入的车型是日本大发20世纪70年代末期的车型，初期尚可，但多年不变后就显得车型老旧；而以后推出的夏利2000等车型无论是在外观、配置还是性价比等方面，都与竞争对手的长城哈弗、吉利博越、荣威RX5等产品相去甚远。夏利曾经有过辉煌的荣光，但在比亚迪、吉利、长城等自主品牌纷纷创新时，一汽夏利却依旧在低端车市场徘徊。正如一篇评论文章所说，夏利"老态龙钟——老旧的车型、老旧的营销，盘踞在老旧的北方市场不思进取"。

在竞争激烈的汽车市场上，唯有不断创新、不断进取，才有可能保持前列，进而前进。曾经火遍大江南北、被誉为"国民轿车"夏利的陨落，或许就是一个最好的反面教材。

2）CSRC电气机械及器材制造业

在2008—2017年这10年间，将2008—2010年前三年平均数与2015—2017年后三年平均数作比较，CSRC电气机械及器材制造业前三强比较稳定，还是美的集团、格力电器和青岛海尔，只是青岛海尔从第3名变到第2名。

从扩大范围来看，前20名中变化比较明显的有：中国西电从第5名下降到第12名，长虹美菱从第8名降到第14名；德赛电池，2008—2010三年平均排第63位，但到2015—2017年已经上升排到第15位。

电气机械及器材制造业上市公司龙头企业变迁的分析见表4-11。

表4-11　CSRC电气机械及器材制造业上市公司龙头企业变迁的分析

企业名称	排名变化（2008—2010年平均排名与2015—2017年平均排名）	企业所有制属性	企业兴衰主要影响因素	分析描述
德赛电池	从第63位上升到第15位	国有控股	企业能力＋企业机遇	公司是全球移动电源领域的领导厂商之一，客户主要包括苹果、华为、OPPO、vivo等世界顶级消费电子品牌，业务已经覆盖手机、笔记本电脑、电动工具、新能源汽车等多个领域，为客户提供锂电池的BMS（电池管理系统）和PACK（组装）服务。一方面，公司具有较强的研发创新和生产能力；另一方面，公司成功抓住了消费类电子（主要是手机）行业大发展的机遇，动力电池也开始导入

企业名称	排名变化（2008—2010年平均排名与2015—2017年平均排名）	企业所有制属性	企业兴衰主要影响因素	分析描述
中国西电	从第 5 名下降到第 12 名	国有控股	企业机遇	公司是目前国内最具规模、成套能力最强的输变电设备制造商。西电电气的主营业务为输配电及控制设备研发、设计、制造、销售、检测、相关设备成套、技术研究、服务与工程承包，核心业务为高压、超高压及特高压交直流输配电设备制造、研发和检测。企业营收受国内电网尤其特高压投资影响较大，而近年来电网投资增速放缓
长虹美菱	从第 8 名下降到第 14 名	国有控股	企业能力	长虹美菱股份有限公司是中国重要的电器制造商之一，覆盖了冰、洗、空、厨卫、小家电等全产品线，同时进入生鲜电商、生物医疗等新产业领域。虽然企业营收 10 年来实现了翻倍，但行业竞争较为激烈，导致相对排名下滑

3）CSRC 专用设备制造业

在 2008—2017 年这 10 年间，本行业前 5 名保持基本稳定。但前 20 名中有些企业的变动比较明显，譬如天地科技从第 12 名上升至第 6 名，大族激光从第 20 名上升到第 12 名，而柳工从第 6 名下降到第 11 名，中国一重从第 7 名下降到第 16 名。

总体来看，专用设备制造业类企业主要是工程机械类企业，是周期性行业，受行业是否景气影响较大。

专用设备制造业上市公司龙头企业变迁的分析见表 4-12。

表 4-12　CSRC 专用设备制造业上市公司龙头企业变迁的分析

企业名称	排名变化（2008—2010年平均排名与2015—2017年平均排名）	企业所有制属性	企业兴衰主要影响因素	分析描述
天地科技	从第 12 名上升至第 6 名	国有控股	企业资源+企业能力+企业机遇	天地科技为中国煤炭科工集团绝对控股企业，在煤机装备制造领域综合实力雄厚。得益于中煤科工集团多次注入资产和超过 60 年的技术积淀，目前天地科技业务领域涵盖煤矿勘探、设计、采矿设备、洗选设备、安全装备及技术服务、示范工程等，拥有 6

续表

企业名称	排名变化（2008—2010年平均排名与2015—2017年平均排名）	企业所有制属性	企业兴衰主要影响因素	分析描述
天地科技	从第12名上升至第6名	国有控股	企业资源+企业能力+企业机遇	个国家级重点实验室或工程中心，在国家级煤矿开采先进技术领域屡次获奖，是国内煤机装备制造领域技术实力最雄厚的集团公司。经历煤机行业低谷后国内煤机行业集中度继续提升，且2017年国内煤机需求复苏。根据中国煤炭机械协会统计，天地科技、山能重装、平煤装备、中煤装备、郑煤机等十大煤机装备制造企业的产业集中度已提升到40%以上
经纬纺机	从第14名上升到第7名	国有控股	企业资源	隶属于中国恒天集团有限公司，公司以纺织机械为主业，兼营金融信托业务。金融业务依托中融信托和恒天财富。公司从2010年开始涉足金融业务，目前已经从纺机业务为主转型为"纺机+金融"为核心的双主业格局，近年来金融营收已经超过纺机营收，并且成为主要的利润来源
大族激光	从第20名上升到第12名	私营企业	企业能力+企业机遇	大族激光科技产业集团股份有限公司1996年创立于中国深圳，是亚洲最大、世界排名前三的工业激光加工设备生产厂商。大族激光目前拥有上千人的研发团队、800多项国内外专利和106项计算机软件著作权，其中多项核心技术处于国际领先水平。公司除了过硬的技术实力外，主要是抓住了国内激光行业高速发展和制造业产业升级的机遇。公司2010—2017年营收复合增速达20.63%，从30.09亿元增长到115.60亿元
柳工	从第6名下降到第11名	国有控股	企业机遇	柳工隶属于广西柳工集团，具有悠久的研发和生产历史，是中国领先的工程机械设备制造商。公司主要受工程机械行业整体影响较大。2008—2017年的10年间，2008—2011年是行业上行期，2012—2015是行业下行期，2016—2017年行业开始复苏。2016年以来，我国宏观经济向好、国家环保要求升级，以及房地产、基建、矿山项目的回暖直接带动了工程机械的新机采购和存量机器更换的需求
中国一重	从第7名下降到第16名	国有控股	企业机遇	我国重型机械行业自2008年金融危机以来整体走向下滑，公司业绩也随行业遭遇10年低迷，2016年公司营收仅为32亿元，创历史新低

4）CSRC 化学原料及化学制品制造业

化学原料及化学制品制造业上市公司龙头企业变迁的分析见表 4-13。

表 4-13　CSRC 化学原料及化学制品制造业上市公司龙头企业变迁的分析

企业名称	排名变化（2008—2010 年平均排名与 2015—2017 年平均排名）	企业所有制属性	企业兴衰主要影响因素	分析描述
云天化	从第 7 名上升到第 1 名	国有控股	企业资源	公司是一家具有资源优势、以磷产业为核心的综合性化工企业，是全球最优秀的磷肥、氮肥、共聚甲醛制造商，是中国最大的磷矿采选企业。2012 年以来，营收稳定在 500 亿元以上，而 2011 年营收仅 101 亿元。经查证，2012—2013 年，公司通过定增实现了云天化集团内的磷矿、磷肥、磷化工、商贸物流以及公用工程等优良资产注入。随后，公司还剥离了亏损的玻纤资产，从而使得公司具有资源优势的综合性化肥生产商的战略定位更加清晰
中泰化学	从第 21 名上升至第 5 名	国有控股	企业资源	公司是我国规模最大的氯碱生产企业。公司 2007 年、2010 年、2013 年、2016 年增发新股，来募集资金扩大产能。使得公司营收从 2009 年的 33.3 亿元快速增长至 2017 年的 411 亿元
阳煤化工	从第 155 名上升至第 7 名	国有	企业资源（借壳上市）	阳煤化工股份有限公司前身为东新电碳股份有限公司，于 1993 年在上海证券交易所挂牌上市。2012 年 8 月，阳煤集团以煤化工资产为主体，通过反向收购实现借壳上市。换言之，2008—2010 年的年报数据是东新电碳公司，2011 年之后的年报数据是阳煤化工。前后公司主体发生了变更
三聚环保	从第 127 名上升至第 9 名	国有控股	企业能力＋企业机遇	北京三聚环保新材料股份有限公司是为基础能源工业的产品清洁化、产品质量提升及生产过程的清洁化提供产品、技术、服务的高新技术企业。自 2010 年在深市创业板上市以来，三聚环保一直保持着强劲的增长，营业收入从 2010 年的 4.30 亿元增长到 2017 年的 225 亿元。公司的高速成长一方面靠公司实力，不断升级技术与产品；另一方面，也是抓住了国家环保政策红利的机遇
ST 宜化（湖北宜化）	从第 2 名下降到第 10 名	国有控股	企业机遇	湖北宜化化工股份有限公司主要经营化肥、化工产品的生产与销售，是我国第一家氮肥类上市公司。公司营收主要受化肥及相关化学品行业是否景气的影响

　　从表4-13可以看出，营收快速增长的CSRC化学原料及化学制品制造业公司，主要靠的是规模扩张，要么是集团内资产注入，要么是（增发）募资扩大产能，同时叠加行业周期性影响或者国家政策推动的影响。

　　5）CSRC医药制造业

　　医药制造业上市公司龙头企业变迁的分析见表4-14。

表 4-14　CSRC 医药制造业上市公司龙头企业变迁的分析

企业名称	排名变化（2008—2010年平均排名与2015—2017年平均排名）	企业所有制属性	企业兴衰主要影响因素	分析描述
中国医药	从第8名上升至第1名	国有控股	企业资源	总体而言，中国医药虽属医药行业，但医药商业和贸易占收入的85%以上，医药制造仅占不到15%的收入。央企中国通用技术（集团）控股有限责任公司为第一大股东，占比41.27%。1984年中国医药凭借医药贸易起家。从1999年作为医药保健品自营商和进出口代理商加入通用技术集团起，公司不断进行战略扩张与转型升级。公司作为通用技术集团旗下唯一的医药上市公司平台，是集团着力打造医药健康产业的核心企业。2013年，中国医药纳入集团内部含新兴华康、三洋公司、天方药业、新疆天方、武汉鑫益在内的大部分医药资产，并托管集团及医控公司旗下的部分医药工业业务。一方面，更多集团下属医药资产整合注入；另一方面，持续并购，外延式扩张
云南白药	从第3名上升到第2名	国有控股（2017年混改）	企业资源+企业能力	云南省支持，1999年云南省医药公司配股进入云南白药集团，至2017年，云南省医药公司收入占总收入比重达58.7%。产品创新能力强，"含中药成分"的研发创新与品牌延伸，2006年成立健康产品事业部，在2004年推出云南白药牙膏基础上，推出"养元清"品牌洗发水和药妆品牌"采之汲"面膜；2017年健康产品事业部实现营收43.61亿元，同比增长16.09%，占公司总收入的17.40%，接近药品事业部收入，药品事业部和健康产品事业部的利润约占公司总毛利的80%。2017年完成混改后，有望在企业能力（管理效率）上进一步提升

续表

企业名称	排名变化（2008—2010年平均排名与2015—2017年平均排名）	企业所有制属性	企业兴衰主要影响因素	分析描述
康美药业	从第21名上升到第3名	私营企业	企业能力+企业意愿	企业在管理能力、创新能力和营销能力方面都有突出，是中药饮片龙头，营销方式创新。康美药业成立于1997年，于2001年在上交所上市，是国内率先把互联网布局中医药全产业链，以中药饮片为核心，以智慧药房、智慧药柜为抓手，以"药葫芦"为服务平台，全面打造"大健康+大平台+大数据+大服务"体系的中医药全产业链精准服务型"智慧+"大健康产业上市企业，国家高新技术企业。公司由民营企业家马兴田先生于1997年创立，一直积极开拓进取。公司在其多年的发展中，在中药饮片方面积累了其他厂商不具备的三大优势：全产业链优势（保证药材质量和溯源）、行业标准制定者优势（确立行业规则）以及强大的终端渠道把控优势（确保销量高速增长）
白云山	从第13名上升到第4名	国有控股	企业资源+企业能力	2017年公司大南药板块、大健康板块、大商业板块分别实现营收78.0亿元、85.7亿元、43.2亿元。公司是南派中药的集大成者（拥有12家中华老字号，其中10家为百年企业），中成药生产、医疗物流的规模为华南地区规模最大，同时大健康板块拥有全国知名品牌王老吉。公司创新能力强，营销能力强：近年来仿制药中的枸橼酸西地那非（"金戈"）和中成药滋肾育胎丸、舒筋健腰及华佗再造丸的销售都快速增长
哈药股份	从第1名下降到第7名	国有控股	企业能力	哈药是老牌药企，曾经首创靠广告拉动的"哈药模式"，打造出"三精牌葡萄糖酸钙、酸锌""新盖中盖牌高钙片"等明星产品。但随着市场环境的变化，传统靠广告拉动的"哈药模式"逐渐碰到了"瓶颈"，原有的老国企体制的弊端开始逐步显现。产品线创新能力不足，营销能力不足，部分产品销售下滑严重，缺乏新的增长点

续表

企业名称	排名变化（2008—2010年平均排名与2015—2017年平均排名）	企业所有制属性	企业兴衰主要影响因素	分析描述
安迪苏	从第2名下降到第10名	国有控股	企业机遇	公司隶属中国化工旗下，是全球最大的动物营养添加剂生产企业之一，在全球拥有6个生产基地。公司拥有蛋氨酸产能41万吨，全球产能占比24%，位列第二；其中液体羟基蛋氨酸产能29万吨，位列全球第一；公司蛋氨酸成本控制全球第一，遥遥领先。但是公司产品线较为单一，受国际市场价格波动影响大，蛋氨酸市场在2014年和2015年两轮行情过后，受新增产能和禽流感影响，固体蛋氨酸价格从2015年3月的8万元/吨，一路下滑到2万元/吨，跌幅高达75%，从而使公司收入受到较大影响
华北制药	从第4名下降到第16名	国有控股	企业能力+企业机遇	华北制药股份有限公司是我国最大的制药企业之一，前身华北制药厂是中国"一五"计划期间的重点建设项目，由苏联援建的156项重点工程中的抗生素厂、淀粉厂和前民主德国引进的药用玻璃厂组成。公司积累了在抗生素领域的优势，生产规模、技术水平、产品质量在国内均处于领先地位。公司1993年上市，2009年5月河北省国资委将其持有的华药集团国有股权全部划转给冀中能源集团有限责任公司。企业创新能力不足，产品线较单一，主要是原料药，近年来向制剂药等方面转型的成效待观察；而且作为传统的国有企业，华药的营销一直受到市场诟病。叠加近年来由于行业政策的调整，特别是基药、Vc等原料药价格一路走低，抗生素分级管理等政策的影响，公司业绩陷入低谷
太极集团	从第5名下降到第17名	国有控股	企业能力+企业机遇	公司最大股东为太极集团有限公司，实际控制人为重庆市涪陵区国资委。总体看来，公司的创新能力、营销能力不足，医药商业增速较慢，且其间内出现了通天口服液销售额下滑、曲美退市等对公司主营业务收入影响较大的事件。国企改革拖延时间太长，与西南药业、桐君阁的整合拖了好几年，2016年才完成，影响了企业发展

从表4-14可以看出，我国"医药制造业"，由于行业发展水平和科技水平

与发达国家相比还有较大差距，技术创新驱动的特征不太显著，品种扩展和营销扩张对企业兴衰则有着较大的影响。

3. 非技术密集型的食品制造业和纺织服装业

食品制造业和纺织服装业，看起来没有那么高科技，对资本门槛的要求也相对较低，过去纺织服装业还是劳动密集型产业。但市场对它们的产品质量、消费者偏好有着较高的要求，因此，产品质量、创新能力、营销能力及企业资源就在企业兴衰中发挥着更大的作用。

例如，三聚氰胺事件对国内乳业市场几乎造成了毁灭性的打击，在婴幼儿配方奶粉市场，消费者闻"国产"就避而远之，而外资品牌被疯狂追捧，导致本土国产品牌陷入销售困境；贝因美，曾经头顶中国本土奶粉第一品牌的桂冠，在中国奶粉市场的占有率长期位居三甲之列①，但也无法完全摆脱三聚氰胺对国产奶粉的伤害，其后贝因美自身还陷入一次又一次的食品安全危机，以及公司管理层频繁变动导致的内部管理混乱②和外部营销不力，最终导致了业绩一落千丈。2014—2017 年，公司营收持续下滑，分别为 2014 年的 50.49 亿元、2015 年的 45.34 亿元、2016 年的 27.64 亿元、2017 年的 26.60 亿元，2016 年、2017 年分别亏损 7.8 亿元和 10.57 亿元，2018 年 4 月被 ST。再如，纺织服装业中的"海澜之家"之所以在激烈竞争中快速崛起，笔者认为关键在于营销能力，从广告上让"海澜之家，男人的衣柜"广为流传、深入人心，在线下则是渠道扩张和专卖店的广泛覆盖，同时与阿里战略合作，把线下优势搬到线上；当然，卖得好的背后，也有着企业强大的管理能力和对服饰流行、品牌打造等方面强大的创新能力。2018 年年初，海澜之家获得腾讯战略入股。

下面结合笔者建立的"资源—能力—意愿—机遇"的分析框架，分别对这两个行业上市公司龙头企业的变迁作一简要分析（表 4-14、表 4-16）。

---

① 至 2010 年年底，贝因美公司婴幼儿配方奶粉市场占有率达到 10.8%，位居前十大品牌奶粉的第三位，国产品牌中排名第一；婴幼儿营养米粉的市场占有率高达 21.57%，在国内市场排名第二位，排国内品牌的第一位。2008—2010 年公司营业收入分别为 19.38 亿元、32.45 亿元和 40.28 亿元，年均复合增长率达到 44.28%。

② 自 2016 年年底以来，贝因美副董事长、副总经理（财务总监）、董事等诸多高层都离职了。从 2011 年谢宏辞职到 2014 年，贝因美一共经历了朱德宇、黄小强、王振泰 3 位一把手。参看贝因美巨亏超 10 亿被"*ST" [N]. 国际金融报，2018-04-30（11）。

表 4-15　CSRC 食品制造业上市公司龙头企业变迁的分析

企业名称	排名变化（2008—2010年平均排名与2015—2017年平均排名）	企业所有制属性	企业兴衰主要影响因素	分析描述
ST 因美（贝因美）	从第 3 名下降到第 8 名	私营企业	企业能力 + 企业机遇	公司管理高层频繁变动导致内部管理混乱，对外营销不力；消费者对国产品牌的不信任，而 2015 年"假奶粉"事件涉及贝因美更是严重打击渠道商和消费者信心；2015 年新生儿数量的下降导致 2016 年婴幼儿奶粉行业景气度不高。几方面原因共同导致贝因美业绩的连续下滑
莲花健康	从第 4 名下降到第 15 名	国企转变为私营企业	企业能力	公司即原来大家熟悉的"莲花味精"，原河南莲花味精股份有限公司，原为国企，2015 年年初，浙江睿康集团入主莲花，国企变为民企。2002—2004 年大规模技术改造、环保治理的大量投入和对外投资的失败，造成资金链断裂，形成全部银行的贷款逾期，截至 2017 年 5 月仍有部分逾期贷款无力偿还，以致无法通过正常渠道融资，造成企业设备陈旧落后、成本过高、人员冗余和利息负担沉重[①]，从而严重影响了企业发展。管理能力、创新能力、营销能力均不足

---

① 参看 2017 年 5 月 27 日《莲花健康产业集团股份有限公司关于〈上海证券交易所对公司 2016 年年度报告的事后审核问询函〉回复的公告》。公告称，资金不足导致如下影响："（1）公司长期以来面临设备超期服役，工艺落后，自动化水平较低等严重问题，导致公司生产效率低下、产品成本过高，在市场拓展中缺乏竞争力。（2）由于资金不足，无法合理解决冗余人员，造成人员负担过重。（3）由于缺乏资金，技术更新缓慢，销售收入来源仍是十多年前的产品组合，难以取得规模效应，使得公司在面对味精行业激烈的低价竞争中处于被动局面，也难以发挥公司多年研发取得的先进的科研成果优势，造成企业一直未有大的突破。（4）多年来，公司资产负债率一直较高，由于公司资金链始终处于紧张状态，历史遗留的多数债务至今无力偿还，不仅使得公司难以通过正常的融资渠道进行融资，而且也严重制约了公司实施有利于公司未来发展的战略规划及其相应的项目投资计划。"

续表

企业名称	排名变化 （2008—2010 年平均排名与 2015—2017年 平均排名）	企业 所有 制属 性	企业兴衰主 要影响因素	分析描述
上海梅林	从第7名上升到 第3名	国有 控股	企业资源+ 企业能力	公司是光明食品集团下属企业，主营牛羊肉类食品，国企的食品相对让消费者更放心一些。公司通过并购扩大了资源占有。上海梅林 2016 年 12 月完成了对新西兰银蕨农场牛肉有限公司 50% 股权的收购，而该公司是仅次于恒天然的新西兰第二大农产品出口商，牛肉业务占新西兰市场份额的第一，羊肉业务占新西兰市场份额的第二，鹿肉业务占新西兰市场份额的第一。随着收购的成功完成，上海梅林有望迅速成为中国最大的牛羊肉综合产业集团。2017 年银蕨公司并表后，上海梅林的境外收入直接从 2016 年的 18.07 亿跃升至 2017 年的 117.79 亿元，使得上海梅林 2017 年实现营业收入 222.21 亿元，比上年度 138.34 亿元增加 60.63%。公司管理能力较强，上海梅林先后启动对亏损子公司捷克梅林、湖北梅林、荣成梅林、重庆梅林等的清算和停业，消除了长期以来对公司业绩的负面影响，保证了肉类主业的正常发展。公司的营销能力也较强

表4-16　纺织服装业上市公司龙头企业变迁的分析

企业名称	排名变化（2008—2010年平均排名与2015—2017年平均排名）	企业所有制属性	企业兴衰主要影响因素	分析描述
美邦服饰	从第2名下降到第7名	私营企业	企业能力	即上海美特斯邦威服饰股份有限公司。美特斯邦威的经营模式为"虚拟经营＋代言"，设计产品、外包加工、在以代理商为主的店铺中销售，不断推出形象代言人并冠名综艺节目以提升品牌关注度。然而，年轻人的需求改变了，但是企业的创新能力和营销能力不足。业内评价：刷"存在感"，品牌个性化不足；品牌老化，服装"烂大街"；款式老旧，购物时"没感觉"；淘宝货，"随时随地打折"；"产品中心化"，远离年轻人需求[①]
七匹狼	从第13名下降到第20名	私营企业	企业能力＋企业机遇	福建七匹狼实业股份有限公司，七匹狼品牌创立于1990年，是中国男装行业开创性品牌。2000年推出格子夹克，成为红遍大江南北的"夹克之王"，并在此后连续16年中国夹克市场占有率第一。2004年上市。七匹狼排名下滑的主要原因是实体服装零售行业非常不景气和公司转型文化、投资、金融等领域不太成功。据媒体报道，男装行业的整体业绩下滑，导致不少男装品牌被迫加入关店潮。七匹狼从2013年开始就不再走扩张之路，2013—2015年，七匹狼关店数量超过1 000家。其竞争对手九牧王、利郎等品牌近年也关闭了不同数量的门店[②]
海澜之家	从第27名上升为第2名	私营企业	企业能力	海澜之家是海澜集团下属企业。海澜集团的发展经历了粗纺起家、精纺发家、服装当家，再到品牌连锁经营的历程。多年来，集团牢固树立以服装为主业的经营理念，在此领域精耕细作，做到了专心、专注、专业，先后成功创建了海澜之家、圣凯诺、EICHITOO（爱居兔）等自主服装品牌[③]

① 美邦服饰没落背后的反思周成建为啥被年轻人淘汰？. 钛媒体，2016-11. http://xa.winshang.com/news-599304.html.
② 七匹狼主业受挫净利连续三年下滑跨界金融投资前景难料［M］. 中国经营报 2016-12-17.
③ 海澜集团官网介绍. http://www.heilan.com.cn/approach.php?act=1.

续表

企业名称	排名变化（2008—2010年平均排名与2015—2017年平均排名）	企业所有制属性	企业兴衰主要影响因素	分析描述
海澜之家	从第27名上升为第2名	私营企业	企业能力	海澜之家是"平台型"线下服装巨头，是本土品牌服饰企业的龙头代表，公司通过类直营模式积累了丰富的上下游产业资源以及相应的高效、规模化管理能力。公司门店分布广泛，覆盖人群广，目前公司拥有超过5 600家店，其中主品牌HLA/爱居兔分别拥有4 428/921家，覆盖全国各地。同时，公司对门店有强管控能力，可快速获取终端消费数据。2018年年初，被腾讯战略入股。此外，公司电商业务潜力大，2017年"双11"通过与阿里的战略合作，以及公司自身高效的供应链能力，公司线下的龙头地位复制到线上，成为男装品类销售第一④
常山北明	从第8名上升到第4名	国有控股	企业资源＋企业能力	石家庄常山北明科技股份有限公司是国有为第一大股东、民营为第二大股东的上市公司。通过并购扩大了企业资源：2015年7月完成对北明软件的并购重组，目前拥有纺织与软件双主业。企业能力亦较强，管理能力、创新能力、营销能力都不错，从而在激烈的市场竞争中稳步增长。如纺织主业提质挖潜、降本增效，2017年全年开发纱、布等多项新产品，特别是色纺色织产品开发取得明显成效，"月夜流淌""冬日骄阳"两个产品入围"中国流行面料"，碳纤维织机等新型纺机产品开发项目取得重大突破；软件主业研发创新、拓展业务，2017年开拓了人寿、太保、农行、政法、民航等几个大客户，金融行业软件和信息技术服务的业务量也有所增长

四、小结与启示

前文通过对中国制造业中按证监会分类的比较具有代表性的8个行业（汽车

---

① 中泰证券.Why 海澜之家［R］.中泰证券研究报告，2018-02-04.

制造业，计算机、通信和其他电子设备制造业，专用设备制造业，电气机械及器材制造业，化学原料及化学制品制造业，医药制造业，食品制造业，纺织服装业）上市公司龙头企业变迁的分析，笔者初步得出以下几点看法。

（1）这8个行业具有行业异质性，不同的行业具有不同的行业特点，因此，各行业上市公司龙头企业变迁的原因不尽相同，表现出比较明显的行业特征。

①对于技术密集型的"计算机、通信和其他电子设备制造业"，由于其技术更新换代快，技术变革是行业主旋律，因此企业创新能力的强弱和企业家对变革机遇的把握，对该行业中龙头企业的变迁有着至关重要的作用。

②对于技术密集、资本密集的汽车制造业、电气机械及器材制造业、专用设备制造业、化工原料及化学制品制造业、医药制造业，这几个行业的技术更新换代速度没有那么快，但对大规模工业化生产的能力要求比较高，因此，企业拥有的内外部资源和企业能力，就对这几个行业中企业的兴衰有着较大影响；同时，周期性特征比较明显的专用设备制造业（工程机械）和化工原料及化学制品制业（化工）中的企业，受行业是否景气的外部影响较大。

③科技含量不那么高的食品制造业和纺织服装业，市场对它们的产品质量、消费者偏好有着较高的要求，因此，产品质量、企业能力（尤其是营销能力）和企业资源就在企业兴衰中发挥着更大的作用。

（2）从上述行业上市公司龙头企业的变迁来看，企业所有制与企业变迁没有太大关联。即无论国企民企，都有崛起的，亦有衰败的。

（3）由于本书的龙头企业排名主要考察营业总收入，是考察规模，从上文可以看出，获取更多资源是企业收入快速增加的主要方式，而资源的获取，主要靠上市公司并购获取新的业务和资源或者上市公司所属集团的资产注入，从而实现规模扩张、收入增加。

（4）如果仔细考量不同所有制企业的行为，大致会发现，不同所有制企业的崛起方式有所不同：国有企业的崛起，主要靠资源的获取，有的是靠外部资源，"背靠大树好乘凉"（如华域汽车等），有的靠资产注入或并购重组（如云天化、常山北明、经纬纺机等）；而私营企业的崛起，主要靠企业能力，有的主要靠创新能力（如欧菲科技），有的主要靠营销能力（如海澜之家），有的主要靠企业综合能力，即企业的管理能力、创新能力、营销能力都很重要（如长城汽车）。

客观地说，在中国，国有企业背靠国家和地方政府，企业掌握的内外部资源的确比私营企业要丰富。

（5）总体来看，企业机遇对企业的兴衰影响较大。改革开放的时代机遇、中国入世后融入全球化的机遇、中国经济蓬勃发展的机遇，对于中国各行各业的企业而言，是共同的，离开了这个伟大的时代，不可能有这么多企业的生机勃勃。此外，行业机遇、技术变革的机遇，对于企业的兴衰也很重要，"站在风口上，猪都可以飞起来"，甚至可以说"得之者兴，失之者亡"。在对机遇的把握上，笔者感觉，不同所有制企业的表现不同：私营企业由于体制机制灵活，企业家往往能很快抓住机遇，企业的反应也较为迅速；但对于国企而言，由于容错机制欠缺，国企领导人不敢犯错，碰到机遇也很难抓住，国有企业企业家的锐意进取受到种种限制，再加上国企体制机制上的原因，往往表现出转型缓慢、因循守旧、创新不足等特点，曾经火遍大江南北的明星——夏利，其陨落就非常值得深思。

（6）企业外在的很多因素很难把握，如宏观环境、政策调整、行业周期等，但前文分析发现，保持了龙头地位或快速崛起的企业，除了抓住机遇之外，大都在企业能力上下足了功夫，练好了"内功"，尤其是不断创新，无论是在产品上创新，还是在营销上创新。正如熊彼特（Schumpeter）所认为的那样，企业成长的推动力在于"创新"机制，创新活动是企业发展的动力与源泉。

在这个充满了变化的时代，企业唯有苦练"内功"，不断创新，才能抢抓机遇，屹立潮头。这似乎是一句套话，然而又的确不是套话。面对激烈的全球竞争，"逆水行舟，不进则退"。中国经济现在正处于攀爬增长之梯的重要当口，如果有更多的中国企业能够在全球竞争中更加壮大，成为增长之梯上的踏板，中国就一定能跨越中等收入陷阱，成为高收入国家！

第五章

产业升级中的
大企业表现

攀登增长之梯的过程，也是经济发展的升级转型过程。本书绪论已经对升级转型进行了必要的阐述，我们所讲的升级，不仅仅是指技术更新更高的产业不断替代以前的产业，更是指每个产业的企业都尽量往价值链和质量阶梯的高处爬升，并与前沿国家进行水平竞争；而转型，就是要使经济增长从主要依赖要素投入和要素在三大产业之间的简单转移，转向主要依赖创新以及要素在产业之间和企业之间的复杂转移。如果一个国家的经济不能成功地、持续地转型升级，就难以进入高收入行列。本章将探讨大企业发展与产业升级的关系问题。

一、产业结构升级中的大企业

产业升级首先是指产业结构升级，即资本密集度和技术密集度更高的产业逐渐替代劳动密集度较高的产业，或者新兴技术产业替代传统技术产业，以及复杂程度更高的产业不断兴起等，从而形成产业结构变迁现象。本节将考察大企业如何推动产业结构升级。

（一）经济持续增长与产业结构变迁

经济学家很早就观察分析了经济增长过程中的产业结构变化，如"配第 - 克拉克定理"就揭示，随着人均国民收入水平的提高，劳动力首先从第一产业向第二产业转移，当人均国民收入水平进一步提高时，劳动力便向第三产业转移。后来，西蒙·库兹涅兹和霍里斯·钱纳里等经济学家对产业结构变迁进行了更加详尽的分析，揭示出产业结构变迁同经济增长之间的关系。

通常情况下，前沿国家的产业结构变迁在较大程度上并不由现有的大企业所推动，其新产业、新业态在许多情况下是由新创企业催生并随着新创企业的壮大而壮大（唐诗和包群，2016）。相对而言，追赶型国家的产业结构变迁，特别是资本密集型和技术密集型产业的快速兴起，与大企业的作用密切相关。在这方面，韩国被认为是一个典型范例。在 20 世纪 60 年代出口导向的经济起飞阶段，韩国政府强调"增长第一，工业第一，出口第一"，采取了一系列有利于劳动密集型产业发展的政策措施，使产业结构从农业主导型转向劳动密集型工业品主导型。20 世纪 60 年代末，韩国先后制定了 7 个重化工业优先发展的《特别工业振兴法》，引导产业结构向重化工业转型，促进了钢铁、非铁金属、机械和汽车、造船、电子、化学等重化工业的发展，实现了从劳动密集型产业向资本密集型产业的跨越式过渡。20 世纪 80 年代，随着经济全球化趋势的加剧，国际市场竞争更为激烈，韩国政府又不失时机地向"科技立国"战略转变，促进产业结构从资本密集型向机械电子等技术密集型高技术产业升级。亚洲金融危机后，韩国又确立了产业结构高技术化的发展方向，重点鼓励发展数字电视和广播、液晶显示器、智能机器人、未来型汽车、新一代半导体、新一代移动通信、智能型家庭网络系统、数控软件、新一代电池、生物新药及人工脏器十大产业。在这个过程中，韩国的大企业集团一方面发挥了很大作用，另一方面也是最大的受益者，尽管学术界对这些大企业集团的分析至今仍然存在很大分歧。

三星集团是韩国大企业集团的代表，它的发展壮大和全球化经营史也是一部韩国产业结构变迁史。1938 年，李秉哲在大邱设立三星商会，从事贸易和酿造业，1947 年在汉城（现首尔）创办三星物产公司，后来又创立了第一制糖公司和第一毛纺织公司，到了 20 世纪六七十年代之后，则进入石化、造船、电子等产业。到 20 世纪末，三星集团的主营业务已涉及电子、化工、汽车、造船、造纸、通信、飞机、金融保险、建筑、贸易、旅游等几十个行业，涵盖国民经济的大多数领域。一些研究（毛其淋和许家云，2015）提到，亚洲金融危机后，社会各界对韩国财阀批评之声不绝于耳，三星也迫于压力进行了内部改革，目前它已成为全球最有影响力的高科技企业之一。

（二）主导产业升级与大企业转型发展

中国改革开放之后的经济高速增长，在一定程度上由各个阶段的主导产业所助推，纺织轻工、家庭耐用消费品、钢铁、汽车、IT 行业等都发挥过主导产业的作用。资料显示（史修松和刘军，2014），在这些主导行业快速增长过程中，一些企业也发展成为龙头企业甚至具有国际影响力的大企业，这些企业反过来又带动行业的升级转型。本节将钢铁行业作为典型，来分析主导行业和行业中的大企业是如何相互促进的。

我国钢铁行业在 21 世纪第一个 10 年，是典型的主导行业，但进入第二个 10 年之后，由于宏观经济存在下行压力，加上国际钢铁市场需求疲软，钢铁产业深受产能过剩的困扰，许多企业都开始削减产业，一些企业关闭破产。中国钢铁企业约有 500 家，冶金工业规划研究院根据企业基础竞争力、企业发展竞争力、企业经营绩效竞争力三大板块的 13 项要素、25 个指标，结合专家研判，每年会对 100 余家钢铁企业进行评级。参与评级企业的粗钢产量之和在全国总产量中的占比超过 85%。评级结果中，A+ 代表竞争力极强，A 代表竞争力特强，B+ 代表竞争力优强，B 代表竞争力较强。2016 年竞争力评级为 A+ 的钢企有 6 家，评级为 A 的钢铁企业有 16 家，评级为 B+ 的钢铁企业有 31 家，评级为 B 的钢铁企业有 20 家；2017 年竞争力评级为 A+ 的钢铁企业有 8 家，评级为 A 的钢铁企业有 29 家，评级为 B+ 的钢铁企业有 31 家，评级为 B 的钢铁企业 17 家。过去两年连续被评为 A+ 的钢铁企业有：中国宝武钢铁集团有限公司、河钢集团有限公司、中信泰富特钢有限公司、江苏沙钢集团、新兴铸管股份有限公司和日照钢铁控股集团有限公司，它们是行业里竞争力第一梯队的代表。

2018 年 7 月，新一期财富 500 强榜单发布，上榜的中国公司达到了 120 家，稳居第二，日益逼近美国（126 家），远超第 3 位日本（52 家）。上榜的中国钢铁企业共有 5 家，分别是：中国宝武钢铁集团（第 162 名）、河钢集团（第 239 名）、江苏沙钢集团（第 364 位）、鞍钢集团公司（第 428 位）和首钢集团（第 431 位）。本书将以中国宝武钢铁集团有限公司（以下简称"宝武集团"）和河钢集团有限公司（以下简称"河钢集团"）为例，分析两大企业的转型之路。

1. 宝武集团

宝武集团由宝钢集团和武钢集团合并组建。宝钢集团启动转型较早，它不仅肩负着推动自身转型的重任，作为行业内的龙头企业，其同时肩负着为行业探索转型方向、推动中国从钢铁大国向钢铁强国转变的责任。2013 年，宝钢集团正式提出"从钢铁到材料，从制造到服务，从中国到全球"战略转型规划。

一方面，集团大力发展从钢铁产业链上下延伸出来的新产业。通过培育壮大这些由钢而生的产业，反过来可带动钢铁主业的逆市上升。例如 2010 年进军易拉罐行业。由于每听可乐约 2/3 的成本都在易拉罐上，所以易拉罐行业是一个名副其实的高附加值行业。集团组织专业技术团队集中攻关，通过前后六次"减薄瘦身"，将钢制易拉罐原材料厚度从 0.28 毫米减薄至 0.225 毫米，打造了核心竞争力；之后集团观察到铝罐市场的发展前景，于 2012 年投产建成年产 7 亿个铝罐的生产线，并将下属宝钢宝翼公司发展成为国内首家同时拥有钢制两片罐生产线和铝制两片罐生产线的易拉罐生产商。

另一方面，在行业内率先探索服务业的发展路径。作为传统的大企业，集团在渠道创新方面比中小企业走得更远，利用自身优势大胆启动钢铁贸易的电商生意。欧冶云商是集团依托互联网、物联网、大数据、移动互联等全新技术，打造钢铁流通领域的集资讯、交易结算、物流仓储、加工配送、投融资、金融中介、技术与产业特色服务等功能为一体，钢铁生产企业、钢铁贸易公司、物流加工服务商、钢材用户等多方主体共生共赢，服务范围覆盖全国的生态型钢铁服务平台。2015 年 2 月成立以来，集团迅速建立起欧冶电商、欧冶物流、欧冶金融、欧冶数据等业务平台，创出了"欧冶速度"，初步构筑了面向钢铁行业开放的第三方服务体系，成为宝钢战略转型的重要平台。宝钢集团还提出了"产网结合"的转型思路，即通过互联网技术建立一个钢铁生态圈的供应链体系，发挥"互联网+"的优势，加快转型发展。2016 年 6 月，宝钢集团和武钢集团宣布启动重组，成立宝武集团。

2. 河钢集团

河钢集团已经连续 8 年跻身世界企业 500 强行列，2016 年获得世界钢铁工业可持续发展卓越奖。随着全球钢铁工业进入产能过剩时代，河钢集团意识到尽快发展非钢产业进行企业转型迫在眉睫。事实上，包括美钢联和蒂森克虏伯等在内的国际知名钢铁企业，其非钢产业收入已接近甚至超过钢铁主业。蒂森克虏伯的非钢收入占 40%～60%，新日铁占 35%，印度米塔尔占 40%。2014 年，河钢集团制定《非钢产业发展规划方案》，提出"4 年内非钢产业单位发展成为独立运营、自负盈亏、具有较强市场竞争力的经营主体，2018 年非钢产业利润总额达到 50 亿元"的发展目标。按照此规划，河钢重点围绕钢材深加工、矿产资源、钢铁贸易、现代物流、装备制造、社会服务、金融证券和资源综合利用等十大领域发展业务。与此同时，集团紧紧抓住"一带一路"建设和国际钢铁产业资本重组双重战略机遇，按照"全球拥有资源、全球拥有市场、全球拥有客户"战略定位，加快"走出去"步伐，努力打造"世界的河钢"。

二、价值链升级

产业升级也意味着向产业链、价值链的高处爬升。随着中国经济越来越地深融入全球价值链，沿着全球价值链进行产业升级成为必然选择。

（一）沿着全球价值链进行产业升级

企业通过融入全球价值链，可以利用其比较优势集中完成特定的生产环节或生产任务，不再需要建立针对产品所有生产环节的完整生产能力。对发达国家企业而言，全球化布局可以提高效率和效益；对发展中国家企业而言，能够比以往工业化时期更快地融入全球经济中，同时可以创造更多的就业机会（曹原和刘玉立，2012）。通过技术转移和外溢，全球价值链还为发展中国家提供了本地学习的机会。不同地区嵌入全球价值链的程度各不相同，价值链升级潜力也各不相同，价值链升级对当地产业升级的影响也就取决于当地对外贸易在整个经济中的地位和比重（张同斌等，2016）。价值链升级并不是产业升级的全部，一个地区如果还没能较大程度地融入全球价值链，也就谈不上价值链升级，更谈不上占据所谓价值链高端。

　　中国通过融入全球价值链不断提高自身竞争力，加快实现工业化，缩短与发达经济体的差距。在这个过程中，与全球价值链密切相关的产业一直在不断升级。在技术变化快的领域，以电子信息产业为典型代表，产品更新换代随时都在发生，在短短的时间内许多产品经历了从出现到消亡的生命周期。每次技术变革都会让产业界如临大敌，确实会有部分企业因转型不利而失败，但整体产业紧跟世界技术潮流，不断升级，实力越来越强。在技术变化相对不快的领域，以纺织服装为典型代表，不仅其工艺、产品、质量和效率不断提升，也带动上下游相关领域由无到有、由弱变强，来自国内的增加值在出口增加值中的比重不断上升。产业升级是与参与更加复杂的全球价值链互动导致的，在这个过程中，大企业国际化程度和全球配置资源的能力成为重要因素（邵敏和包群，2012）。

（二）价值链升级的多种形式

　　在价值链升级领域最为人津津乐道的是"微笑曲线"。由于不同国家、不同企业根据比较优势参与全球价值链，增加值和获益大小各不相同。"微笑曲线"认为，发达国家占据价值链高端环节，从事上游的研发设计和下游的营销服务等环节，获得较大价值；发展中国家从事低端的加工装配环节，仅仅获得微薄的加工费。因此发展中国家的产业升级就是应当向所谓"自主创新""自主品牌"以及"走出去"延伸，避免被低端锁定。

　　价值链升级不仅是端到端，从企业融入全球产业链的不同程度看，升级还有更多样的形式。全球价值链参与者之间的博弈和利益格局始终处于不断变化之中，不同环节间、各个环节上都存在影响力各不相同的参与者，相互之间的互动构成全球价值链治理的不同类型（图 5-1）。

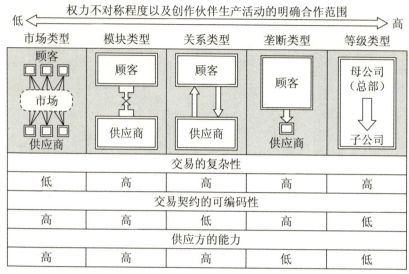

图 5-1　全球价值链结构图

资料来源：Gereffi 等（2005）

　　后发国家企业融入全球价值链是一个渐进的过程，由被动到主动、不断提升竞争力和所在环节上的影响力、提升议价能力，也就是实现价值链升级的过程。全球价值链上的价值分配是企业竞争的结果，高端环节也不乏失败者，低端环节也多有胜出者。在这个过程中，后发国家的大企业通过应用国际标准向全球市场提供产品和服务，不断提升自己的国际化管理水平和经营水平，出口更多增加值，成为价值链升级的踏板。

（三）新兴产业的价值链升级

　　下面以电子信息产业为典型来分析我国新兴产业的价值链升级的真实情况。从这些情况来看，中国企业的价值链升级取得了较大进展，但仍然任重道远。

　　电子信息行业是国民经济的支柱产业，与人们生活息息相关。近年来在全球经济持续低迷、国内经济增速放缓的情况下，中国电子信息行业仍保持较快增长速度。手机、微型计算机、网络通信设备、彩电等主要电子信息产品的产量已经居全球第一，技术创新能力大幅提升，龙头企业实力显著增强，生态体系进一步完善，对经济社会发展的支撑引领作用全面凸显。

1987 年起，中国电子信息行业联合会每年都会发布中国电子信息百强企业名单，其权威性和影响力得到行业认可，成为政府开展行业管理的产业基础和实施大公司战略的有效途径。百强排名主要是从企业规模、经营效益、研发创新等多方面进行综合排序。2013—2017 年中国电子信息行业 20 强见表 5-1。

表 5-1　2013—2017 年中国电子信息行业 20 强统计（按照当年多项指标综合排序）

序　号	2017 年	2016 年	2015 年	2014 年	2013 年
1	华为	华为	华为	华为	华为
2	联想集团	联想集团	联想集团	海尔集团	联想集团
3	海尔集团	海尔集团	中国电子	中国电子	中国电子
4	比亚迪	TCL	海尔集团	TCL	海尔集团
5	TCL	中兴通讯	中兴通讯	海信集团	海信集团
6	四川长虹	四川长虹	TCL	四川长虹	中兴通讯
7	中兴通讯	海信集团	四川长虹	中兴通讯	四川长虹
8	北大方正	比亚迪	海信集团	北大方正	TCL
9	海信集团	北大方正	北大方正	浪潮集团	北大方正
10	京东方	京东方	比亚迪	比亚迪	浪潮集团
11	小米集团	浪潮集团	天能集团	京东方	比亚迪
12	浪潮集团	小米集团	浪潮集团	亨通集团	京东方
13	紫光集团	紫光集团	京东方	上海仪电	创维集团
14	海康威视	亨通集团	亨通集团	大唐电信	亨通集团
15	东旭集团	海康威视	小米集团	创维集团	南瑞集团
16	中天科技	上海仪电	上海仪电	富通集团	同方股份
17	上海仪电	中天科技	创维集团	晶龙实业	晶龙实业
18	武汉邮电	创维集团	紫光集团	上海贝尔	康佳集团
19	通鼎集团	通鼎集团	海康威视	南瑞集团	武汉邮电
20	中芯国际	同方股份	航天信息	同方股份	九州电器

资料来源：中国电子信息行业联合会官网

2018 年公布的中国电子信息百强企业（2018 届电子信息百强，其数据为 2017 年），共实现主营业务收入合计 3.5 万亿元，比上届增长 16.7%；总资产合计 4.4 万亿元，比上届增长 10%。其中前三名企业主营业务收入均超过 2 000 亿元；百强企业中主营收入超过 1 000 亿元的有 10 家，比上届增加 4 家；超过 100

亿元的有 66 家，比上届增加 8 家；入围企业最低主营业务收入 50.4 亿元，比上届提高 6.8 亿元。

过去 5 年，累计 33 家企业入围中国电子信息百强企业 20 强榜单，其中 10 家企业（华为、海尔集团、TCL、比亚迪、四川长虹、中兴通讯、北大方正、海信集团、京东方、浪潮集团）连续 5 年入围 20 强榜单，4 家企业（联想集团、上海仪电、亨通集团、创维集团）4 次入围，5 家企业（小米集团、紫光集团、海康威视）3 次入围，5 家企业（中天科技、武汉邮电、通鼎集团、晶龙实业、南瑞集团）2 次入围，还有 9 家企业（东旭集团、中芯国际、天能集团、航天信息、大唐电信、富通集团、上海贝尔、康佳集团、九州电器）仅入围 1 次。如图 5-2 所示。

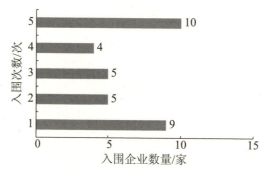

图 5-2　2013—2017 年中国电子信息行业 20 强上榜次数统计

数据来源：中国电子信息行业联合会官网

进一步分析 2013—2017 年行业 Top10（超大企业）变化情况，不难发现国内电子信息行业超大企业构成变化不大，上榜 4 次（含）以上企业总数达到 9 家，7 家企业始终上榜。主要包括：华为（5）[1]、海尔集团（5）、TCL（5）、四川长虹（5）、中兴通讯（5）、北大方正（5）、海信集团（5）、联想集团（4）、比亚迪（4）。

以下选择几家代表性企业来进行分析。

1. 小米

小米是一家以手机、智能硬件和 IoT（物联网）平台为核心的互联网公司，

_____

[1]　括号里的数字代表 2013—2017 年入围 Top10 的次数。

2010 年成立，直到 2015 年才首次出现在"中国电子信息行业百强企业"名单里。2015—2017 年，该公司在国内行业排名分别为第 15 名、第 12 名和第 11 名，正在快速逼近 Top10 门槛。2018 年 7 月 9 日，小米公司正式在香港联交所主板上市，凭借约 550 亿美元的市值不仅成为全球第三大规模的科技股 IPO（首次公开募股），也是首家同股不同权的港股上市公司，反映了市场对公司未来发展前景的看好。

小米始终追求创新、质量、设计、用户体验与效率提升，致力于以厚道的价格持续提供最佳科技产品和服务。截至 2018 年 3 月，MIUI 月活跃用户大约 1.9 亿。2015—2017 年，小米公司的营业收入分别是 668.27 亿元、684.42 亿元、1 146.25 亿元，研究投入分别是 15.12 亿元、21.04 亿元、31.51 亿元。公司收入主要来源于三部分：智能手机收入、IoT 与生活消费产品、互联网服务。以 2017 年为例，上述三部分收入分别为 805.64 亿元、234.48 亿元和 106.13 亿元，在营业总收入里的占比情况如图 5-3 所示。公司成立以来，智能手机一直是小米最主要的收入来源。根据市场研究机构 IDC 统计，全球智能手机用户群体庞大且逐年增长，销售量从 2015 年的 28.7 亿部增长至 2017 年的 36.66 亿部，销售额从 4 258 亿美元增长至 4 585 亿美元。据预测，2022 年全球销售量将达到 47.99 亿部，复合增长率为 5.5%；届时销售额高达 5 737 亿美元，复合增长率为 4.6%。根据市场第三方调查，当前小米在国内整体客户满意度，尤其 20 岁以下客户满意度的统计方面，排名市场第一。市场份额方面，小米在中国大陆市场排名第四、印度市场排名第一、新兴市场排名第三、全球市场整体排名第四。

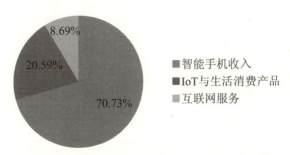

图 5-3　2017 年小米公司营业收入主要产品类别统计

资料来源：小米招股说明书

IoT 与生活消费产品在小米营业收入中的占比正在呈现快速增长趋势，从 2015 年的 13% 增长至 2017 年的 20.59%。截至 2017 年年底，根据已连接设备的数据统计，小米已成为全球领先的 IoT 平台，全球市场份额 1.7%，超过了苹果（0.9%）、三星（0.7%）和谷歌（0.6%）。在这个领域，小米主要的竞争优势是其 IoT 产品种类繁多，价格相对便宜，且 IoT 产品可以通过小米 APP 进行无缝集成、统一控制。

2. 创维集团

创维集团成立于 1988 年，是一家以研发制造消费类电子、显示器件、数字机顶盒、半导体、冰洗、3C 数码等产品为主要产业的大型高科技集团公司。2000 年在香港联交所主板上市，公司成功跻身世界十大彩电品牌。

创维集团的 2008—2017 年营业收入和增长率如图 5-4 所示。其营业收入大致包括三部分：销售货物收入、物业租赁和其他产品，销售货物收入每年约占总收入的 90%。其中电视收入对销售货物总收入的贡献率接近八成。随着互联网时代的来临，国内彩电市场整体迎来了增长缓慢期，各大传统家电企业相继探索转型道路。

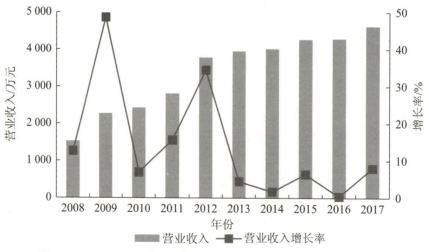

图 5-4　2008—2017 年创维数码（0751.HK）营业收入和增长率统计

资料来源：创维数码（0751.HK）历年上市公司年报

图 5-4 反映了过去 10 年里创维集团营业收入以及增长率的变化情况，可以看出公司营业收入增长率在 2009 年达到峰值后就进入下降区间。其中 2011 年和 2012 年依托国家"家电下乡"节能补贴利好政策的刺激，营业收入增长率出现短暂的反弹，不过随着 2013 年 6 月补贴政策的结束，国内彩电市场增速再度放缓，其营业收入增长率再次下滑，2013 年下半年甚至还出现彩电需求透支的现象。一方面，随着智能电视的跨界合作，大量互联网企业的快速进入并频繁采用低价格策略，彻底扰乱了国内原有彩电市场价格体系；另一方面，京东方新世代液晶面板生产线的投产造成电视面板成本大幅下降，带动电视机销售价格跳水，直接拉低了行业整体盈利水平。2013 年创维集团销售电视机 1 135 万台，比预期减少165 万台，过去 5 年营业收入增长率始终徘徊在 8% 以下。2013—2017 年创维集团在"中国电子信息行业百强企业榜"的排名也呈加速下滑趋势，过去五年排名分别是第 13 位、第 15 位、第 17 位、第 18 位和第 23 位。

为了应对电视机销售收入下滑的颓势，近年来创维公司也在积极探索多元化转型道路，包括加快发展数字机顶盒、白色家电产品和液晶器件，布局汽车电子业务，进军液晶模组等，然而公司始终未能摆脱对彩电业务营收规模的依赖；在白色家电业务的发展上，公司属于"雷声大雨点小"；至于汽车智能领域，目前其对公司营业收入贡献仍微不足道。这导致受液晶面板和芯片价格上涨、人民币升值等成本因素影响，创维公司 2015—2017 年净利润持续大幅负增长，分别是 -30.63%、-39.63% 和 -58.7%。

3. 中兴通讯

公司成立于 1985 年，1997 年在深交所主板上市，2004 年在港交所主板上市，成为首家在香港联交所主板上市的 A 股公司，目前已成为具有全球影响力的中国电子通信行业的企业。

作为中国第二大、全球第四大通信设备商，中兴通讯国际专利申请量连续八年全球排名前三。2017 年，公司实现营业收入 1 088.2 亿元人民币，同比增长7.5%。受益于全球运营商在电信网络的持续投入、海外手机及政企市场的开拓，公司三大主要业务，即运营商网络、消费者业务和政企业务营业收入分别同比增长 8.32%、5.24% 和 10.41%，其占比如图 5-5 所示。国际化业务方面，截至 2017

年年底，公司营业总收入中大陆市场占比 57%，亚洲市场贡献率超过七成，欧美及大洋洲贡献率占 1/4。

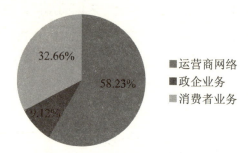

32.66%　58.23%　9.12%　■运营商网络　■政企业务　■消费者业务

图 5-5　2017 年中兴通讯营业收入主要业务占比统计

资料来源：中兴通讯 2017 年年报

2018 年 4 月发生的"中兴事件"给该公司甚至中国整个通信行业的发展造成巨大冲击。4 月 16 日，美国商务部宣布，中兴通讯及其下属的深圳市中兴康讯电子有限公司今后 7 年内，不能以任何形式参与从美国进口受该国出口管制法规约束的任何商品、软件或技术。之后经过多轮的磋商，公司最终在 6 月 7 日与美国商务部达成和解协议，代价是接受 10 亿美元罚款，同时向第三方托管 4 亿美元的保证金，并且在一个月内改组高层和董事会。

"中兴事件"的出现与中美贸易战的背景密不可分，它让我们正视与发达国家在掌握核心关键技术（如芯片）上仍然存在较大差距。2017 年中兴手机全球出货量为 4 640 万部，超过一半的产品使用美国高通公司制造的骁龙芯片。目前，美日欧三地企业几乎垄断了全球高端芯片市场。尽管中国已成为全球最大、增长最快的芯片市场，对外依存度仍然偏高，国内厂商在该领域的生产仍然以"代工"模式为主。芯片开发生产周期较长、投入成本偏高，自主研发难度极大，尤其芯片投入应用需要庞大的生态系统支撑这一特性，决定了国产芯片企业短期内很难替代高通等芯片巨头（万建民，2018）。因此我们必须坚持把关键技术设备掌握在自己手上，避免受制于人。还要坚持开放创新和合作创新，健全科技成果转化机制和风险补偿机制，强化企业技术创新的主体地位。

三、质 量 升 级

产业升级还意味着向质量阶梯的高处爬升。在进入增长之门后形成的供给能力和产业基础，需要在攀登增长之梯过程中提升质量，才能形成国际竞争力，才能全面实现与发达国家的水平竞争。

（一）攀登质量阶梯

总体上看，经过 40 年快速发展，中国产品制造能力一直保持不断提升，已经进入良性循环和较好位置。尤其是东部经济发达省份，产业门类已较齐全，制造业竞争优势相对明显。下一步，需要不断攀登产品的质量阶梯，实现质量升级。质量阶梯是指产品质量提升并不是连续平滑的，而是离散跳跃的，这样产品会有明显的代际差异，产生明显的升级换代。产品质量差异的幅度在不同产品间是不同的。有的产品，从最好质量到最差质量间的变化范围大，即产品质量阶梯"长"；有的产品，从最好质量到最差质量间的变化范围小，即产品质量阶梯"短"。质量阶梯长的产品，单价与质量有一定相关性；质量阶梯短的产品，单价难以反映质量。在长质量阶梯和短质量阶梯上发达国家与发展中国家产业竞争的状况不同。在长质量阶梯上，发达国家可以利用技能、资本、技术等比较优势要素，始终占领高端；在短质量阶梯上，产品难以升级，发达国家会直接面对发展中国家的竞争（郝颖等，2014）。

不同产业的升级压力和升级空间是不一样的，质量阶梯的长短影响技术创新活跃度，也影响不同国家的技术差距和技术追赶的重点及路径。"弯道超车"固然是一种可能和美好理想，但绝大多数产品升级和技术创新都是在已有基础上的不断改良。当前中国产业升级的重点是质量升级，即持续攀登质量阶梯，企业创新应该考虑"够得着"或"跳一跳够得着"。

（二）几大行业的质量升级情况

下面以煤炭、服装、制药行业为典型代表来分析我国企业的质量升级情况。

1. 煤炭行业

煤炭属于典型的资源、资本密集型产业。我国能源的基本国情是"富煤、贫油、少气"，它决定了煤炭在我国一次性能源生产和消费中占据主导地位且长期不会改变。我国煤炭可供利用的储量约占世界煤炭储量的 11.67%，位居世界第三。我国是全球第一产煤大国，煤炭产量占世界 35% 以上。我国也是世界煤炭消费量最大的国家，煤炭一直是我国主要能源和重要原料，在一次能源生产和消费构成中煤炭始终占一半以上。统计显示，2018 年上半年我国规模以上煤炭企业数量达 4 467 个。中国煤炭工业协会每年会公布以营业收入为考核标准的中国煤炭企业 50 强名单，表 5-2 整理了 2012—2016 年行业前 20 强企业的信息。

表 5-2　2012—2016 年中国煤炭企业 20 强统计（按照当年营业收入排序）

序　号	2016 年	2015 年	2014 年	2013 年	2012 年
1	神华集团	冀中能源	神华集团	神华集团	神华集团
2	冀中能源	神华集团	山西焦煤	山西焦煤	冀中能源
3	陕西煤化	大同煤矿	冀中能源	冀中能源	山东能源
4	山东能源	山西焦煤	大同煤矿	山东能源	晋能集团
5	大同煤矿	陕西煤化	潞安矿业	晋能集团	山西焦煤
6	山西焦煤	潞安矿业	河南能化	河南能化	河南能化
7	开滦集团	阳泉煤业	山东能源	大同煤矿	阳泉煤业
8	阳泉煤业	晋城无烟煤	晋城无烟煤	潞安矿业	开滦集团
9	潞安矿业	开滦集团	晋能集团	晋城无烟煤	潞安矿业
10	晋城无烟煤	河南能化	开滦集团	阳泉煤业	大同煤矿
11	兖矿集团	山东能源	阳泉煤业	开滦集团	晋城无烟煤
12	河南能化	平煤神马	陕西煤化	陕西煤化	平煤神马
13	平煤神马	兖矿集团	平煤神马	平煤神马	陕西煤化
14	中煤能源	山西煤炭	兖矿集团	山西煤炭	中煤能源
15	晋能集团	中煤能源	山西煤炭	中煤能源	山西煤炭
16	山西煤炭	晋能集团	中煤能源	兖矿集团	兖矿集团
17	淮北矿业	淮北矿业	淮北矿业	淮南矿业	淮南矿业
18	徐州矿务	徐州矿务	淮南矿业	淮北矿业	淮北矿业

续表

序　号	2016 年	2015 年	2014 年	2013 年	2012 年
19	内蒙古伊泰	重庆能源	徐州矿务	龙煤矿业	内蒙古伊泰
20	重庆能源	内蒙古伊泰	内蒙古伊泰	皖北煤电	龙煤矿业

资料来源：中国煤炭工业协会官网

2012—2016 年，共有 23 家煤炭企业先后入围行业 Top20（大企业）榜单。其中有 17 家企业连续 5 年入围，有 1 家企业（内蒙古伊泰集团有限公司）入围 4 次，有 2 家企业（徐州矿务集团有限公司、淮南矿业集团有限责任公司）入围 3 次、有 2 家企业（重庆市能源投资集团有限公司、黑龙江龙煤矿业控股集团有限责任公司）入围 2 次，有 1 家企业（安徽省皖北煤电集团有限责任公司）入围 1 次（图 5-6）。5 年来，Top20 的进入门槛变化较小，2012 年 360.99 亿元，2016 年增长至 377.77 亿元，增幅不足 5%。

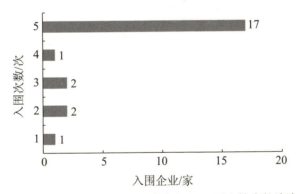

图 5-6　2012—2016 年中国煤炭企业 20 强上榜次数统计

资料来源：中国煤炭工业协会官网

我们进一步分析 2012—2016 年行业 Top10（超大企业）的变化情况，不难发现国内煤炭行业超大企业构成的稳定程度很高，上榜 4 次（含）以上的企业总数达到 10 家，4 家企业始终上榜。主要包括：神华集团（5）[1]、冀中能源（5）、大同煤矿（5）、山西焦煤（5）、山东能源（4）、开滦集团（4）、阳泉煤业（4）、潞安矿业（4）、晋城无烟煤（4）、河南能化（4）、晋能集团（3）、陕西煤化（2）。

———————————

① 括号里的数字代表 2012—2016 年入围 Top10 的次数，下同。

2018年世界500强企业名单中，中国企业共计120家，其中煤炭行业上榜9家：国家能源投资集团①（第101位）、山东能源（第234位）、陕西煤化（第294位）、冀中能源（第359位）、晋城无烟煤（第481位）、阳泉煤业（第494位）、潞安矿业（第495位）、河南能化（第496位）、大同煤矿（第497位）。

2012—2016年陕西煤化、晋能集团行业排名如图5-7所示。

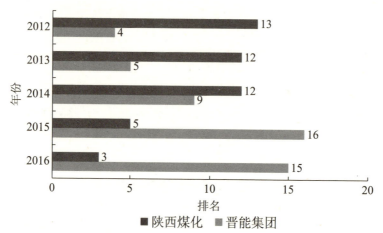

图 5-7　2012—2016 年陕西煤化、晋能集团行业排名统计（按照当年营业收入排序）

资料来源：中国煤炭工业协会官网

以下两家企业的排序变化值得深入分析。

1）陕西煤化

集团成立于2004年，陕西省政府把当地10家煤炭企业整合重组，成立陕西煤业集团；2006年，政府又将省内3家煤化工骨干企业重组成立了陕西煤业化工集团；2011年，省政府再次把陕西钢铁集团、陕西省铁路投资集团和陕西国际信托投资集团3户企业重组，从而形成如今有"中国西部能源航母"之称的陕煤化集团产业格局。2012—2016年，陕西煤化在中国煤炭企业20强中排名呈现加速上升趋势，五年来的排名分别是第13名、第12名、第12名、第5名和第3名。2015年，陕西煤化凭借286.65亿美元的销售收入，首次进入世界500强行列，成为我国西部地区首家世界500强煤炭企业，2015—2018年排名分别是

———————————————

① 2017年8月，神华集团和国电集团合并为国家能源投资集团。

第 416 名、第 347 名、第 337 名和第 294 名。

近年来陕西煤化迎来了快速发展时期，这是企业坚持科技创新和模式创新的结果。一方面，集团以实施重大科研项目为抓手，在"资金、技术、人才、装备、机制"等核心创新要素上进行持续稳定的沉淀和积累，不断抢占行业技术制高点。集团坚持每年提取不低于主营业务收入 4% 的科技研发资金，专项用于科技投入，还建立了 1 亿元/年的科技引导资金和重大科研项目资金分摊模式。同时积极借助金融手段，大力培育和发展创业风险投资，努力促进科技与金融结合，多渠道筹措科研经费。2011 年以来集团科技投入累计达到 171 亿元，其中 2014 年超过 70 亿元。近年来集团取得省部级以上奖项 119 个，申请专利 1 437 件，获权专利 1 156 件。另一方面，集团提出"绿色陕煤、高效陕煤"的发展理念，走绿色发展道路，加快形成资源节约、环境友好的生产方式，不断优化产业产品结构。2014 年 11 月，陕煤集团成立了新型能源公司，发展煤炭清洁利用产业，推动陕煤集团发展方式转变。此外，陕西煤化在材料领域更加注重增品种、创品牌，在材料系中已形成了"煤－焦－钢""煤－电－铝""煤－盐－PVC"等传统材料产业集群，正逐步打造"煤、焦、电、电石、聚氯乙烯、水泥"一体化循环生产模式。

2）晋能集团

2012 年下半年，为推动山西煤炭企业转型，山西煤炭运销集团和山西国际电力集团实行合并，于 2013 年 5 月重组为晋能集团，这是一家是集煤炭、电力、清洁能源、贸易物流、装备制造、房地产等多个产业于一体的大型综合能源集团。然而，2012—2017 年晋能集团在中国煤炭企业 20 强中的排名[①]持续下滑，分别是第 4 名、第 5 名、第 9 名、第 16 名和第 15 名。

政府推动企业重组主要希望整合资源、扶持优秀企业做大做强,从而实现"1+1＞2"的效果（綦好东等，2017），然而并非所有重组都能达到预期。晋能集团是山西唯一、全国少有的拥有输配电网的能源企业，它是山西清洁能源发展的"领跑者"。集团先后投资文水和晋中两个光伏电池组件制造基地，短期内迅速具备跻身全球前十名的实力。然而，重组后集团面临"大而不强"的困境，具体表现为：矿井

① 当年上榜的是山西煤炭运销集团。

布局不集中，矿井资源赋存条件普遍较差；整合矿井债务包袱沉重；集团企业数量大、管理层级多、管控能力弱；分流员工数量多，转岗安置难度大等。加上煤炭行业不景气，重组后集团发展速度明显滞后，在业务转型的探索上进展不大，自然会导致在行业内排名持续下滑。

2. 服装行业

服装行业是劳动密集型传统产业，近年来随着生产成本的增加，行业利润率不断降低，行业竞争日趋激烈。中国服装协会每年会公布按销售收入排序的中国服装行业百强企业名单，表5-3整理了2012—2016年该行业前20强企业的信息。

表5-3 2012—2016年中国服装行业前20强统计（按照当年销售收入排序）

序　号	2016 年	2015 年	2014 年	2013 年	2012 年
1	海澜集团	海澜集团	雅戈尔	雅戈尔	雅戈尔
2	雅戈尔	雅戈尔	海澜集团	红豆集团	红豆集团
3	红豆集团	红豆集团	红豆集团	海澜集团	海澜集团
4	杉杉	杉杉	杉杉	杉杉	杉杉
5	波司登	波司登	波司登	波司登	波司登
6	济宁如意	济宁如意	济宁如意	济宁如意	济宁如意
7	太平鸟	太平鸟	太平鸟	太平鸟	即发集团
8	伟星集团	伟星集团	即发集团	即发集团	新郎希努尔
9	巴龙国际	即发集团	伟星集团	新郎希努尔	巴龙国际
10	森马	东渡纺织	新郎希努尔	巴龙国际	伟星集团
11	即发集团	巴龙国际	东渡纺织	东渡纺织	东渡纺织
12	东渡纺织	新郎希努尔	巴龙国际	伟星集团	森马
13	新郎希努尔	森马	森马	森马	红领集团
14	阳光集团	红领集团	南山纺织	红领集团	罗蒙
15	南山纺织	南山纺织	红领集团	罗蒙	鲁泰纺织
16	迪尚集团	阳光集团	迪尚集团	鲁泰纺织	迪尚集团
17	罗蒙	罗蒙	罗蒙	迪尚集团	真维斯
18	虎豹集团	迪尚集团	虎豹集团	虎豹集团	虎豹集团
19	万事利	虎豹集团	鲁泰纺织	真维斯	雅鹿集团
20	帝奥控股	万事利	雅鹿集团	雅鹿集团	万事利

资料来源：中国服装协会官网

2012—2016年，共有24家服装企业先后入围行业Top20（大企业）榜单。

其中有 15 家企业连续 5 年入围，有 2 家企业（太平鸟集团有限公司、青岛红领集团有限公司）入围 4 次，有 4 家企业（万事利集团有限公司、山东南山纺织服饰有限公司、鲁泰纺织股份有限公司、雅鹿集团股份有限公司）入围 3 次，有 2 家企业（江苏阳光集团有限公司、真维斯服饰中国有限公司）入围 2 次，有 1 家企业（江苏帝奥控股集团股份有限公司）入围 1 次。如图 5-8 所示。

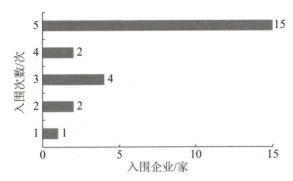

图 5-8　2012—2016 年中国服装行业 20 强上榜次数统计

资料来源：中国服装协会官网

进一步分析 2012—2016 年行业 Top10（超大企业）的变化情况，发现国内服装行业超大企业构成的稳定程度很高，上榜 4 次（含）以上的企业总数达到 9 家，其中 6 家企业始终上榜。主要包括：海澜集团（5）、雅戈尔（5）、红豆集团（5）、杉杉（5）、波司登（5）、济宁如意（5）、太平鸟（4）、伟星（4）、即发集团（4）、巴龙国际（3）、新郎希努尔（3）。尤其五年里行业 Top5（龙头企业）构成没有任何变化，分别是海澜集团、雅戈尔、红豆集团、杉杉和波司登。

海澜集团 2017 年销售收入突破 1 100 亿元，成为无锡首家千亿级企业。国内市场方面，集团创设了居家生活类品牌海澜优选，旗下的海澜之家与天猫形成了新零售战略合作关系。海外布局方面，2017 年集团在马来西亚开出首批直营店并于当年实现盈利，还入股了 UR 集团和英氏集团。红豆集团已成长为集服务业、制造业于一体的企业，聚焦开店、产品、服务，不断延伸产业链，扩大在服装产业生态圈中的影响力。下一步集团计划推进个性化定制、打造柔性生产线、建设智慧物流、试点改造智慧化门店等工作。波司登 2017 年的营业收入同比增长 30%，纯利润增长超过 50%。尽管公司 2009 年就启动"四季化战略"，但是目前羽绒服收入占比仍然超过六成。为了深挖主业的增长潜力，公司高薪聘请专业人士改进产品设计，更加注重时尚元素的运用，同时主动迎合市场需求，推出能抵御极端天气的"极寒"系列羽绒服，深受消费者喜爱。与此同时，公司 2014 年起陆续关停 70% 的线下网点，尤其百货公司柜台，增加购物中心等新的流量场所专卖店，大力发展天猫等线上销售渠道。通过上述策略，2017 年波司登主业羽绒服实现同比增长 23.45% 的佳绩。

新郎希努尔公司过去几年的业绩表现不尽如人意。如图 5-9 所示，2012 年以来公司营业收入大体呈下降趋势，2014—2016 年连续三年负增长，2017 年尽管有所反弹，但是仍未恢复至 10 年前的水平。营业收入的下滑造成公司在中国服装行业百强里的排名也经历了第 8 名、第 9 名、第 10 名、第 12 名、第 13 名逐级降低走势。

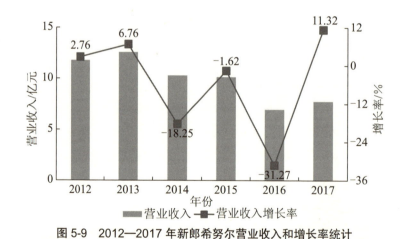

图 5-9　2012—2017 年新郎希努尔营业收入和增长率统计

资料来源：希努尔（002485.SZ）历年年报

新郎希努尔集团创始于 1992 年，是国内规模最大的男装生产基地，2010 年 10 月 15 日在深圳证券交易所成功挂牌上市。公司采用以自制生产为主、委托加工生产为辅，以直营店和特许加盟店为主，团体订购、外贸出口和网上直销为补充的生产销售模式。目前公司拥有"希努尔"（定位于中高档商务男装品牌）、"普兰尼奥"（定位于高级个性化定制品牌）、"皇家新郎"（定位于高端礼服定制品牌）、"润尔"（定位于中高档女装定制品牌）等品牌。生产中高档定制男装女装是该公司的最大特色，也迎合了部分关注生活品质的中产阶级人群需求。不过定制服装仍然属于一个小众市场。为了增加收入，近年来公司通过加大团购市场开拓、自有商铺对外出租出售，同时积极涉足文化旅游领域，布局文化全产业链，以期通过多元化发展尝试业务转型。不过截至 2017 年年底，旅游产业对公司营业收入的贡献率尚不足 1%，98% 的收入仍然来自服装。

3. 制药行业

2017 年，全球制药市场规模按收益计为 12 090 亿美元，其中中国制药市场规模约为 2 118 亿美元，占比 17.5%，仅次于美国（38.3%），是全球第二大制药市场。中国现有近 5 000 家原料和制剂企业，医药制造业年度主营业务收入超过 2.5 万亿元人民币，其中近 50 家制剂企业通过欧美的认证或检查，医药制造品出口额超过 135 亿美元。截至 2017 年年底，国内 A 股生物医药行业上市公司增加至 282 家，其中恒瑞医药、复星医药、康美药业、云南白药等医药上市公司的市值均超过亿元大关，恒瑞医药市值甚至升至 2 006 亿元，成为生物医药行业首家总市值过 2 000 亿元的上市公司。

中国《医药经济报》每年会编制按照销售收入排序的中国制药工业百强企业名单，参与评选的对象为中国境内注册（不含跨国制药企业在华子公司）、以医药制造业为主营业务的医药工业企业。表 5-4 整理了 2012—2016 年该行业前 20 强企业的信息。

表 5-4　2012—2016 年中国制药工业 20 强统计（按照当年销售收入排序）

序　号	2016 年	2015 年	2014 年	2013 年	2012 年
1	广州医药	广州医药	广州医药	广州医药	广州医药
2	修正药业	修正药业	上海医药	天津医药	华北制药
3	上海医药	上海医药	天津医药	上海医药	哈药集团
4	石药控股	石药控股	华北制药	华北制药	石药控股
5	步长制药	天津医药	哈药集团	哈药集团	扬子江药业
6	江西济民	步长制药	石药控股	修正药业	修正药业
7	天津医药	江西济民	步长制药	石药控股	天津医药
8	康美药业	哈药集团	天士力	步长制药	步长制药
9	天士力	天士力	康美药业	康美药业	康美药业

续表

序　号	2016 年	2015 年	2014 年	2013 年	2012 年
10	哈药集团	康美药业	江西济民	天士力	上海医药
11	齐鲁制药	华北制药	齐鲁制药	江西济民	天士力
12	华北制药	齐鲁制药	东华医药	齐鲁制药	东华医药
13	太极集团	天晴药业	太极集团	东华医药	江西济民
14	天晴药业	复星医药	复星医药	复星医药	齐鲁制药
15	恒瑞医药	恒瑞医药	云南白药	太极集团	金耀集团
16	复星医药	云南白药	辅仁药业	辅仁药业	辅仁药业
17	辅仁药业	太极集团	科伦药业	科伦药业	复星医药
18	云南白药	豪森药业	恒瑞医药	三九医药	太极集团
19	豪森药业	必康制药	豪森药业	云南白药	三九医药
20	三九医药	科伦药业	三九医药	恒瑞医药	科伦药业

资料来源：《医药经济报》

　　2012—2016 年，共有 25 家制药企业先后入围行业 Top20（大企业）榜单。其中有 13 家企业连续 5 年入围，有 6 家企业（华润三九医药股份有限公司、云南白药集团股份有限公司、辅仁药业集团有限公司、江苏恒瑞医药股份有限公司、修正药业集团、四川科伦药业股份有限公司）入围 4 次，有 2 家企业（江苏豪森药业集团有限公司、杭州东华医药集团有限公司）入围 3 次，有 1 家企业（正大天晴药业集团股份有限公司）入围 2 次，有 3 家企业（陕西必康制药集团控股有限公司、天津金耀集团有限公司、扬子江药业集团有限公司）入围 1 次。如图 5-10 所示。

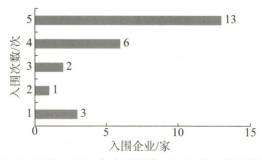

图 5-10　2012—2016 年中国制药工业 20 强上榜次数统计

资料来源：《医药经济报》

进一步分析 2012—2016 年行业 Top10（超大企业）的变化情况，不难发现国内制药工业超大企业的构成稳定程度非常高，上榜 4 次（含）以上的企业总数达到 9 家，其中 8 家企业始终上榜。主要包括：广州医药（5）、上海医药（5）、石药控股（5）、步长制药（5）、天津医药（5）、康美药业（5）、天士力（5）、哈药集团（5）、修正药业（4）、江西济民（3）、华北制药（3）。其中广州医药、上海医药基本稳居前五名之列。

广州医药集团有限公司 2012—2017 年始终高居"中国制药工业百强榜"第一位，创造了企业发展的"广药速度"。它是中国最大的制药企业、广州生物医药健康产业龙头企业，2013 年完成国内首例跨沪、深、港三地交易所的重大资产重组，实现集团整体上市。广药还成立了全行业首家研究所，是全国第一家实施总代理、总经销制的医药商业公司，2018 年有望实现销售收入达到 1980 年时的 1 万倍；上海医药是中国为数不多的在医药产品和分销市场方面均居领先地位的医药上市公司，入选了上证 180 指数、沪深 300 指数样本股。公司重视研发创新，坚持创仿并举，连续多年入围中国医药研发产品线最佳工业企业 20 强，其研发能力位居国内医药企业第一梯队。常年生产超 800 个药品品种，多个原料药通过了 WHO（世界卫生组织）、FDA（食品药品监督管理局）、欧盟以及其他发达国家的质量认证（崔维军等，2015），拥有国内领先的线上、线下一体化药品零售业务，建立了覆盖全国 16 个省区市的 1 892 家品牌零售连锁药房。

石药控股是我国医药行业的龙头企业之一，旗下上市公司石药集团（1093，HK）是香港恒生红筹股指数成份股之一。集团被国家科技部等三部委认定为"国家创新型企业"，新药研发实力位居全国药企领先水平。目前拥有自主知识产权的国家一类新药 25 个，已成功上市的"恩必普"是脑卒中治疗领域的全球领先药物，也是我国第三个拥有自主知识产权的一类新药。集团原料药、成药的销售比重已从原来的 7∶3 转变为 3∶7，成为国内传统药企实现"主动转型"的典范。

图 5-11 两家企业的排序变化值得深入分析。

江西济民公司属于国家高新技术企业行列，是中国制药行业中较早通过国家 GMP（药品生产质量管理规范）认证的企业之一，长期以来公司坚持大健康产业的战略布局，以医疗健康服务为核心，优先布局医疗产业链终端医院（已控股 3

家医药：鄂州二医院、博鳌国际医院和白水济民医院），同时逐步向上下游延伸，以"大健康产业"为主线，计划打造医药—医疗—康复的健康产业链，建设济民"大健康产业"生态圈。目前公司业务板块包括大输液，医疗器械的研发、生产和销售，医疗服务三部分。2017年，三大板块对营业总收入贡献占比为5：3：2。近年来该公司的营业收入能够实现平稳增长，离不开管理层的科学决策。一是加快发展海外市场，2015年以来公司出口年增长30%以上，已达到40多个国家和地区；二是采取加大产品创新、调整产品结构、在细分市场提升市场占有率、加大产品出口等方式，确保化学制药业务的增长；三是重视培育医疗器械板块，尽管目前其对营业收入的贡献仅为三成，但是其年均增幅较大，2017年同比增长37%。依靠"内生式增长、外延式扩张、整合式发展"的发展模式，2012—2016年，江西济民在中国制药工业百强榜的排序稳步上升，从第13位提升至第6位，距离Top5门槛仅一步之遥。

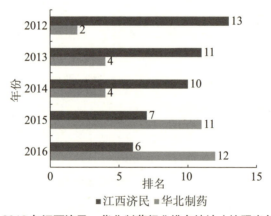

图 5-11 2012—2016 年江西济民、华北制药行业排名统计（按照当年销售收入排序）

资料来源：《医药经济报》

与江西济民的稳步上升相比，2012年以来华北制药集团的发展有所放缓，2012年、2014年、2015年、2017年均出现了亏损，造成集团在中国制药工业百强榜的排序从昔日的第2名滑落至第12名。华北制药历史悠久，前身华北制药厂是中国"一五"计划期间的重点建设项目，1992年重组设立华北制药股份有限公司，1994年在上交所挂牌上市，1996年1月改制为国有独资公司。当前华北制药的产品涉及化学药、生物药、营养保健品等,在抗生素领域具有较强的优势,生产规模、技术水平、产品质量在国内均处于领先地位。近年来,公司经营出现下滑源于多方面原因:一是公司领导层更替频繁,影响了企业重大决策。例如在2013—2015年3年的时间里,公司三次更换董事长。二是主营业务转型未达到预期效果。由于抗生素产能过剩、市场需求不足,公司希望加快培育制剂产品业务,不过新业务成长过慢,导致新老业务交替不理想。三是海外市场遭遇冲击。2011年、2012年、2013年、2015年,华北制药国外业务营收增长均在下滑。2015年增长下滑24.43%,华北制药在当年国内医药企业出口排行榜中下滑至第14名。四是环保停产影响了公司正常生产。由于地处河北境内,近年来多次遭遇环保停产。根据估算,仅2016年因为停产给公司造成的利润损失就多达5 000万元以上。

四、结　　语

攀登增长之梯,在很大程度上就是要实现产业升级转型。产业升级转型是所有企业的事情,而不仅仅是规模较大企业的事情。但是,且不论中小企业与大企业是否存在技术和管理水平、研发投入、产业化推广能力方面的差异,初创的小企业一般而言只有几年的寿命,而产业升级转型则需要持久的努力方可取得一定成就,因此规模较大企业在这方面具有更多优势,也承担更多责任。特别是居于行业前列的龙头企业,它们的表现在较大程度上决定了整个行业升级转型的成败,也决定了整个行业在全球竞争中的地位。本章对我国一些有代表性的行业及其龙头企业进行了分析,总体上来看,自改革开放以来特别是21世纪以来,我国产业结构发生了巨大变化,资本密集型和技术密集型产业不断发展壮大,一些行业的龙头企业在全球产业链和价值链中的位置有所提高,而且正在质量升级的征途中。但是,一些经过行政手段捏合形成的大型国有企业集团,仍然处于整合与提高的探索过程中。中国大企业能否成为增长之梯的结实踏板,中国大企业能否助推国民经济迈向高质量台阶和高收入行列,还需要进一步观察。

第六章

出口龙头企业更替与
贸易质量变迁

增长之梯的踏板企业，通常具有明显的外向型特征，它们中的大多数会逐渐加深全球化经营的程度，不但积极从事出口，也会适时适度进行跨国投资以及全球研发。正是在外向发展的过程中，踏板企业形成了全球竞争力，否则它们就难以成为真正的踏板企业，而国家的经济也难以成功攀爬增长之梯。中国在1998年成为中等收入国家，开始了攀爬增长之梯的进程，而在此之后不久的2001年，中国加入世界贸易组织（WTO），勇敢地加快融入全球经济的步伐，尽管一些企业在全球竞争的重压下萎缩甚至消亡了，但更多的企业在全球竞争风浪中发展壮大了，并推动了中国的产业升级、科技创新、管理进步，从而在国际贸易上也取得了优异的表现。本章将以1995—2017年（部分内容截止到2016年）作为时间跨度，全面审视加入WTO之前7年和之后15年中国出口产品质量的变化，以及一些重要行业出口龙头企业的变迁。从这样的角度，我们能够看到，哪些企业有可能成为踏板企业，它们如何带动出口产品质量的提升以及整个贸易质量的提升。

从国际贸易的角度来审视企业的竞争力、产业的竞争力以及一国经济的增长，当然不是笔者的独创，21世纪以来，许多优秀经济学家都积极从事这方面的理论研究和实证分析，例如，Melitz（2003）就建立了一个现今被广泛使用的贸易和生产率模型，而Bernard、Redding和Schott（2007），Bastos和Silva（2010）等学者则就这些问题进行了深入的实证分析，Brandt和Thun（2016）还专门对中国的一些产业进行了剖析。国内许多学者在近几年也发表了不少关于贸易质量方面的研究成果，例如，国务院发展研究中心企业所课题组（2013）详细研究了中国企业的国际化和全球竞争力，胡江云（2007）从产业国际分工地位角度分析了我国一些重要产业的全球竞争力，何莉（2010）研究了贸易质量的指标体系，贾怀勤与吴珍倩（2017）对我国贸易质量进行了初步评估；刘伟丽与陈勇（2012）则研究了制造业增长的质量阶梯，胡江云等（2016）分析了资本全球化对我国经济实力的影响，张文魁（2018）研究了高质量增长与全要素生产率之间的关系。以上这些研究，无疑具有重要价值，但是都缺乏对我国国际贸易中那些发挥巨大作用企业的研究。而我们要认识和研究增长之梯的外向大企业踏板，就必须把分析对象下移到企业。本章正是这样的研究。本章将运用中国企业的国际贸易数据，研究全球化背景下这些企业的成长路径，探讨其国际竞争力和内在发展规律。

一、中国企业出口产品的质量变迁

中国融入全球经济后，各类产品出口不断扩大，其中许多产品已经形成了较强的国际竞争力。

（一）中国企业出口产品技术含量明显提高

根据联合国贸易和发展会议（UNCTAD）的统计数据，1995—2016 年，中国企业出口技术产品含量明显提高。表 6-1 显示，1995—2016 年，中国出口高等技能和技术密集型的电子产品（不含零部件）从 75.17 亿美元增加到 1 863.81 亿美元，占世界同类产品出口的比重从 3.47% 增加到 38.23%，高出中国出口占世界出口比重从 0.57% 提高到 25.07%；出口中等技能和技术密集型的电子产品（不含零部件）从 13.91 亿美元增加到 362.28 亿美元，占世界同类产品出口的比重从 4.42% 增加到 36%，高出中国出口占世界出口比重从 1.51% 提高到 22.84%；出口低等的技能和技术密集型产品从 162.03 亿美元增加到 2 060.91 亿美元，占世界同类产品出口的比重从 4.47% 增加到 19.77%，高出中国出口占世界出口比重从 1.57% 提高到 6.61%。

表 6-1　中国出口高等、中等、低等的技能和技术密集型制成品情况

年份	高等技能电子产品（不含零部件）			中等技能电子产品（不含零部件）			低等的技能和技术密集型制成品		
	出口额/亿美元	占世界出口比重/%	高于中国出口比重/%	出口额/亿美元	占世界出口比重/%	高于中国出口比重/%	出口额/亿美元	占世界出口比重/%	高于中国出口比重/%
1995	75.17	3.47	0.57	13.91	4.42	1.51	162.03	4.47	1.57
1996	91.24	3.91	1.09	16.70	4.97	2.15	148.41	4.11	1.29
1997	113.94	4.55	1.27	21.13	6.07	2.78	180.62	4.87	1.59
1998	132.22	5.32	1.96	22.78	6.69	3.32	184.23	4.88	1.51
1999	143.27	5.50	2.05	28.64	8.21	4.76	180.98	5.02	1.58
2000	196.84	6.83	2.92	37.92	10.48	6.58	242.13	6.32	2.41
2001	231.78	8.59	4.26	45.62	12.15	7.81	240.15	6.39	2.05
2002	342.11	12.44	7.38	58.15	13.88	8.82	274.02	6.78	1.72
2003	606.38	19.14	13.29	77.59	15.83	9.98	371.39	7.63	1.78
2004	865.91	22.44	15.98	101.81	17.43	10.97	564.57	8.75	2.29
2005	1 136.56	26.50	19.21	130.59	20.37	13.09	732.23	9.94	2.66
2006	1 384.70	28.83	20.83	162.15	22.72	14.72	1 014.30	11.74	3.74
2007	1 707.16	32.43	23.72	196.85	24.16	15.44	1 421.58	13.40	4.69
2008	1 837.43	33.98	25.12	227.31	26.27	17.40	1 831.94	14.37	5.51
2009	1 662.29	36.01	26.41	206.47	27.72	18.12	1 209.15	13.62	4.02
2010	2 141.61	38.87	28.53	260.71	30.45	20.10	1 721.74	15.94	5.60
2011	2 264.03	39.60	29.24	297.63	31.32	20.96	2 169.53	16.82	6.46
2012	2 360.91	40.52	29.42	324.10	33.72	22.62	2 186.70	17.84	6.74
2013	2 346.07	41.62	29.99	355.48	34.85	23.22	2 151.27	17.82	6.19
2014	2 347.44	41.02	28.67	380.56	35.75	23.40	2 419.74	19.36	7.00
2015	2 046.52	39.88	26.06	370.62	37.09	23.27	2 407.11	21.70	7.88
2016	1 863.81	38.23	25.07	362.28	36.00	22.84	2 060.91	19.77	6.61

资料来源：联合国贸易和发展会议（UNCTAD）

表 6-1 还显示，1995—2016 年的任何年度，上述三类产品出口占世界同类产品出口的比重都高于同期中国出口占世界出口的比重。在亚洲金融危机期间，中国出口高等技能、中等技能的电子产品（不含零部件）的规模和占世界比重都没有下降，继续保持增加态势，1999 年低等技能和技术密集型产品的出口规模略有下降，但占世界比重增加到 5.02%；在国际金融危机的 2009 年，无论是高等技能的电子产品、中等技能的电子产品（不含零部件），还是低等技能和技术密

集型产品，它们的出口规模都有明显的下降，但前二者出口占世界比重依然保持增加态势，分别增加到 36.01%、27.72%，后者出口占世界比重下降到 13.62%。与入世时的 2001 年相比，2016 年中国上述三类产品出口占世界同类产品出口比重分别增加了 29.64 个百分点、23.85 个百分点、13.38 个百分点。

图 6-1 和图 6-2 分别显示，中国企业出口高等技能和技术密集型的电子产品和中等技能和技术密集型的电子产品（不含零部件）情况。总体来看，中国企业出口技术含量产品逐步增加，占世界比重也是越来越高，明显超越中国出口情况。

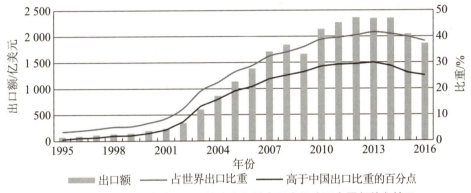

图 6-1　中国出口高等技能和技术密集的电子产品（不含零部件）情况

资料来源：联合国贸易和发展会议（UNCTAD）

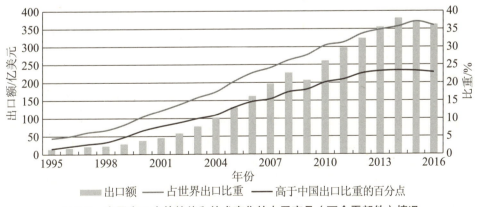

图 6-2　中国出口中等技能和技术密集的电子产品（不含零部件）情况

资料来源：联合国贸易和发展会议（UNCTAD）

（二）中国企业技术产品出口快速增长

中国制成品出口结构不断优化，技能和技术产品出口增加。从出口结构来看，1996—2016年，中国高等的技能和技术密集型制成品出口占制成品出口的比重处于25%～42%，中等的技能和技术密集型制成品出口占制成品出口的比重处于20%～27%，基本呈现增加态势，低等的技能和技术密集型制成品出口占制成品出口的比重处于9%～13%，相对较为稳定，而劳动密集和资源密集型制成品出口占制成品出口的比重处于22%～43%，但是呈现持续下降态势（表6-2）。从出口增长速度来看，1996—2016年，除了国际金融危机的2009年、2015年和2016年等年份外，中国高等的、中等的技能和技术密集型制成品都保持增长（表6-2）。

表 6-2　中国高等、中等、低等的技能和技术密集型制成品的出口结构、增长速度（%）

年　份	高等的技能和技术密集型制成品		中等的技能和技术密集型制成品		低等的技能和技术密集型制成品		劳动密集和资源密集型制成品	
	出口结构	增长速度	出口结构	增长速度	出口结构	增长速度	出口结构	增长速度
1996	25.59	8.58	20.15	8.15	11.68	-8.40	42.57	-0.83
1997	25.52	22.10	20.28	23.25	11.61	21.70	42.59	22.52
1998	27.83	12.34	21.17	7.54	11.50	2.00	39.51	-4.46
1999	29.12	12.09	22.46	13.64	10.54	-1.76	37.87	2.65
2000	30.28	32.80	22.90	30.20	11.04	33.78	35.78	20.71
2001	32.21	14.11	22.99	7.70	10.21	-0.82	34.59	3.69
2002	35.14	35.34	22.96	23.89	9.39	14.11	32.51	16.59
2003	38.80	49.84	21.63	27.85	9.38	35.53	30.19	26.06
2004	40.98	44.29	21.29	34.45	10.44	52.02	27.30	23.52
2005	41.97	32.29	21.51	30.50	10.48	29.70	26.04	23.21
2006	41.34	25.95	21.96	30.59	11.35	38.52	25.35	24.48
2007	40.73	25.06	22.88	32.18	12.54	40.15	23.86	19.45
2008	39.42	13.44	24.20	23.99	13.78	28.87	22.59	10.99
2009	41.27	-11.54	23.65	-17.44	10.77	-34.00	24.32	-9.07
2010	41.49	31.99	23.43	30.10	11.68	42.39	23.39	26.30
2011	40.12	15.99	24.08	23.28	12.27	26.01	23.52	20.62
2012	40.77	10.42	24.46	10.35	11.38	0.79	23.39	8.03

续表

年　份	高等的技能和技术密集型制成品		中等的技能和技术密集型制成品		低等的技能和技术密集型制成品		劳动密集和资源密集型制成品	
	出口结构	增长速度	出口结构	增长速度	出口结构	增长速度	出口结构	增长速度
2013	41.00	8.50	24.71	9.00	10.37	−1.62	23.92	10.36
2014	39.99	3.38	25.25	8.33	11.01	12.48	23.75	5.24
2015	38.99	−5.03	25.88	−0.14	11.24	−0.52	23.89	−2.02
2016	38.88	−8.54	26.96	−4.46	10.50	−14.38	23.66	−9.15
1995—2016	14.80	16.67	7.93	15.95	−2.53	12.87	−20.19	10.74
2001—2016	6.67	16.65	3.97	16.43	0.28	15.41	−10.92	12.32

资料来源：联合国贸易和发展会议（UNCTAD）

从表 6-2 可见，对于高等的技能和技术密集型制成品来说，与 1995 年、2001 年相比，2016 年在我国出口中的占比分别提高 14.8 个百分点、6.67 个百分点；1995—2016 年年均增长 16.67%，2001—2016 年年均增长 16.65%。对于中等的技能和技术密集型制成品来说，与 1995 年、2001 年相比，2016 年其结构分别提高 7.93 个百分点、3.97 个百分点；1995—2016 年年均增长 15.95%，2001—2016 年年均增长 16.43%。对于低等的技能和技术密集型制成品来说，与 1995 年、2001 年相比，2016 年其结构分别提高 −2.53 个百分点、0.29 个百分点；1995—2016 年年均增长 12.87%，2001—2016 年年均增长 15.41%。对于劳动和资源密集型制成品来说，与 1995 年、2001 年相比，2016 年其结构分别下降 20.19 个百分点、10.93 个百分点；1995—2016 年年均增长 10.73%，2001—2016 年年均增长 12.32%。总体来看，无论是高等的、中等的还是低等的技能和技术密集型制成品，1995—2016 年年均增长速度、2001—2016 年年均增长速度都高于劳动和资源密集型制成品的同期年均增长速度。

（三）中国出口前 50 位产品发展变迁有新亮点

以协调编码（HS）8 位的出口产品为考察基础，我们发现中国出口前 50 位产品占全国出口比重持续高于 30%，但变化幅度不大，为 30%～34%。我们将前 50 位产品进一步分成原材料、劳动密集型产品、技术密集型产品三大类，其中原材料包括燃料和金属产品。2005—2017 年，技术密集型产品是前 50 位产品出口主力，占比高达 67% 以上。

表 6-3 显示，中国出口前 50 位产品中，劳动密集型产品出口规模从 468.05 亿美元增加到 1 401.89 亿美元，主要是一般贸易方式出口，比重在 55% 以上，技术密集型产品出口规模从 1 912.66 亿美元增加到 5 149.19 亿美元，主要以加工贸易方式出口，但是加工贸易的比重持续下降，从 94.63% 下降到 66.39%。

2005—2017 年，有 17 种产品持续名列前 50 种出口产品，其出口额从 1 363.39 亿美元增加到 4 174.3 亿美元，占前 50 位产品出口额的 53% 以上。该 17 种产品分别是未列名塑料制品、客车 / 货运机动车辆的充气橡胶轮胎、以塑料或纺织材料作面的提箱 / 小手袋 / 公文箱 / 公文包 / 书包及类似容器、棉制针织钩编的套头衫 / 开襟衫 / 外穿背心等、化纤制针织钩编套头衫 / 开襟衫 / 外穿背心等、棉制女裤、其他橡 / 塑或再生皮革外底 / 皮革鞋面的鞋靴、其他钢铁结构体 / 钢结构体及其用部件及加工钢材、重量≤10 公斤的便携数字式自动数据处理设备、微型机的处理部件、硬盘驱动器、品目 8471 所列其他机器的零件 / 附件、未列名静止式变流器、手持（包括车载）式无线电话机、手持式无线电话机的零件（天线除外）、四层及以下的印刷电路、液晶显示板。

表 6-3　HS8 位的前 50 种产品出口结构特征

年份	原材料			劳动密集型产品				技术密集型产品			
	种类 / 种	出口额 / 亿美元	占比 /%	种类 / 种	出口额 / 亿美元	占比 /%	一般贸易结构 /%	种类 / 种	出口额 / 亿美元	占比 /%	加工贸易结构 /%
2005	6	149.81	5.92	15	468.05	18.50	56.44	29	1 912.66	75.58	94.63
2006	4	111.25	3.57	14	549.73	17.66	60.83	32	2 451.16	78.76	92.94
2007	1	45.37	1.15	13	645.05	16.40	63.35	36	3 242.91	82.45	91.15
2008	5	274.72	6.23	11	610.06	13.84	62.79	34	3 521.97	79.92	88.15
2009	2	94.70	2.40	14	671.77	17.05	60.92	34	3 173.40	80.55	86.83
2010	3	144.73	2.77	15	909.84	17.42	63.94	32	4 168.35	79.81	84.72
2011	7	430.89	7.12	14	1 041.51	17.22	66.69	29	4 575.47	75.65	84.36
2012	5	586.31	8.68	19	1 377.85	20.40	69.16	26	4 791.34	70.92	77.48

续表

年份	原材料			劳动密集型产品				技术密集型产品			
	种类/种	出口额/亿美元	占比/%	种类/种	出口额/亿美元	占比/%	一般贸易结构/%	种类/种	出口额/亿美元	占比/%	加工贸易结构/%
2013	5	600.84	8.15	20	1 565.69	21.23	70.84	25	5 208.53	70.62	68.83
2014	8	894.97	11.85	17	1 550.16	20.52	68.89	25	5 109.55	67.63	70.76
2015	5	441.03	6.08	17	1 523.16	21.00	70.25	28	5 290.27	72.92	67.39
2016	6	423.62	6.41	17	1 377.82	20.84	67.54	27	4 811.38	72.76	66.81
2017	7	459.32	6.55	17	1 401.89	20.00	66.65	26	5 149.19	73.45	66.39

资料来源：全国海关信息中心

表 6-4 显示，17 种产品包括原材料（钢铁产品）、劳动密集型产品（主要是纺织服装、塑料）、技术密集型产品（主要信息技术产品）。其中，原材料与劳动密集型产品占比虽低，但以一般贸易为主要出口方式，而且比重持续超过 50%，乃至增加到 60% 以上；技术密集型产品占比持续超过 80%，并且呈现增加态势，但主要以加工贸易方式出口，加工贸易比重从 95.68% 下降到 69.99%，基本在 70% 以上。

这 17 种产品中，4 种劳动密集型产品以一般贸易为主要出口方式。其中，2017 年化纤制针织钩编套头衫 / 开襟衫 / 外穿背心等的出口规模为 95.75 亿美元，一般贸易出口比重达到 83.41%；以塑料或纺织材料作面的提箱 / 小手袋 / 公文箱 / 公文包 / 书包及类似容器的出口规模为 92.47 亿美元，一般贸易出口比重约为 70%；棉制女裤的出口规模达到 71.56 亿美元，一般贸易出口比重超过 73%；棉制针织钩编的套头衫 / 开襟衫 / 外穿背心等的出口规模达到 58.26 亿美元，一般贸易出口比重超过 77%（表 6-5）。

表 6-4　持续名列前 50 种产品中的 17 种产品的出口结构特征

年份	出口情况			出口结构 /%			产品特征 /%		
	出口额/亿美元	一般贸易结构/%	加工贸易结构/%	原材料	劳动密集型产品	技术密集型产品	原材料的一般贸易	劳动密集型产品的一般贸易	技术密集型产品的加工贸易
2005	1 363.39	12.42	84.70	1.46	17.98	80.56	67.71	51.72	95.68
2006	1 776.27	14.64	82.30	1.73	17.46	80.81	65.82	55.98	93.31

年份	出口情况			出口结构 /%			产品特征 /%		
	出口额 /亿美元	一般贸易结构 /%	加工贸易结构 /%	原材料	劳动密集型产品	技术密集型产品	原材料的一般贸易	劳动密集型产品的一般贸易	技术密集型产品的加工贸易
2007	2 184.01	14.74	81.72	2.08	17.03	80.89	65.00	57.24	92.96
2008	2 440.44	15.20	80.58	2.76	16.36	80.87	67.16	56.40	92.04
2009	2 303.78	15.62	79.80	2.62	16.25	81.13	59.12	59.72	91.29
2010	3 024.85	15.70	78.27	1.99	15.58	82.43	56.45	60.56	88.58
2011	3 536.88	16.99	77.24	2.10	16.08	81.82	55.05	62.13	87.87
2012	3 940.98	17.04	75.15	2.19	14.87	82.94	56.47	61.57	84.59
2013	4 139.14	18.86	72.30	2.03	14.79	83.18	55.38	61.87	81.24
2014	4 334.85	20.99	69.22	1.94	14.70	83.36	60.99	63.34	77.89
2015	4 153.66	23.46	66.37	2.21	14.25	83.54	62.23	63.61	74.55
2016	3 785.50	25.93	63.74	2.13	14.26	83.60	63.24	62.59	71.65
2017	4 174.30	24.92	62.70	1.99	13.23	84.78	65.76	62.53	69.99

资料来源：全国海关信息中心

其次，7 种技术密集型产品和 1 种劳动密集型产品以加工贸易为主要出口方式。2017 年，手持（包括车载）式无线电话机的出口规模达到 1 261.34 亿美元，排名第 1，加工贸易出口比重超过 71%；重量≤ 10 公斤的便携数字式自动数据处理设备的出口规模达到 896.88 亿美元，排名第 2，加工贸易出口比重 78% 以上；手持式无线电话机的零件（天线除外）出口规模达到 359.19 亿美元，排名第 3，加工贸易比重持续下降，但仍超过 63%。其他一些产品的加工贸易比重也比较高（表 6-5）。

表 6-5　4 种产品的一般贸易出口结构与 8 种产品的加工贸易出口结构　（%）

年份	加工贸易的出口比重								一般贸易的出口比重			
	产品1	产品2	产品3	产品4	产品5	产品6	产品7	产品8	产品9	产品10	产品11	产品12
2005	94.59	99.91	91.12	95.07	93.47	97.31	96.65	98.81	72.18	71.94	71.38	65.22
2006	88.43	99.74	87.51	94.75	90.00	96.41	96.87	98.05	77.74	73.84	74.08	71.47
2007	88.54	99.27	85.25	92.34	90.78	96.86	96.86	98.14	76.11	74.07	71.80	78.37
2008	88.30	98.82	82.24	89.83	88.92	95.45	97.46	97.46	71.09	75.56	71.65	70.25

续表

年份	加工贸易的出口比重								一般贸易的出口比重			
	产品1	产品2	产品3	产品4	产品5	产品6	产品7	产品8	产品9	产品10	产品11	产品12
2009	88.80	98.29	82.02	83.71	89.11	93.58	97.22	96.33	78.08	76.51	75.59	72.43
2010	84.38	97.51	80.54	75.64	85.75	85.87	95.44	94.83	78.56	80.57	78.19	73.96
2011	84.48	96.87	81.99	77.13	84.41	81.52	94.48	94.22	78.82	85.63	78.57	75.77
2012	83.46	94.12	81.23	75.35	78.34	68.39	93.23	93.52	77.72	84.42	79.77	74.47
2013	79.99	90.02	77.95	74.71	77.19	64.32	93.02	91.98	77.40	83.79	77.24	72.08
2014	76.25	86.94	72.02	71.06	79.30	58.23	91.04	87.53	81.11	81.83	77.78	71.57
2015	72.04	85.66	71.65	67.24	75.68	64.31	83.29	85.99	83.10	78.00	74.25	73.60
2016	67.42	84.18	66.97	69.29	77.04	62.25	75.12	84.47	84.78	71.82	72.71	77.51
2017	71.13	78.79	63.02	62.70	82.54	44.96	70.21	82.38	83.41	69.86	73.15	77.46

注：产品 1～12 分别表示手持（包括车载）式无线电话机、重量≤10 公斤的便携数字式自动数据处理设备、手持式无线电话机的零件（天线除外）、品目 8471 所列其他机器的零件/附件、液晶显示板、硬盘驱动器、微型机的处理部件、客车或货运机动车辆的充气橡胶轮胎、化纤制针织钩编套头衫/开襟衫/外穿背心等、以塑料或纺织材料作面的提箱/小手袋/公文箱/公文包/书包及类似容器、棉制女裤、棉制针织钩编的套头衫/开襟衫/外穿背心等。

资料来源：全国海关信息中心

其余 5 种产品中，四层及以下的印刷电路的一般贸易比重持续增加，加工贸易比重持续下降，2017 年分别为 42.88%、53.87%，未列名塑料制品、其他钢铁结构体/钢结构体用部件及加工钢材的一般贸易出口比重超过 60%，未列名静止式变流器、其他橡/塑或再生皮革外底/皮革鞋面的鞋靴产品的一般贸易和加工贸易成为其出口主要方式，比重超过 30%。

这些分析结果说明，中国虽然出口技术密集型产品出口规模增加，占出口比重也在增加，并且加工贸易比重持续下降。但技术密集型产品的加工贸易比重仍然偏高，核心技术仍然被发达国家的跨国公司所掌握。

二、中国各类企业出口变迁情况

中国入世后，非国有本土企业出口进一步快速发展，成为中国出口最有活力的来源。

（一）外商投资企业和非国有本土企业成为出口主力

将中国出口企业分为国有企业、外商投资企业和非国有本土企业，我们发现非国有本土企业出口快速增长。表 6-6 显示，1995—2017 年，国有企业出口规模从 992.56 亿美元增加到 2 312.35 亿美元，占全国出口的比重从 66.72% 下降到 10.22%；外商投资企业出口规模从 468.76 亿美元增加到 9 775.59 亿美元，占全国出口的比重从 31.51% 变化到 43.19%；非国有本土企业出口规模从 26.38 亿美元增加到 10 547.28 亿美元，占全国出口的比重从 1.77% 增加到 46.6%。可以看出，短短 20 余年，中国出口主力从原来国有企业与外商投资企业变迁为非国有本土企业与外商投资企业。非国有本土企业占比不断提高，发展趋势持续趋好，规模超过外商投资企业，已经成为中国最主要的出口活力。

表 6-6　中国各类企业出口规模及其占比

年　份	出口规模 / 亿美元			占全国出口的比重 /%		
	国有企业	外商投资企业	非国有本土企业	国有企业	外商投资企业	非国有本土企业
1995	992.56	468.76	26.38	66.72	31.51	1.77
1996	860.58	615.06	35.02	56.97	40.71	2.32
1997	1 026.89	749.00	51.07	56.21	41.00	2.80
1998	967.85	809.62	60.10	52.67	44.06	3.27
1999	984.86	886.28	78.18	50.52	45.47	4.01
2000	1 164.49	1 194.41	133.21	46.73	47.93	5.35
2001	1 132.34	1 332.35	196.86	42.54	50.06	7.40
2002	1 228.58	1 699.36	327.71	37.74	52.20	10.07
2003	1 380.33	2 403.38	600.00	31.49	54.83	13.69
2004	1 535.94	3 386.07	1 011.68	25.89	57.07	17.05
2005	1 688.13	4 442.09	1 489.77	22.15	58.30	19.55
2006	1 913.45	5 638.28	2 139.01	19.75	58.18	22.07
2007	2 248.14	6 955.19	2 976.82	18.46	57.10	24.44
2008	2 572.28	7 906.20	3 806.98	18.01	55.34	26.65
2009	1 909.94	6 722.30	3 384.38	15.89	55.94	28.16

续表

年　份	出口规模 / 亿美元			占全国出口的比重 /%		
	国有企业	外商投资企业	非国有本土企业	国有企业	外商投资企业	非国有本土企业
2010	2 343.60	8 623.06	4 812.66	14.85	54.65	30.50
2011	2 672.22	9 953.30	6 360.48	14.07	52.42	33.50
2012	2 562.83	10 227.48	7 699.03	12.51	49.92	37.58
2013	2 489.86	10 442.62	9 167.72	11.27	47.25	41.48
2014	2 564.94	10 747.35	10 115.18	10.95	45.87	43.18
2015	2 423.92	10 047.27	10 278.31	10.65	44.16	45.18
2016	2 156.14	9 169.48	9 655.92	10.28	43.70	46.02
2017	2 312.35	9 775.59	10 547.28	10.22	43.19	46.60
1995—2001	139.78	863.59	170.48	−24.18	18.55	5.63
2002—2008	1 343.70	6 206.84	3 479.27	−19.73	3.14	16.58
2001—2017	1 180.01	8 443.24	10 350.42	−32.32	−6.87	39.20
1995—2017	1 319.79	9 306.83	10 520.90	−56.50	11.68	44.83

资料来源：历年海关统计

表 6-6 还显示，与 1995 年相比，2017 年三类企业出口规模分别增加了 1 319.79 亿美元、9 306.83 亿美元、10 520.9 亿美元，国有企业出口比重下降了 56.5 个百分点，外商投资企业出口比重、非国有本土企业出口比重分别增加了 11.68 个百分点、44.83 个百分点；与入世时的 2001 年相比，2017 年三类企业出口规模分别增加了 1 180.01 亿美元、8 443.24 亿美元、10 352.42 亿美元，国有企业出口比重、外商投资企业出口比重分别下降了 32.32 个百分点、6.87 个百分点，非国有本土企业出口比重增加了 39.2 个百分点。

入世前 7 年的 1995—2001 年，三类企业出口规模分别增加了 139.78 亿美元、863.59 亿美元、170.48 亿美元，国有企业出口比重下降了 24.18 个百分点，外商投资企业出口比重、非国有本土企业出口比重分别增加了 18.55 个百分点、5.63 个百分点。

入世后 7 年的 2002—2008 年，三类企业出口规模分别增加了 1 343.7 亿美元、6 206.84 亿美元、3 479.27 亿美元，国有企业出口比重下降了 19.73 个百分点，外商投资企业出口比重、非国有本土企业出口比重分别增加了 3.14 个百分点、16.58 个百分点。

这说明，与入世前 7 年相比，入世后 7 年三类企业出口规模都是大幅度增加，国有企业出口比重下降程度减缓，外商投资企业出口比重增加幅度减缓，而非国有本土企业出口比重增加幅度十分明显，增长潜力更大，中国市场化改革有一定的成效。

（二）非国有本土企业的出口增速最高

图 6-3 显示，1996—2017 年的各年度，中国出口三类企业中，非国有本土企业处增速高于国有企业和外商投资企业。在亚洲金融危机和国际金融危机的低谷期，非国有本土企业出口增速虽有回落，仍然高于同期的另外两类企业出口增速。

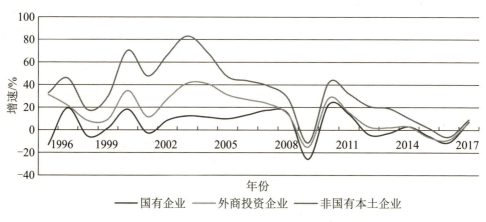

图 6-3　不同性质的中国企业出口增速

资料来源：历年海关统计

1995—2017 年，国有企业、外商投资企业、非国有本土企业的出口年均增速分别为 3.92%、14.81%、31.3%，而全国出口年均增速为 13.17%；2001—2017年，三类企业的出口年均增速分别为 4.56%、13.26%、28.25%，全国出口年均增速为 14.31%。入世前 7 年的 1995—2001 年，三类企业的出口年均增速分别为 2.22%、19.02%、39.79%，全国出口年均增长 10.18%；入世后 7 年的 2002—2008 年，三类企业的出口增速分别为 13.11%、29.21%、50.49%，全国出口年均增长 27.95%。因而，非国有本土企业的出口增速最为明显，入世后增速进一步提升。

（三）非国有本土企业出口以一般贸易为显著特点

上述三类企业出口各有见长，国有企业和非国有本土企业出口主要以一般贸易为主，外商投资企业以加工贸易为主（胡江云，赵书博和王秀哲，2016）。

图 6-4 显示，一般贸易继续成为国有企业最主要的出口方式。1995—2017 年，国有企业一般贸易出口额从 657.58 亿美元增加到 1 325.1 亿美元，年均增长 3.24%，占国有企业出口的比重从 66.25% 下降到 57.31%，减少幅度近 9 个百分点。

图 6-4 显示，加工贸易长期成为外商投资企业的最主要出口方式。1995—2017 年，外商投资企业加工贸易出口额从 420.47 亿美元增加到 6 322.19 亿美元，年均增长 13.11%，占外商投资企业出口的比重从 89.7% 下降到 64.67%，减少幅度超过 25 个百分点。

图 6-4 显示，一般贸易逐渐成为非国有本土企业的最主要出口方式。1995—2017 年，非国有本土企业一般贸易出口额从 12.53 亿美元增加到 8 125.96 亿美元，年均增长 34.22%，占非国有本土企业出口的比重从 47.5% 增加到 77.04%，提升幅度近 20 个百分点。

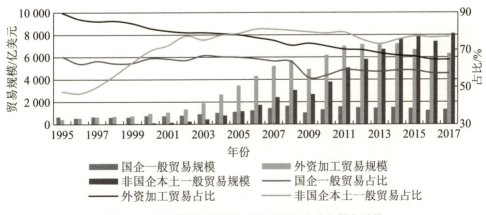

图 6-4 不同性质的中国企业主要出口方式规模与结构

资料来源：历年海关统计

（四）非国有本土企业一般贸易增值率较高

如果以出口净值与出口额的比值来衡量增值率，那么非国有本土企业一般贸易增值率较高。表 6-7 显示，1995—2017 年，非国有本土企业一般贸易增值率从 27.96% 增加到 56.77%，提升幅度近 29 个百分点，一般贸易出口占全国一般贸易出口从 1.76% 增加到 66.06%，提升幅度达 64.3 个百分点，高于同期外商投资企业的加工贸易比重提升幅度。

表 6-7　中国外商投资企业加工贸易出口与非国有本土企业一般贸易出口特征　（%）

年份	外商投资企业		非国有本土企业	
	加工贸易出口占全国加工贸易比重	加工贸易出口净值/加工贸易出口额	一般贸易出口占全国一般贸易比重	一般贸易出口净值/一般贸易出口额
1995	57.05	11.83	1.76	27.96
1996	62.94	21.83	2.59	13.62
1997	64.06	25.27	3.28	69.32
1998	66.22	30.25	4.54	72.86
1999	67.23	29.34	6.23	41.40
2000	70.63	29.50	8.79	48.02
2001	72.29	34.05	12.72	37.65
2002	74.80	30.06	18.63	48.57
2003	78.67	30.75	24.83	45.06
2004	81.21	31.05	32.33	49.31
2005	83.23	33.29	37.27	57.45
2006	84.48	36.36	41.67	64.11
2007	84.43	40.62	44.77	65.07
2008	84.75	44.35	46.20	64.62
2009	84.11	45.15	50.83	54.51
2010	83.82	43.53	52.69	50.01
2011	83.71	44.95	55.10	47.42
2012	82.89	46.41	58.82	51.59
2013	82.86	45.70	61.76	46.89
2014	81.48	44.96	63.36	53.89
2015	83.68	45.72	65.31	66.32

续表

年份	外商投资企业		非国有本土企业	
	加工贸易出口占全国加工贸易比重	加工贸易出口净值／加工贸易出口额	一般贸易出口占全国一般贸易比重	一般贸易出口净值／一般贸易出口额
2016	83.02	45.99	65.52	61.29
2017	83.31	44.52	66.06	56.77

资料来源：历年海关统计

三、中国出口龙头企业变迁情况

依据中国出口前 200 家龙头企业和出口前 50 家企业的产品情况，我们来分析龙头企业变迁和产品质量提升情况。

（一）企业出口规模增加但集中度进一步下降

2001—2016 年，中国出口前 200 家龙头企业的出口规模增加，从 903.4 亿美元增加到 4 542.56 亿美元，但是集中度（占全国出口额的比重）进一步下降，从 30.19% 逐步变化到 21.65%（图 6-5）。即中国入世以来，中国龙头企业快速发展，越来越多元化，不仅对外贸易，而且对外投资与合作，从而转移贸易规模。

图 6-5　前 200 家企业的出口规模与占全国出口比重

资料来源：中国对外经济贸易统计学会

（二）越来越多的中国民营龙头企业进入国际市场

根据中国出口前 200 家企业的出口情况来看，龙头企业中，国有企业数量逐步减少，从 2001 年的 104 家减少到 2016 年的 45 家；外商投资企业数量 2015 年之前持续增加，但是 2016 年有所回落；民营龙头企业数量逐步增加，从 2001 年的 15 家增加到 2016 年的 41 家（表 6-8）。

表 6-8　中国出口前 200 家企业的情况

企业	数量 / 家				出口额 / 亿美元				平均规模 / (亿美元 / 家)			
	2001	2002	2015	2016	2001	2002	2015	2016	2001	2002	2015	2016
国企	104	90	49	45	469.49	453.37	1 069.41	938.82	4.51	5.04	21.82	20.86
外资	81	84	121	114	291.81	418.09	3 169.80	2 918.79	3.60	4.98	26.20	25.60
民营	15	26	30	41	42.10	90.30	653.78	684.95	2.81	3.47	21.79	16.71
合计	200	200	200	200	803.40	961.76	4 892.99	4 542.56	4.02	4.81	24.46	22.71

资料来源：中国对外经济贸易统计学会

表 6-8 显示，国有企业、外商投资企业、民营企业出口规模都有不同程度的增加，但外商投资企业出口龙头企业成为出口的主力军，从入世时的 291.81 亿美元、2002 年的 418.09 亿美元增加到 2015 年的 3 169.8 亿美元和 2016 年的 2 918.79 亿美元；中国的出口龙头企业的平均出口规模增加，从入世时的 4.02 亿美元 / 家、2002 年的 4.81 亿美元 / 家增加到 2015 年的 24.46 亿美元 / 家、2016 年的 22.71 亿美元 / 家。这说明，中国自入世以来，龙头企业快速发展的同时，越来越多的企业通过国际贸易得到了成长，甚至跨入龙头企业行列。

（三）中部地区龙头企业出口平均规模增长更明显

按照国家发展和改革委员会对中国的东部、中部、西部的划分，表 6-9 显示，中国各地区的龙头企业平均出口规模都在增加，但是中部地区增加更加明显。而且，西部龙头企业数量呈现增加态势，而央企数量呈现减少态势。

表 6-9　中国出口前 200 家企业的地域情况

年份	出口平均规模 /（亿美元 / 家）				企业数量 / 家			
	央企	东部	中部	西部	央企	东部	中部	西部
2001	7.11	3.49	2.39	1.61	32	160	7	1
2002	6.79	4.40	3.70	3.99	36	157	4	3
2015	29.10	22.87	35.79	23.92	17	149	15	19
2016	26.61	20.24	46.56	26.74	18	154	10	18

资料来源：中国对外经济贸易统计学会

（四）少数国有、外资、民营企业成长为龙头企业

2001—2016 年，前 200 强出口企业中，2001 年排在首位的是国有企业，此后被外商投资企业持续占领。从 2003 年开始，前 3 位都是外商投资企业。外商投资龙头企业充分发挥中国的比较优势，成为中国出口的重要力量（胡江云，赵书博和王秀哲，2016）。

200 强企业中，持续名列 200 强的企业有 34 家，其中外商投资企业 15 家，国有企业 15 家，民营及其他企业 4 家，而且 15 家外商投资企业全部是制造业企业，国有企业部分是制造业企业，部分是贸易型企业，4 家民营企业有 3 家是制造业企业，1 家是贸易型企业。这些龙头企业是质量增长的主要阶梯，值得我们关注。

15 家外商投资企业分别是深圳富士康、爱普生技术（深圳）有限公司、名硕电脑（苏州）有限公司、希捷国际科技（无锡）有限公司、达丰（上海）电脑有限公司、大连西太平洋石油化工有限公司、戴尔（厦门）有限公司、惠州三星电子有限公司、恩斯迈电子（深圳）有限公司、富士施乐高科技（深圳）有限公司、东芝信息机器（杭州）有限公司、捷普电子（广州）有限公司、冠捷电子（福建）有限公司、深圳赛意法微电子有限公司、天津三星电子有限公司。表 6-10 显示，2001—2016 年，深圳富士康、上海达丰、苏州名硕、惠州三星电子等代表性外商投资企业的出口情况。深圳富士康基本位居前 5 位，上海达丰、苏州名硕、惠州三星都是快速成长，直至名列前 10 位。如果考虑富士康（即鸿富锦精密电子）在成都、烟台、重庆、郑州等地的出口，则可将之视为长期居中国出口的头号企业。

表 6-10　深圳富士康、上海达丰、苏州名硕、惠州三星电子企业出口情况

年份	深圳富士康		上海达丰电脑公司		苏州名硕电脑公司		惠州三星电子有限公司	
	排名	出口额/亿美元	排名	出口额/亿美元	排名	出口额/亿美元	排名	出口额/亿美元
2001	2	20.32	173	1.59	57	4.12	85	2.99
2002	1	43.87	27	8.83	20	10.58	75	4.03
2003	1	64.23	2	52.91	3	31.65	86	4.58
2004	1	83.51	2	83.03	5	32.35	114	5.41
2005	1	144.74	2	114.55	4	62.11	92	7.91
2006	1	184.47	2	136.03	3	96.63	137	6.10
2007	1	231.61	2	222.45	3	132.27	129	8.61
2008	1	262.18	2	250.38	4	80.64	25	33.65
2009	2	132.06	1	217.57	8	63.48	19	38.67
2010	5	99.40	6	94.71	11	55.93	22	37.37
2011	6	75.76	13	52.69	12	58.25	19	42.99
2012	1	355.43	2	269.74	10	66.64	7	94.22
2013	1	282.49	2	232.64	10	70.30	6	126.74
2014	1	250.11	2	235.88	10	75.55	9	87.75
2015	2	245.62	3	217.14	8	81.46	6	117.26
2016	3	170.73	2	173.38	6	87.55	7	85.21

资料来源：中国对外经济贸易统计学会

　　15 家国有企业分别是宝山钢铁股份有限公司、中国中化集团公司、深圳中兴公司、珠海格力电器股份有限公司、东方国际（集团）有限公司、江苏舜天国际集团有限公司、厦门建发股份有限公司、苏州进出口（集团）有限公司、中国船舶工业贸易公司、中国电子进出口总公司、中国港湾建设（集团）总公司、中国国际海运集装箱（集团）股份有限公司、中国海洋石油总公司、中国石油天然气集团公司、中国通用技术（集团）控股有限责任公司，4 家民营及其他企业分别是海尔集团、深圳华为公司、美的集团有限公司、江苏国泰国际集团有限公司。

　　与此同时，中国的国有企业和包括民营在内的其他本土企业也成长起来。表 6-11 显示，华为公司已成长起来，2016 年出口规模达到 145.28 亿美元，排名也上升到第 4 位；海尔集团出口额达到 17.11 亿美元，排名第 73 位。国有企业也占据重要地位，2016 年中兴、中化集团、格力、宝钢出口额分别达到 45.6 亿

美元、31.15 亿美元、21.66 亿美元、12.69 亿美元，分别名列第 19 位、第 36 位、第 55 位、第 93 位。另外，2016 年美的公司、江苏国泰出口额分别达到 50.75 亿美元、31.43 亿美元，排名分别为第 16 位、第 35 位。

表 6-11 海尔、华为、宝钢、中化、中兴、格力企业出口情况

年份	海尔集团公司		华为公司		宝钢股份		中化集团		中兴公司		珠海格力	
	排名	出口额/亿美元	排名	出口额/亿美元	排名	出口额/亿美元	排名	出口额/亿美元	排名	出口额/亿美元	排名	出口额/亿美元
2001	60	4.02										
2002	66	4.23	151	2.31	189	1.83						
2003	90	4.50	111	3.86	129	3.49	7	21.52				
2004	73	7.18	45	10.82	95	5.98	13	22.64	136	4.27	185	3.23
2005	48	12.86	26	20.52	79	8.82	17	25.63	93	7.84	187	4.26
2006	53	14.16	17	29.53	37	18.4	15	31.65	65	12.03	120	6.65
2007	51	17.59	7	46.61	41	21.87	12	37.93	37	24.19	110	9.73
2008	59	18.82	7	65.31	45	22.72	10	49.40	28	32.28	118	11.06
2009	54	16.21	7	69.90	83	11.64	36	21.88	20	35.81	141	7.12
2010	134	9.25	8	78.47	48	18.11	122	9.82	17	45.92	71	13.66
2011	131	10.76	3	98.74	41	24.89	82	14.84	14	51.46	49	21.92
2012	91	14.32	5	122.59	66	18.59	22	43.68	13	51.72	49	24.14
2013	96	13.28	5	127.57	82	14.85	31	36.41	26	41.36	57	22.92
2014	88	16.61	5	130.83	93	16.06	56	24.55	21	46.07	66	20.40
2015	71	18.24	4	165.01	98	13.61	62	20.02	15	51.24	60	20.64
2016	73	17.11	4	145.28	93	12.69	36	31.15	19	45.60	55	21.66

资料来源：中国对外经济贸易统计学会

（五）出口前 50 位企业产品质量较高

根据全国海关信息中心的脱敏数据，我们可以发现前 50 位出口企业的分布情况是，外商投资企业是主要力量，占 30 余家，其中的外商独资企业数量明显增加，国有企业数量基本呈现下降态势，从 2001 年的 21 家下降到 2017 年的 7 家，而其他类型企业上升，特别是私营企业数量增加（表 6-12）。

表 6-12　前 50 位的企业性质分布　　　　　　　　（家）

年份	国有企业	外商投资企业				其他企业		
		合计	外商独资企业	中外合资企业	中外合作企业	合计	私营企业	集体企业
2001	21	28	16	11	1	1	0	1
2002	15	35	24	10	1	0	0	0
2003	12	37	26	10	1	1	1	0
2004	7	41	30	10	1	2	1	1
2005	7	41	30	10	1	2	1	1
2006	7	42	32	8	2	1	0	1
2007	7	41	34	6	1	2	1	1
2008	9	39	31	7	1	2	1	1
2009	10	39	31	7	1	1	0	1
2010	9	40	29	10	1	1	0	1
2011	10	39	30	8	1	1	0	1
2012	9	38	29	8	1	3	2	1
2013	8	38	27	10	1	4	3	1
2014	6	38	27	11	0	6	5	1
2015	6	36	27	9	0	8	6	2
2016	5	37	29	8	0	8	7	1
2017	7	35	30	5	0	8	7	1

资料来源：全国海关信息中心

　　与此同时，中国出口前 50 位企业最主要出口产品包括农产品与原材料、劳动密集型产品、技术产品，出口市场主要是美国、欧盟、日本、韩国、中国香港、中国台湾、新加坡等发达国家和地区，以及东盟、墨西哥、沙特阿拉伯、阿联酋、墨西哥、俄罗斯联邦等发展中国家，最主要市场是发达国家和地区，市场份额持续高达 91% 以上，最高达 99%。表 6-13 显示，前 50 位龙头企业出口农产品与原材料的规模基本不再扩大，而且出口主要是能源，劳动密集型产品出口波动较大，更主要是出口技术产品，从 2001 年的 129.94 亿美元增加到 2017 年的 2 085.22 亿美元，产品种类也集中在信息技术产品。这说明中国出口龙头企业越来越关注产品的质量和附加值。

表 6-13　前 50 位企业出口的最主要产品情况

年份	最主要产品出口额 / 亿美元			按照 HS8 划分的产品种类 / 种		
	农产品与原材料	劳动密集型产品	技术产品	农产品与原材料	劳动密集型产品	技术产品
2001	47.01	11.22	129.94	7	7	14
2002	45.58	4.02	205.87	5	3	20
2003	54.36	7.56	347.56	5	4	21
2004	41.45	1.25	566.71	3	1	19
2005	59.82	1.35	735.08	3	1	17
2006	55.40		926.96	5	0	18
2007	43.02	2.96	1 142.26	4	1	18
2008	76.48	18.68	1 160.60	7	2	14
2009	22.96	31.66	1 202.59	2	2	18
2010	22.46	20.05	1 443.07	3	3	19
2011	23.69		1 499.00	2	0	22
2012	24.24		1 718.87	1	0	20
2013	30.88	14.01	1 737.96	1	2	17
2014	46.00	26.88	1 866.98	2	2	15
2015	34.86	3.31	1 818.04	2	3	15
2016	35.01	17.22	1 714.47	1	4	17
2017	44.60	3.78	2 085.22	1	3	15

资料来源：全国海关信息中心

　　如果我们进一步关注出口的技术产品，发现中国各类企业成长并不一样。表 6-14 显示，2001—2017 年，国有企业的技术产品出口平均规模从 1.67 亿美元 / 家增加到 27.8 亿美元 / 家，外商投资企业的技术产品出口平均规模从 4.96 亿美元 / 家增加到 50.8 亿美元 / 家，其他企业的技术产品出口平均规模从 1.01 亿美元 / 家增加到 32.68 亿美元 / 家。目前来看，国有企业的平均规模小于其他企业，更低于外商投资企业。

表 6-14　前 50 位龙头企业最主要出口产品中的技术产品出口情况

年份	最主要产品中技术产品的出口额 / 亿美元				平均规模 / (亿美元 / 家)			
	国企	外商投资	其中：外商独资	其他企业	国企	外商投资	其中：外商独资	其他企业
2001	5.01	123.93	75.84	1.01	1.67	4.96	5.06	1.01

续表

年份	最主要产品中技术产品的出口额 / 亿美元				平均规模 / (亿美元 / 家)			
	国企	外商投资	其中：外商独资	其他企业	国企	外商投资	其中：外商独资	其他企业
2002	15.50	220.18	171.70	0.00	3.10	6.88	7.47	
2003	14.37	329.10	260.31	4.09	4.79	9.68	10.41	4.09
2004	27.61	529.21	421.61	9.88	9.20	13.57	14.54	4.94
2005	34.59	689.94	551.91	10.54	11.53	17.69	19.03	5.27
2006	36.29	882.10	697.18	8.57	12.10	22.05	22.49	8.57
2007	44.08	1 075.77	869.99	22.41	14.69	27.58	26.36	11.20
2008	31.22	1 080.23	878.99	29.26	10.41	30.01	29.30	14.63
2009	23.17	1 102.39	895.62	23.98	4.63	29.01	28.89	23.98
2010	65.65	1 356.06	1 107.66	21.37	10.94	34.77	38.20	21.37
2011	67.73	1 405.77	1 182.74	25.50	8.47	36.05	39.42	25.50
2012	66.93	1 596.27	1 168.88	55.66	8.37	42.01	40.31	18.55
2013	67.31	1 609.51	1 061.58	61.14	11.22	43.50	39.32	15.28
2014	71.94	1 700.70	1 163.52	94.35	17.99	45.96	43.09	18.87
2015	73.36	1 639.20	1 084.13	105.48	18.34	45.53	40.15	21.10
2016	58.98	1 519.80	1 048.18	135.68	19.66	42.22	36.14	22.61
2017	111.18	1 777.99	1 310.77	196.05	27.80	50.80	43.69	32.68

资料来源：全国海关信息中心

（六）中国电子产品等竞争力较强

通常，我们用净出口显性指数来衡量产品的出口竞争力。净出口显性指数（net rxport revealed comparative advantage index，$RCAI_{NE}$）是出口显性指数（export revealed comparative advantage index，$RCAI_E$）减去进口显性指数（import revealed comparative advantage index，$RCAI_I$），其中，出口显性指数 $RCAI_E$ 是某产品出口额占本国出口额的比重与世界该产品出口额占世界出口额比重的比值，进口显性指数 $RCAI_I$ 是某产品进口额占本国进口额的比重与世界该产品进口额占世界进口额比重的比值。$RCAI_E$ 越高说明出口倾向越强，$RCAI_I$ 越高说明进口倾向越强，$RCAI_{NE}$ 越大说明该产品竞争力越强（胡江云，2007）。

表 6-15 显示，1995—2016 年，中国劳动密集和资源密集型制成品的净出口显性指数 $RCAI_{NE}$ 持续大于 1，甚至超过 2，这说明其竞争力强；而低等的技能和技术密集型制成品的净出口显性指数 $RCAI_{NE}$ 是逐步增加的，从 0.38 增加到 1.08，这说明其竞争力是逐步增强的；对于电子产品（不含零部件），无论是中等技能还是高等技能，其净出口显性指数 $RCAI_{NE}$ 都是越来越强的，甚至达到 3 以上，这说明其竞争力越来越强。

表 6-15 中国电子产品（不含零部件）等的净出口显性指数 $RCAI_{NE}$

年份	劳动密集和资源密集型制成品			低等的技能和技术密集型制成品			中等技能：电子产品（不含零部件）			高等技能：电子产品（不含零部件）		
	$RCAI_E$	$RCAI_I$	$RCAI_{NE}$	$RCAI_E$	$RCAI_I$	$RCAI_{NE}$	$RCAI_E$	$RCAI_I$	$RCAI_{NE}$	$RCAI_E$	$RCAI_I$	$RCAI_{NE}$
1995	2.91	1.12	1.79	1.54	1.16	0.38	1.52	0.40	1.12	1.19	0.32	0.88
1996	2.87	1.18	1.69	1.46	1.15	0.31	1.76	0.31	1.45	1.39	0.23	1.15
1997	2.92	1.23	1.69	1.48	1.07	0.42	1.85	0.23	1.62	1.39	0.22	1.16
1998	2.76	1.15	1.61	1.45	1.01	0.44	1.99	0.20	1.79	1.58	0.32	1.26
1999	2.74	1.03	1.71	1.46	1.04	0.41	2.38	0.19	2.19	1.60	0.46	1.13
2000	2.78	0.93	1.85	1.62	1.03	0.58	2.68	0.18	2.50	1.75	0.46	1.28
2001	2.64	0.81	1.83	1.47	1.05	0.42	2.80	0.15	2.66	1.98	0.48	1.50
2002	2.53	0.71	1.81	1.34	1.05	0.29	2.74	0.14	2.61	2.46	0.53	1.93
2003	2.44	0.59	1.85	1.31	1.12	0.19	2.71	0.13	2.57	3.27	0.68	2.60
2004	2.39	0.51	1.87	1.35	0.85	0.51	2.70	0.13	2.57	3.47	0.65	2.82
2005	2.45	0.46	1.98	1.36	0.79	0.58	2.80	0.14	2.66	3.64	0.71	2.92
2006	2.52	0.44	2.08	1.47	0.61	0.86	2.84	0.14	2.70	3.60	0.72	2.88
2007	2.47	0.40	2.07	1.54	0.55	0.98	2.77	0.14	2.63	3.72	0.74	2.98
2008	2.54	0.37	2.17	1.62	0.51	1.11	2.96	0.14	2.82	3.83	0.79	3.05
2009	2.52	0.34	2.18	1.42	0.64	0.78	2.89	0.13	2.76	3.75	0.77	2.98
2010	2.58	0.33	2.25	1.54	0.49	1.05	2.94	0.13	2.81	3.76	0.68	3.07
2011	2.68	0.33	2.35	1.62	0.44	1.18	3.02	0.13	2.89	3.82	0.70	3.12
2012	2.71	0.34	2.37	1.61	0.39	1.21	3.04	0.15	2.89	3.65	0.82	2.83
2013	2.65	0.34	2.32	1.53	0.37	1.16	3.00	0.14	2.86	3.58	0.76	2.81
2014	2.52	0.33	2.19	1.57	0.39	1.18	2.89	0.15	2.74	3.32	0.71	2.61
2015	2.36	0.35	2.01	1.57	0.40	1.17	2.68	0.17	2.51	2.89	0.72	2.17
2016	2.30	0.35	1.96	1.50	0.42	1.08	2.74	0.18	2.55	2.90	0.69	2.22

资料来源：联合国贸易和发展会议（UNCTAD）

将这些数据作成图（图 6-16），1995—2016 年，电子产品（不含零部件）的净出口显性指数 $RCAI_{NE}$ 基本呈现增加态势，21 世纪以来除个别年份外都高于 2，而且远高于低等技能和技术密集型制成品，也高于劳动密集和资源密集型制成品，充分显示了其非常强的竞争力。

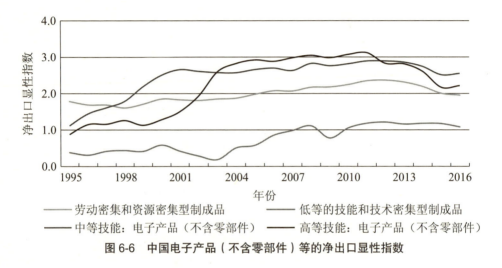

图 6-6　中国电子产品（不含零部件）等的净出口显性指数

资料来源：联合国贸易和发展会议（UNCTAD）

四、基 本 结 论

我们通过对 1995—2017 年贸易的数据分析，发现在过去 20 多年里，特别是自 2001 年加入 WTO 以来，中国出口产品明显从劳动密集型转向资本密集型和技术密集型，产品的档次和质量总体上处于明显提升的趋势；中国出口龙头企业呈现一定的更替现象，一些曾经的龙头企业如今已退出出口大企业榜单，而另一些企业则进入榜单从而成为新龙头，并在全球市场上显现出较强竞争力。这些结果说明，在一个日益国际化的环境中，中国企业整体而言是全球竞争的成功者而不是失败者，尽管一些企业在此过程中滑落或者衰落了，但又有一些企业兴起并且升级转型了，中国经济在进入中低收入之后仍然能够保持较快增长也无疑得益于此。我们相信，许多能够实现出口产品品类升级和质量提升的出口龙头企业，特别是那些具有越来越强全球竞争力的新兴企业，就是中国增长之梯的踏板企业，中国能否成功跨越中等收入陷阱，成为高收入国家，在较大程度上取决于这些企业能否在未来继续保持较好的外向型发展趋势，以及是否有更多企业成长为类似企业。

第七章

出口产品质量：衡量踏板质量的一个视角

要成功攀爬经济增长之梯，就需要外向大企业踏板，这些踏板企业不但能助推国家的产业升级从而提高全要素生产率，也能助推国家的外贸升级并帮助实现国际收支的基本平衡以及汇率的基本稳定，否则，要么难以成为高收入经济体，要么难以维持在高收入经济体的行列。外向型企业，产品出口无疑是一个基础性的经营活动。本章将从出口产品质量的视角，来审视那些可能被视作踏板的企业是否具有较强的全球竞争力。

一、引　言

（一）国际贸易与经济增长

既然踏板大企业一般具有外向型的特征，那么毫无疑问，判断一些规模较大企业是否发挥了增长之梯的踏板作用，一个十分重要的方面就是要审视这些企业在国际贸易中的角色和地位。实际上，现代经济增长，最终要通过贸易才能得以实现，正如张文魁（2018）所分析的那样，这就是经济增长的贸易本质。

许多规模较大企业都长期从事国际贸易，它们不但以此实现了市场多样化和营业规模扩张、经营指标改善，也实现了能力的提升和产品的升级换代，否则，它们将会退出国际贸易活动。能力提升和产品升级换代，以及经营指标改善和营业规模扩张，在较大程度上，会体现在出口产品质量上，或者通过产品质量提高得以实现。实际上，经济持续增长，特别是在攀爬增长之梯阶段的持续增长，在较大程度上就是得益于产品质量的提高，内生增长理论所强调的质量改进型创新，即意味着在质量阶梯上不断攀升。因此从逻辑上来讲，出口产品质量，也在较大程度上反映了踏板本身的质量。也就是说，踏板也有一个质量问题，质量更好的踏板，更有助于国民经济在全球经济环境中实现稳健、高效率、具有内生动力的增长。有鉴于此，本章重点研究中国企业的出口产品质量。这项研究的逻辑也是简单清晰的：出口产品质量提高，并伴随着营业规模扩大的企业，更应该被视为增长之梯的踏板，或者更确切地说，更应该被视为质量更好的踏板。

（二）出口产品质量视角

本章选择如下两个重要视角来考察中国企业的出口产品质量：企业规模和中间品进口。由于我们的研究目的是要识别和分析作为踏板的大企业，所以首先当然要考察出口企业的规模，具体而言，就是要考察企业规模与出口产品质量是否有一定的相关性，如果规模较大的企业群体，出口产品质量更高一些，就比较符合我们的预期。之所以要研究中间品进口与出口产品质量之间的关系，是因为许许多多的出口企业也有进口，但它们进口的当然不是自己生产的同类产品，而是其出口产品产生所必需的中间品。当然，在供应链全球化的环境中，进口一些中间品是正常现象，但如果出口产品质量对进口中间品的依赖程度过高，那么至少反映了我国经济增长之梯的踏板还不是那么稳固牢靠。过去几年里，我国机电产品和其他高新技术产品的出口占总出口比例在逐年上升，但生产这些产品的母机、高级精密仪器以及核心元器件等主要依靠进口。事实上，我国进口产品中，金额靠前的产品主要是多元件集成电路、原油、铁矿砂、农产品、电子计算器零附件、半导体器件、机动车辆用制动器、精炼铜、取像模块、通信设备等，还有一些产品尽管进口金额不大，但在使用量中占比很高，主要是精密尖端加工设备以及基础元器件和特种材料。可见，这些主要或重要进口品中，除了能源、矿石、农产品等大宗商品以外，几乎都是关乎出口产品质量的中间品。从数据上看，2004年以后，我国中间产品进口占全部进口的份额就超过60%，2014年起已成为全球排名第二的进口国以及全球排名第一的中间品进口国。这些中间品的核心技术和核心材料大多由美国等发达国家掌控，因而中国企业的生产过程和产品质量时时都有可能受到国外技术限制的掣肘。因此，从中间品进口的角度来考察出口产品质量，对于审视我国踏板企业的稳固结实程度，具有一定的意义。踏板越稳固结实，越可以视为踏板质量更好、更牢靠。毫无疑问，我们不但需要踏板，而且需要更加稳固、质量更好的踏板。

我们的分析将从我国出口产品质量变化趋势的准确细致度量开始。由于出口产品质量反映的是产品使用综合满意程度，从模型上可以被消费者保留价格所代表，但这又不易从数据中推断得到[1]。之前文献中较常使用的一个代理变量为出口价格（Schott，2004；Hallak，2006；李坤望等，2014），其背后的逻辑是商品质量越高，消费者愿意为其支付的价格越高。然而，这一指标存在较大的缺陷，因为从数据中看到的进出口价格并不是消费者保留价格，而是商品成交价格；相近品质商品成交价格的差异也可能源于不同厂商生产效率、加价系数或者消费者需求弹性的差异。例如，按照 Melitz（2003）的分析，越高生产效率的企业，其商品价格定价越低，但这并不代表其生产产品质量更低。因此之后的文献，如Khandelwal 等（2013）基于需求面事后推理的办法改进了质量的测算指标[2]。我们的研究继续沿用了这一测算方法。基于数据的最大程度的可获得性、可靠性、匹配性，我们选择 2005—2010 年中国海关总署的企业—产品层面交易数据，以及同期中国工业企业数据库，对数据库进行处理、合并后，作为我们的分析样本。本章第二部分将对样本作详细说明。由于数据的局限，我们无法分析 2010 年之后的出口产品质量，这是本章一个缺陷，但是我们认为，2005—2010 年，既是我国加入 WTO 后贸易数量和贸易质量快速提升的几年，也是全球金融危机前后中间品进口和产品出口经历巨大波动的几年，金融危机冲击反而可以帮助我们更好审视中间品进口波动对出口产品质量的影响，这对于我们理解中国的踏板企业的稳固牢靠程度，是有意义的。

样本分析恰恰印证了这一点。我们发现，2008—2010 年，也即受到全球金融危机影响后，我国出口产品质量平均下降了 17%。而这一下降幅度在各行业以

---

[1] 之前对我国出口产品升级的度量指标包括出口技术复杂度、贸易广度（Rodrik，2006；杨汝岱和姚洋，2008）。这些研究认为出口技术复杂度越高、贸易品种数目越多以及产品价格越高则越代表着出口产品升级。

[2] 余淼杰和张睿（2017）提出了一种新的基于 Feenstra and Romalis（2014）的测算方法。然而他们的测算中需要用到企业中间投入品和增加值数据。由于 2007 年以后工业企业数据库不再提供这两个指标，所以这一测算方法并不适用于我们的研究。

及各类贸易模式之间又有较大差异。我们认为导致这种差异性的原因是各部门对中间品进口的依赖度以及国内上游行业产能的不同。

　　基于已有文献结论（Chor 和 Manova，2012；Feenstra 等，2014）可知，金融危机可能通过加剧融资约束使得出口商被迫减产。我们认为金融危机对我国的中间品进口国造成了生产上的冲击，进而使得我国出口商遭受了外生的负面供给冲击，导致我国出口产品质量受到负面影响。通过建立度量中间品进口对出口产品质量影响的相关模型，我们发现金融危机期间，我国中间品进口平均下降幅度为 21%，由负面供给造成的产品质量平均下降幅度为 1.9%，这大约解释了金融危机期间出口产品质量下降（集约边际）的 1/10。而这一效应在加工贸易以及外资企业出口产品上表现得更为明显。同时基于扩展性边际的分析，我们发现中间品进口还会通过促进（减少）高质量产品的进入（退出）来促进我国整体出口产品质量的提高。进一步，我们还分析了国内上游产能对金融危机负面供给冲击的缓冲作用。我们认为，如果国内上游产能能够有效承接中间品进口需求①，那么负面供给冲击对我国出口企业的影响会减小。我们发现，从整体上看，国内中间品供给的确能够缓冲负面供给对出口部门的冲击。

　　本章一方面在一些已有文献的基础进一步拓展研究；另一方面又形成了自己的独特贡献。已有文献主要有三种。

　　首先，我们的研究建立在出口产品质量测度以及影响因素的相关研究上。近年来，产品质量越来越成为国际贸易领域关注的热点，然而目前学术界没有统一的产品质量测算方法。之前的研究提出了广度、技术复杂度、单位价值等测算方法（Feenstra，1994；Schott，2004），但正如上文提到的，这些指标都存在一定缺陷。随着产品层面数据的可得，一种新的文献开始利用事后反推方法测算产品质量，如 Khandelwal 等（2013）以及 Fan 等（2015）的论著。这一测算方法假设价格相同的两种产品，需求量越大则反映出产品质量越高。目前国内已有一些文献应用这一方法对出口产品质量进行了测算（张杰等，2014；施炳展，

---

① 注意由于政策原因，如加工贸易以及外资企业中间品进口有关税减免，这些企业通常在国内中间品和进口中间品品质相近时，会优先选择进口中间品。因此，当出现国外中间品供给不足时，即我们这里说的负面供给冲击时，会有部分进口中间品需求转向国内中间品。

2013；许家云等，2017）。他们的研究表明在 2000—2006 年，我国出口产品质量总体水平呈上升趋势[①]。我们的研究继续沿用了这一测算方法，但我们将研究的时间段放在了金融危机前后（2005—2010 年），以测度这段时间我国出口产品的质量变化以及负面供给冲击对我国出口产品质量产生的影响。

其次，我们的研究借鉴了研究中间品进口与企业出口之间关系的有关文献。目前有不少文献指出进口中间投入品能够显著提升企业绩效。Kugler 和 Verhoogen（2009）基于哥伦比亚企业数据发现，进口企业比非进口企业在产出、工资以及生产效率上都具有更好的表现。Gopinath 和 Neiman（2014）基于阿根廷海关数据发现，本币贬值导致的进口中间成本上升是解释 2000—2002 年制造业部门企业生产率下降的关键因子。Halpern 等（2015）利用匈牙利企业数据发现 1993—2002 年匈牙利企业生产率增长的 1/4 由进口中间投入品贡献。另外，Chen 等（2017）基于中国海关数据发现进口中间投入品能够促进企业研发。还有一些文章则考虑了中间投入品关税下降对企业绩效的影响（Amiti Konings 等，2007；Yu，2015；Fan 等，2015）。例如，Yu（2015）发现中间投入品关税下降显著地提高了中国企业的生产率。据 Yu（2015）测算，产成品关税下降和中间投入品关税下降两者共同解释了中国企业至少 14.5% 的生产率进步原因。同样利用中国数据，Fan 等（2015）发现中间投入品关税下降使得企业提升出口产品质量，从而提升了出口产品的价格。与我们最相关的研究为许家云等（2017）。他们发现在 2000—2007 年，中间品进口会显著促进企业出口产品质量提升。与他们的研究关注点不同的是，我们的主要分析点在于度量金融危机这一负面供给危机对出口产品质量造成的影响以及国内上游产能对这一负面影响的缓冲能力。

最后，我们的研究借鉴了金融危机对企业出口影响的相关研究。目前已有研究主要从负面需求波动影响来分析金融危机对出口的冲击。例如，戴觅和茅锐（2015）研究了金融危机期间中国出口企业外需冲击下内销的增长。他们发现金融危机带来的负面需求使得中国出口企业纷纷实行"出口转内销"。基于阿根廷红酒出口数据，Chen 和 Juvenal（2015）发现金融危机对不同质量的出口产品影

---

① 张杰等（2014）发现的结论稍有不同。他们指出 2000—2006 年中国出口产品质量总体上表现出轻微下降趋势，但呈 U 形变化趋势。

响不一样。金融危机导致的需求下降对高质量产品的负面冲击比对低质量产品的负面冲击更大。金融危机对供给方面的主要冲击，文献主要认为在金融条件恶化上（Ahn 等，2011；Chor 和 Manova，2012；Feenstra 等，2014）。这本文献提出金融危机导致金融流动性缺乏，使得出口部门供应减少。基于行业层面的分析，茅锐和张斌（2013）指出金融危机后中国出口增速的显著下降不仅是因为外需下降，也源于出口竞争力的减弱。但是他们的文章并没有解释为何在金融危机后中国出口产品竞争力会减弱。我们的文章则正是从供给冲击角度来解释金融危机期间我国出口产品质量下降的现象。我们认为金融危机会导致我国中间品进口供应商的供给能力下降，从而对我国出口产品质量造成负面影响。

我们的研究对已有文献的贡献在以下三个方面：第一，我们首次基于前沿的质量测度指标，度量了金融危机前后我国出口产品质量的变化。出口是中国经济增长的重要驱动力量。金融危机以后，中国的出口增速大幅回落，引起众多关注和讨论。然而众多讨论纷纷聚集在外部需求层面，鲜少有文献从产品供给角度，尤其是出口产品质量角度来分析这一问题。外部需求变化相对自身供给能力更具有周期性（茅锐和张斌，2013）。出口产品质量相对于外部需求而言更多地体现出我国出口产品的国际竞争力。我们的文章首次从供给角度出发来分析这一问题。第二，在考虑中间品进口与企业出口表现的文献中，大多数文献都考虑的是中间品进口与企业出口总量、出口产品范围之间的关系。这些文献更多的是基于中间品进口对出口量上的考虑。而我们的文章区别于这些文献，更关注分析中间品进口对出口产品质量的影响，以度量金融危机这一负面供给危机对出口产品质量造成的负面影响。与我们文章研究问题较为接近许家云等（2017）的文章。他们研究了 2000—2007 年中间品进口对企业出口产品质量的影响。但不同于他们的研究侧重点，我们主要关注了金融危机前后出口产品质量的变化以及中间品进口下降对出口产品质量造成的影响[①]。同时，我们还基于产品进入退出角度分析了中间品进口对整体企业出口产品质量的影响，从产品层面提供了中间品进口与出口产品质量之间关系的证据。第三，考虑到目前贸易保护主义抬头的外部环境，我

---

① 另外张杰等（2014）也考虑了中间品进口与企业生产率之间的关系。他们发现中间品进口能提升企业生产率。

国面临中间品进口限制和技术封锁等可能性，我们还讨论了国内上游产能对负面供给冲击的缓冲作用。已有文献大多忽略了中国国内中间品生产能力对自身出口产品质量影响。而我们将这一问题纳入本章的研究讨论中，为我国目前进行的中间品生产升级提供了相应的实证证据。

二、数 据 描 述

（一）数据库

本章主要使用的数据有两套。

第一套为 2005—2010 年中国海关总署的企业—产品层面交易数据。这一数据记载了中国所有出口企业的每一条出口交易信息，包括企业代码、出口产品的 HS 编码、出口数量、出口价值、出口方式和目的地。原始的交易数据在 2007 年前以月度频率记录，而在 2007 年及之后以年度频率记录。我们在处理的过程中将所有的样本都统一叠加到了年度频率。另外，中国海关采用的商品分类标准 5 年一变。为了使前后分类保持一致，我们利用联合国统计部门提供的商品分类标准对应表进行统一①。整套数据统一采用 HS2002 分类标准。我们对一个产品的定义在 HS 6 位标准上。

第二套数据为同一时期的工业企业数据库。由于工业企业数据库中存在一些有问题的样本，我们对匹配之前的工业企业数据库进行如下处理。第一，删除雇用人数小于 8 的样本；第二，删除销售额、工业增加值、总资产、固定资产、所有者权益、总产出、总工资、出口交货值为负值或缺失值的样本；第三，删除企业年龄异常，如小于 0 或者大于 50 的样本；第四，删除出口比率异常，如小于 0 或大于 1 的样本。

---

① 2002 年以后 2007 年以前，中国海关采用的分类标准为 HS2002。2007 年以后到 2011 年，中国海关采用的分类标准为 HS2007。商品分类统一标准对应表来源于联合国统计署：https：//unstats. un.org/unsd/cr/registry/regdnld.asp?Lg=1。

由于两套数据库的企业编码存在较大差异，我们参照余淼杰（2010）的方法将两套数据库进行合并。最终我们得到了 122 460 家企业，占总出口企业样本的34%。合并具体情况如表 7-1 所示。

表 7-1　工业企业数据与海关数据并库情况表（2005—2010）

年　　份	2005	2006	2007	2008	2009	2010	2005—2010
合并样本 / 家	65 922	74 688	83 358	89 201	90 925	94 851	122 460
全 样 本 / 家	143 561	170 479	191 479	204 264	213 782	231 857	363 253
占比 /%	46	44	44	44	43	41	34

（二）关键变量

我们研究所关注的关键变量为出口产品质量。这两套数据的时期都横跨2008 年全球金融危机前后，非常有利于我们考察金融危机是否对我国出口产品质量造成了影响。我们对质量的度量方式参考 Khandelwal 等（2013）和 Fan 等（2015）。其背后的逻辑是利用单价和销量信息来测算产品质量。如果两种产品价格相同，但其中一种产品销量更高，则意味着这种产品质量更高。其具体估计公式如下：

$$\ln \text{Exportquantity}_{fpct} = \sigma \ln \left(\text{Exportprice}_{fpct} \right) + \varphi_p + \varphi_{ct} + \varepsilon_{fpct} \qquad (7\text{-}1)$$

式中，φ_p, φ_{ct} 分别为商品与国家—时间层面的固定效应。我们对式（7-1）用 OLS 估计，并取残差 $\tilde{\varepsilon}_{fpct}$。可以看到，这一残差衡量了在扣除价格因素后，同一商品类别中销售量的差异。在消费者的购买决策仅基于产品质量与价格的前提下，这种差异只能来自产品质量。因此，$\tilde{\varepsilon}_{fpct}$ 可以作为衡量产品质量的指标。σ 为产品的替代弹性。我们在基准回归中使用了 Broda 和 Weinstein（2006）分行业值的中位数进行回归。我们度量的企业出口产品质量 $\ln Q_{fpt}$ 为企业出口产品质量在所有目的地的平均值。

我们的研究也关注中间品进口变化对出口产品质量的影响。在全球贸易和全球生产体系中，供应链的复杂化和跨境化是大趋势，也是正常现象。但是，正如我们在引言中所指出的那样，我国进口产品中有很大比重是中间品，而且是关键的中间品。显然，我国出口部门乃至整个工业部门，对中间品有着高度的依赖性，这种依赖性必然也会表现在出口产品质量上。我们对中间品的分类参照联合国制定的 BEC 分类①。然后我们再根据 2007 年联合国公布的 BEC 代码与 HS 6 位商品代码进行匹配。企业的中间品进口（IM_{ft}）定义为某一年企业从所有来源国进口中间品金额之和。分析结果如表 7-2 所示。我们发现，出口产品质量和中间品进口量在金融危机前（2005—2007 年）保持着上升趋势，年均增长率分别为 11.65% 和 11.29%。而金融危机发生后我国出口产品质量与中间品进口量出现较大幅度的下降。2010 年虽然我国中间品进口量已经恢复上升，但我国出口产品质量仍然继续下降。一个可能的解释是中间品进口对出口产品质量有长期影响。

表 7-2　出口产品质量和出口企业进口量变化趋势　　　　　（%）

年　　份	质　　量	进　口　量
2005	13.19	9.91
2006	1.85	13.48
2007	21.13	10.88
2008	−13.46	3.33
2009	−24.81	−16.27
2010	−8.61	23.94
年化增长率（金融危机期间）	−15.76	−6.98

注：所有数值根据海关数据由作者计算。其中的质量增长率为当年出口企业产品质量增长率的算术平均值。中间品进口增长率为企业层面的中间进口品变化。并且质量和中间品进口增长率都在 1% 水平上进行 winsorize 处理（下同）。表中计算的金融危机期间（2008—2009 年）年化增长率为年均增长速度的几何平均值

表 7-3 中我们分行业计算了出口产品质量以及中间品进口量的变化。表 7-3 的结果显示：第一，在大多数行业，危机后相对危机前都出现了明显的质量以及中间进口品量的下降。第二，各行业中间进口品量和质量下降并未完全同步。这种行业之间的异质性表现也是我们在本章中考虑国内上游制造业产能承接能力的一个动因。我们认为，一个可能的解释是各行业面临的国内上游制造业产能承接能力不一，使得负面供给冲击对企业的影响不同。

① 根据 BEC 分类，中间产品代码为"111、121、21、22、31、322、42、53"。

表7-3　分行业出口产品质量和出口企业进口量变化趋势　（%）

编号	行 业 名 称	质　量		中间品进口	
		危机期	非危机期	危机期	非危机期
13	农副食品加工	−7.90	4.55	−13.09	9.31
14	食品制造	−20.10	−9.90	8.34	−0.45
15	饮料制造	−14.58	2.49	−42.72	4.50
16	烟草制造	−30.00	38.00	N.A.	−19.26
17	纺织	−39.15	−4.89	−8.02	7.41
18	纺织服装、鞋、帽织	−36.05	−4.13	−13.12	1.58
19	皮革、毛皮、羽毛（绒）及其制造	−21.33	−10.16	−17.09	9.41
20	木材加工及木、竹、藤、棕、草制品	−19.51	−7.21	1.32	10.26
21	家具制造	−27.25	−12.92	−14.05	4.64
22	造纸及纸制品	−20.81	−0.43	−9.93	5.38
23	印刷业和记录媒介复制	−28.76	−5.78	10.03	−10.16
24	文教体育用品制造	4.19	13.47	−12.39	0.54
25	石油加工、炼焦及燃料加工	17.87	−0.09	26.71	13.98
26	化学原料及化学制品制造	−22.70	−0.88	4.37	25.39
27	医药制造	8.08	−11.47	4.10	19.72
28	化学纤维制造	−42.36	6.79	−8.64	23.19
29	橡胶制品	−22.76	−3.12	−2.18	23.76
30	塑料制品	−24.68	4.22	−0.70	16.41
31	非金属矿物制品	−14.99	−10.22	−8.27	17.16
32	黑色金属冶炼及压延加工	−48.85	12.24	20.07	7.28
33	有色金属冶炼及压延加工	−22.52	62.18	−22.93	17.69
34	金属制品	−24.05	6.30	−16.06	10.98
35	通用设备制造	−23.28	3.87	−4.36	23.07
36	专用设备制造	−21.67	1.68	1.76	22.62
37	交通运输设备制造	−11.81	6.54	5.74	27.40
39	电器机械及器材制造	−25.86	−0.13	−1.42	19.94
40	通信设备、计算机及其他电子设备制造	−37.33	−6.22	−3.36	17.41
41	仪器仪表及文化、办公用机械制造	−27.48	−4.01	−3.35	16.51
42	工艺品及其他制造	2.23	1.15	−18.38	3.80

三、实 证 分 析

（一）中间品进口

我们接下来将建立模型量化分析企业中间品进口对企业出口产品质量的影响，以推断金融危机带来的负面供给冲击给企业出口产品质量带来的影响。我们的基准回归方程设定如下：

$$\ln Q_{fpt} = \alpha + \beta \cdot \ln IM_{ft} + \gamma \cdot X_{ft} + \varepsilon_{fp} + \varepsilon_t + \varepsilon_{fpt} \tag{7-2}$$

我们主要关注的是中间品进口量的变化（$\ln IM_{ft}$）对出口产品质量（$\ln Q_{fpt}$）的影响。$\beta > 0$ 意味着进口中间品的增加（下降）会带来出口产品质量的提升（恶化）。基于文献（Feng 等，2016），我们在回归中控制了一系列企业层面的特征变量，如企业规模、企业年龄以及企业生产率以增加我们对系数 β 估计的准确性。企业规模定义为企业当年雇用人数。我们对生产率的度量为劳动生产率（产出／劳动人数）[①]。Kugler 和 Verhoogen（2012）发现当行业内部质量提升空间足够大时，越大规模的企业越有可能生产高质量的产品。Feng 等（2016）指出企业年龄可能会带来企业出口和进口行为的联动性（co-movement）。Verhoogen（2008），Bastos 和 Silva（2010）等研究发现生产率较高的企业倾向于出口高质量产品。最后，为进一步减轻遗漏变量对估计系数一致性的干扰，我们还在回归中控制了企业—产品层面以及时间层面的固定效应。基本变量的统计描述如表 7-4 所示。

表 7-4　变量统计描述

变　　量	观测值个数	均　　值	最 小 值	最 大 值	标 准 差
质量	2 313 053	1.22	4.82	-12.64	19.07
中间品进口	2 337 900	10.01	7.51	0	21.41
企业规模	2 337 898	5.49	1.24	2.83	8.98
企业年龄	2 337 858	9.06	6.45	1	43
劳动生产率	2 337 747	5.65	1.00	3.47	8.34

注：所有数值都在 1% 水平上进行 winsorize 处理。除企业年龄以外，所有变量都为对数值

[①]　文献中还有一些常用的生产率度量指标，如增加值／劳动力人数或者全要素生产率（利用 Olley-Pakes 方法或者 Levinsohn-Petrin 方法计算）。然而由于工业企业数据库中 2007 年以后缺乏增加值和中间投入数据，我们无法计算这些指标。

基于式(7-2)的回归结果见表7-5列(1)，我们发现中间品进口量的增加（下降）会显著带来出口产品质量的提升（恶化）。中间品进口量每上升（下降）10%，会带来出口产品质量上升（下降）0.13%。另外，我们还发现越大规模、越年轻以及劳动生产率越高的企业，其出口产品质量会越高。这与上节中提到的文献发现结果保持一致。另外，从表7-1中我们发现由于数据库合并造成样本中有较大的数据量损失。为减轻因样本损失给回归系数带来的解读干扰，我们还在列（3）、列（4）采用未合并的海关全样本数据进行回归。从列（3）的数据我们可以看到，固定效应模型估计出来的系数显著性和大小都并未随样本变化而受到明显影响。

表 7-5　中间品进口与出口质量

变　　量	（1）	（2）	（3）	（4）
	合并样本		全样本	
	FE	IV	FE	IV
中间进口品	0.013***	0.091***	0.013***	0.159***
	(15.74)	(108.77)	(29.97)	(15.63)
企业规模	0.141***	0.114***		
	(17.24)	(32.53)		
企业年龄	−0.003**	−0.002***		
	(−2.00)	(−3.78)		
劳动生产率	0.191***	0.077***		
	(26.72)	(20.53)		
企业—产品 FE	是	是	是	是
时间 FE	是	是	是	是
Kleibergen–Paap rk LM 统计量		879.46		3 971.92
		[0.00]		[0.00]
Kleibergen–Paap Wald rk F 统计量		883.71		3 993.94
第一阶段系数		0.032***		0.029***
		(22.95)		(63.20)
观测值	2 313 009	2 312 860	15 862 280	5 805 792
R2	0.874	0.078	0.872	0.086

注：括号内为 t 值。标准误为稳健值；*、**、*** 分别表示在 10%、5%、1% 水平上显著；列（1）、列（2）的回归使用的样本为海关数据库与工业企业数据库的合并样本，列（3）、列（4）的回归使用的样本为海关数据库全样本

然而，基于固定效应模型的回归设定可能存在内生性问题。内生性存在的根源为式（7-2）中的中间品进口额为内生变量。企业的进口决策很大一部分原因

取决于企业自身面临的出口市场需求（Bastos 等，2018）[①]，因此式（7-2）的设定可能存在反向因果识别问题。为此，我们通过工具变量法来解决这一可能存在的内生性问题。我们使用企业层面的外部供给能力作为工具变量度量供给水平，本章利用了企业进口中间产品以及进口来源国等信息构建了一个加权的外部供给能力指标。本章借鉴 Berman 等（2015）的方法，构建供给冲击指标如下：

$$FS_{ft} = \Sigma_c w_{fct} \cdot Export_{ct} \tag{7-3}$$

式中，w_{fct} 为企业 f 在 t 年从 c 国进口中间产品占总中间产品进口的份额；$Export_{ct}$ 为在 t 年 c 国对除中国以外的国家出口中间品的总额。由此得到供给指数；FS_{ft} 为进口来源国的供给能力的加权。本章借鉴了 Berman 等（2015）以及 Bricongne 等（2012）的做法，将 $Export_{ct}$ 中进口来源国对中国的出口进行了剔除。一方面，来源国中间产品的供应能力会影响到企业对于中间产品的进口；另一方面，在剔除对中国出口量后，进口来源国的出口能力对中国企业层面出口产品质量相对外生。企业层面进口数据来源是海关数据库，进口来源国的出口信息来自 BACI 数据库。基于工具变量的回归结果如表 7-5 列（2）、列（4）所示。我们发现工具变量结果支持之前的结论：中间品进口量的增加（下降）会显著带来出口产品质量的提升（下降）。且相较固定效应模型而言，工具变量回归结果中间进口品前系数大小有所上升：中间品进口量每上升（下降）10%，会带来出口产品质量上升（下降）0.9%。另外，第一阶段回归结果表明，进口来源国的总中间品出口供给与目的地为中国的中间品出口呈正相关关系。通过检查工具变量的相关统计值，我们发现此外部供给能力指标通过相关工具变量检验。

（二）企业规模

鉴于本研究关注的另一个核心问题是企业规模与出口企业生产率与产品质量之间的关系。我们在表 7-6 中进一步检验了企业规模与出口产品质量的关系。列（1）为我们的基准结果。我们发现企业规模每上升 10%，出口产品质量上升

---

① Bastos 等（2018）发现企业出口到更富有的国家，更可能采购高质量的中间投入品。

1.5%。另外，为控制可能的内生性，我们将所有控制变量滞后一期进行之前的回归。我们发现虽然系数大小有所下降，但仍然存在企业规模越大，出口产品质量越高的结论。另外，我们还在列（3）中按照 HS 6 产品分类水平中企业规模（以雇用劳动力人数衡量）的 25% 分位数和 75% 分位数将企业分为大规模企业（规模高于 75% 分位数）、中等规模企业（规模位于 25% 分位数以及 75% 分位数之间）以及小规模企业（规模低于 25% 分位数）。列（3）的结果也支持了我们之前的分析：出口产品质量随企业规模的扩大而提高。

表 7-6　出口产品质量与企业规模

产品质量	（1）	（2） 控制变量滞后一期	（3）
企业规模	0.150*** （18.37）	0.090*** （9.62）	
大规模企业			0.230*** （12.86）
中等规模企业			0.134*** （11.65）
企业年龄	-0.003** （-2.06）	-0.003* （-1.83）	-0.001 （-0.78）
劳动生产率	0.197*** （27.52）	0.085*** （11.59）	0.169*** （25.04）
企业—产品 FE	是	是	是
时间 FE	是	是	是
观测值个数	2 312 860	2 075 203	2 312 860
R2	0.874	0.877	0.874

注：括号内为 t 值；标准误为稳健值；*、**、*** 分别表示在 10%、5%、1% 水平上显著

进一步，我们在表 7-7 中按照企业所有制分样本回归。发现企业规模在外资和内资企业中对企业出口产品质量有明显的提高作用，而其对国有企业出口产品质量的影响不显著。对于国有企业而言，出口产品质量的提高更多地来自劳动生产率的提升。一个可能的解释是，国有企业相对外资和内资非国有企业而言规模较大，因此进一步的规模提高对企业出口产品质量提高作用并不明显。

表 7-7 出口产品质量与企业规模：分不同所有制

产品质量	（1）	（2）	（3）	（4）	（5）	（6）
	外企	外企	国企	国企	内资	内资
企业规模	0.231***		0.179		0.119***	
	（19.76）		（1.27）		（6.61）	
大规模企业		0.327***		0.042		0.159***
		（14.16）		（0.12）		（3.96）
中等规模企业		0.192***		−0.234		0.067***
		（12.57）		（−0.81）		（2.92）
企业年龄	−0.001	−0.001	−0.008	−0.008	−0.003	−0.002
	（−0.19）	（−0.33）	（−0.78）	（−0.78）	（−0.89）	（−0.59）
劳动生产率	0.262***	0.213***	0.335***	0.306**	0.157***	0.129***
	（27.29）	（23.97）	（2.71）	（2.54）	（10.42）	（9.07）
企业—产品 FE	是	是	是	是	是	是
时间 FE	是	是	是	是	是	是
观测值个数	1 469 697	1 469 697	18 871	18 871	577 701	577 701
R2	0.871	0.871	0.926	0.926	0.893	0.892

注：括号内为 t 值；标准误为稳健值；*、**、*** 分别表示在 10%、5%、1% 水平上显著

表 7-8 中我们分析了出口企业生产率与企业规模之间的关系。列（1）为我们的基准分析结果。我们发现当企业规模上升 10%，企业生产率上升 6.14%。为缓解反向因果问题，我们在列（2）中将所有控制变量滞后一期进行回归。我们发现企业生产率与企业规模之间的正向关联关系仍然存在。我们还在列（3）中按照四位行业分类水平（国民经济行业分类 2002 年标准）中企业规模（以产品销售额衡量）的 25% 分位数和 75% 分位数将企业分为大规模企业（规模高于75% 分位数）、中等规模企业（规模位于 25% 分位数以及 75% 分位数之间）以及小规模企业（规模低于 25% 分位数）。列（3）的结果也支持了我们之前的分析：出口企业生产率随企业规模的扩大而提高。

表 7-8 出口企业劳动生产率与企业规模

劳动生产率	（1）	（2） 控制变量滞后一期	（3）
企业规模	0.614***	0.212***	
	（282.60）	（71.97）	
大规模企业			0.841***
			（183.70）

续表

劳动生产率	（1）	（2） 控制变量滞后一期	（3）
中等规模企业			0.437*** （137.04）
企业年龄	−0.003*** （−10.08）	−0.001*** （−3.13）	−0.002*** （−5.92）
资本密集度	0.268*** （152.79）	0.071*** （37.41）	0.271*** （150.71）
出口规模	−0.015*** （−15.18）	−0.013*** （−9.67）	0.110*** （93.10）
企业 FE	是	是	是
时间 FE	是	是	是
观测值个数	526 410	400 907	526 410
R2	0.938	0.905	0.916

注：括号内为 *t* 值；标准误为稳健值；*、**、*** 分别表示在 10%、5%、1% 水平上显著；这里的企业规模的定义为销售产值的对数

我们在表 7-9 中按照企业所有制分样本回归。发现企业规模在不同所有制的企业中均对企业生产率有明显的提高作用。且大规模企业的生产率显著比中等规模企业以及小规模企业的生产率要高。这与我们表 7-7 的结论稍有不同。鉴于数据可得性，我们在这里对企业生产率的衡量为产值除以企业规模人数，而并非以 Olley-Pakes（1996）或者 Levinsohn-Perin（2001）等方法衡量的代表技术进步的全要素生产率，因此其与企业规模（以销售产值衡量）的正向联动性可能更强。对出口企业全要素生产率与企业规模大小之间的关系则需要更多的企业信息来作进一步的分析。

表 7-9　出口企业劳动生产率与企业规模：分不同所有制

劳动生产率	（1） 外企	（2） 外企	（3） 国企	（4） 国企	（5） 内资	（6） 内资
企业规模	0.628*** （218.62）		0.636*** （26.16）		0.633*** （171.54）	
大规模企业		0.857*** （129.58）		0.853*** （13.73）		0.798*** （104.50）
中等规模企业		0.447*** （93.75）		0.499*** （9.62）		0.419*** （85.47）

续表

劳动生产率	（1）外企	（2）外企	（3）国企	（4）国企	（5）内资	（6）内资
企业年龄	-0.001 (-1.53)	0.000 (0.01)	-0.002* (-1.92)	-0.002* (-1.66)	-0.003*** (-5.83)	-0.002*** (-2.91)
资本密集度	0.295*** (112.47)	0.290*** (107.73)	0.269*** (12.21)	0.289*** (13.22)	0.247*** (86.42)	0.250*** (83.72)
出口规模	-0.020*** (-13.04)	0.133*** (72.15)	0.009 (1.34)	0.093*** (11.70)	-0.013*** (-7.86)	0.097*** (48.98)
企业 FE	是	是	是	是	是	是
时间 FE	是	是	是	是	是	是
观测值个数	258 267	258 267	9 150	9 150	182 158	182 158
R2	0.943	0.922	0.967	0.953	0.936	0.912

注：括号内为 t 值；标准误为稳健值；*、**、*** 分别表示在 10%、5%、1% 水平上显著；这里的企业规模的定义为销售产值的对数

（三）稳健性检验

接下来，我们将对上述基准结果进行一系列稳健性检验，包括替换工具变量、增加控制变量等。首先，对工具变量进行了替换来检验结果的稳健性。我们使用的替代工具变量为企业层面的中间产品进口关税。使用中间产品进口关税作为企业中间品进口额的工具变量的逻辑是中间品进口关税会影响到我国出口企业的中间品进口，且关税的变动又相对企业层面的出口较为外生（Feng 等，2016）。具体地，我们构造如下企业层面的中间产品关税进口指数：

$$\text{Duty}_{ft} = \Sigma_h w_{fh} \cdot \text{IM}_{fht} \cdot \text{Duty}_{ht} \tag{7-4}$$

式中，IM_{fht} 为企业 f 在 t 年对产品 h 的进口总量；Duty_{ft} 为我国面临的中间产品 h 在 t 年进口关税税率，w_{fh} 为企业 f 在样本期间进口中间产品 h 的平均进口比例。中间产品的进口关税数据来自 WTO 的 TDF（tariff download facility）数据库。估计结果显示在表 7-10 列（1）中。我们发现在替换工具变量之后，之前基准结论仍然成立。

另外，我们还在稳健性检验部分控制了一系列其他的变量，结果如表 7-10 列（2）～列（4）所示。根据已有研究，人均工资、出口国收入、融资约束等都会影企业的出口产品质量。Hallak 等（2006）指出富裕国家更倾向于出口高质量

产品。我们在表 7-10 的列（2）控制了出口国加权 GDP 以控制需求渠道的变化对出口产品质量带来的影响。在列（3）中我们控制了人均工资的影响。Schott（2004）认为高人均工资能够吸引高技能工人，从而促进行业出口产品的质量提升。在列（4）中我们接着考虑了融资约束的影响。Bernini 等（2015）指出高杠杆率不利于产品质量的提升。我们发现在控制人均工资、出口国收入以及融资约束后，我们的估计结果仍然与基准结果较为接近，支持了我们结果的稳健性。另外，我们发现添加的控制变量之前的系数与文献发现一致。当出口国人均收入越高，企业人员工资越高以及现金流越充裕时，企业的出口产品质量越高。

表 7-10　稳健性检验

变　量	（1）IV	（2）出口国收入	（3）工资	（4）现金流
中间进口品	0.032** （2.29）	0.109*** （5.77）	0.093** （2.53）	0.097*** （2.59）
企业规模	0.222*** （10.85）	0.082*** （5.46）	0.437*** （10.08）	0.425*** （10.05）
企业年龄	0.001 （0.30）	−0.003** （−2.05）	0.004 （1.29）	0.004 （1.25）
劳动生产率	0.288*** （19.79）	0.158*** （15.15）	0.362*** （12.88）	0.376*** （12.31）
出口国收入		0.309*** （48.97）		
工资			0.046*** （3.62）	
现金流				0.031 （1.28）
企业—产品 FE	是	是	是	是
时间 FE	是	是	是	是
Kleibergen-Paap rk LM 统计量	1209.22 [0.00]	980.72 [0.00]	276.89 [0.00]	271.73 [0.00]
Kleibergen-Paap Wald rk F 统计量	1 228.52	986.36	279.10	273.85
第一阶段系数	−0.067*** （−35.05）	0.032*** （31.41）	0.027*** （16.71）	0.027*** （16.55）
观测值	913 483	1 745 433	685 224	685 224

注：括号内为 t 值；标准误为稳健值；*、**、*** 分别表示在 10%、5%、1% 水平上显著；列（1）中我们采用式（7-4）构造的关税指数作为中间进口品的工具变量进行回归

在表 7-11 的列（1）～列（3），我们将企业按照不同所有制拆分成子样本进行回归。从这些列的结果我们可以看到，中间品进口对出口产品质量的影响在外资企业最明显，而其在国有企业和私有企业样本中显著性和经济意义下降。一个可能的解释是我们之前提到的"为出口而进口"现象的存在。外资企业在我国出口中从事的绝大多数为加工贸易，依靠进口国外设备进行组装再出口。换言之，这些外资企业出口产品质量得到保证的一个重要前提是中间进口品的稳定供给。为检验这一解释的可靠性，我们在列（4）、列（5）按照贸易方式进行分样本回归。比较列（4）、列（5）两列系数，我们可以看到中间进口品对加工贸易出口产品质量的提升作用明显大于一般贸易出口产品，与列（1）～列（3）得出的结论具有一致性。从数值上看，加工贸易中的中间进口品价值每下降 10%，出口产品质量则会下降 2.72%，显著高于一般贸易出口产品质量下降幅度（0.56%）。另外，我们也交叉比对了合并样本观测值分布，发现外资企业分别占一般贸易企业和加工贸易企业的 51% 和 82%。即内资企业更多从事一般贸易而非加工贸易，因此其出口产品质量更少地依赖中间品进口。最后，我们发现对我们划分的所有子样本而言，都存在企业劳动生产率与出口产品质量正相关的现象。而对于外资和私有企业而言，规模越大的企业生产的出口产品质量越高。

表 7-11 分样本讨论

变　量	（1）外资	（2）国有	（3）私有	（4）一般贸易	（5）加工贸易
中间进口品	0.089*** (3.42)	0.009 (0.13)	0.073* (1.87)	0.056*** (2.67)	0.272*** (4.49)
企业规模	0.149*** (4.53)	0.189 (1.05)	0.130*** (2.63)	0.053*** (3.07)	0.101** (2.48)
企业年龄	−0.002 (−0.55)	−0.006 (−0.57)	0.004 (0.95)	0.001 (1.06)	0.001 (0.21)
劳动生产率	0.227*** (10.72)	0.460* (1.83)	0.245*** (6.58)	0.136*** (11.10)	0.190*** (6.91)
企业—产品 FE	是	是	是	是	是
时间 FE	是	是	是	是	是
Kleibergen-Paap rk LM 统计量	704.82 [0.00]	74.09 [0.00]	134.21 [0.00]	271.73 [0.00]	524.49 [0.00]

续表

变　　量	（1）外资	（2）国有	（3）私有	（4）一般贸易	（5）加工贸易
Kleibergen-Paap Wald rk F 统计量	709.66	78.60	135.07	273.85	527.80
第一阶段系数	0.031***（26.64）	0.094***（8.87）	0.040***（11.62）	0.027***（16.55）	0.022***（22.97）
观测值	882 015	8 598	76 018	2 123 271	642 353

注：括号内为 t 值；标准误为稳健值；*、**、*** 分别表示在 10%、5%、1% 水平上显著

基于表 7-5、表 7-10 以及表 7-11 的结果，我们发现中间品进口的增加（减少）的确会带来出口产品质量的上升（下降）。接下来，我们具体分析金融危机通过中间品供给渠道对我国出口产品质量造成的影响。表 7-12 列出了我国出口企业面临的外部供给能力变化。外部供给能力系数如式（7-3）定义。我们可以看到在相对非金融危机时间段（2005—2007 年和 2010 年），金融危机期间（2008—2009 年）受到负向供给冲击的观测值个数比例明显上升。另外，我们计算了金融危机期间我国出口企业中间品进口下降幅度（中位数）为 10%。根据表 7-5 列（2）估计的结果，我们可以推出金融危机期间中间品进口下降平均造成了我国出口产品质量年均下降幅度约为 1%。而对于加工贸易企业而言，我们发现 10% 的中间进口品下降造成的出口产品质量下降为 2.72%，负面供给危机造成的出口产品质量下降更严重。

表 7-12　受正负向供给冲击的企业分布

年　　份	2005—2007&2010	2008—2009
正向冲击（$\Delta FS_{ft} > 0$）	218 648	141 076
负向冲击（$\Delta FS_{ft} < 0$）	121 260	94 265
负向冲击占比 /%	35.67	40.05

注：表中的观测值度量层面为企业—产品—时间。$\Delta FS_{ft} > 0$（< 0）代表生产某一出口产品的企业面临的外部中间品供给能力上升（下降）

四、中间品进口、我国制造业上游产能与出口产品

（一）国内上游制造能力的重要性

显然，金融危机带来了我国出口部门的中间品负面供给危机，从而对我国出口产品质量造成负面影响。当出口企业面临中间品外部供给能力下降的局面时，一个可能的选择是转向国内市场采购更多的国内中间品。如果大量新增的国内中间品需求不能够顺利地被国内上游制造业供给消化，那么我国出口部门遇到的负面冲击将较为严重。因此很有必要对这部分由外部负面供给冲击带来的国内中间品需求是否能顺利地被国内中间品市场转接进行进一步分析。由于加工贸易企业以及外资企业中间品进口关税减免政策的存在，我国出口企业进口中间品比例较高，因此负面供给冲击带来的新增国内中间品需求可能较大，并不一定能顺利被国内中间品市场消化。另外，基于之前的分析我们知道，国内中间品生产仍然存在一些短板，无法生产出部分技术含量较高的中间品。因此，不管是从"量"上还是从"质"上，我们都需要进一步深入地对国内制造业上游产能对负面供给冲击的缓冲能力进行分析。

（二）一些分析结果

我们在表 7-13 中列出了分行业的上游产能指数以及研发能力变化情况。我们借鉴王永进和施炳展（2014）的做法，使用 2007 年 135 部门的投入产出表构建制造业 i 上游中间产品产能指数。另外，我们还采取类似的做法构建了制造业 i 的上游产业研发能力指数：

$$S_{it} = \Sigma_h w_{ij} \cdot S_{jt} \text{patent}_{it} = \Sigma_h w_{ij} \cdot \text{patent}_{jt} \tag{7-5}$$

式中，i 为企业所在的行业；w_{ij} 为来自 j 行业的中间产品投入占 i 行业总投入的比重，即直接消耗系数，计算数据来自 2007 年的投入产出表；S_{jt} 为 j 行业 t 年产能情况，即行业 j 的产出减去出口，并取对数值，因此，S_{it} 为 i 行业的上游

产能的加权平均；patent$_{it}$ 为 i 行业的上游行业的专利个数的加权平均值，表示 j 行业 t 年专利个数。表 7-13 是制造业上游产能指数年均变化率以及研发能力指数的排序[①]。我们可以看到各行业上游行业产能以及技术研发能力表现差异较大。

表 7-13　上游产能指数变化

行业编号	行 业 名 称	产 能 指 数		专 利 个 数	
		2005-2007	2008-2010	2005-2007	2008-2010
13	农副食品加工	20.76	21.42	227.93	309.91
14	食品制造	20.56	21.19	210.37	305.17
15	饮料制造	20.44	21.04	241.24	310.73
16	烟草制造	20.04	20.47	195.77	222.84
17	纺织	20.86	21.25	293.85	364.51
18	纺织服装、鞋、帽织	20.90	21.28	238.07	311.91
19	皮革、毛皮、羽毛（绒）及其制造	20.45	20.98	211.70	275.42
20	木材加工及木、竹、藤、棕、草制品	20.24	20.84	397.98	453.07
21	家具制造	20.36	20.90	264.39	316.33
22	造纸及纸制品	20.48	20.99	404.00	468.96
23	印刷业和记录媒介复制	20.34	20.83	355.76	399.57
24	文教体育用品制造	20.72	21.15	1 206.94	1 101.99
25	石油加工、炼焦及燃料加工	20.35	20.88	475.19	565.13
26	化学原料及化学制品制造	20.96	21.49	955.80	1 049.43
27	医药制造	20.51	21.06	933.97	920.41
28	化学纤维制造	20.75	21.26	770.22	829.70
29	橡胶制品	20.92	21.43	829.53	922.06
30	塑料制品	20.94	21.47	892.86	1 008.31
31	非金属矿物制品	20.79	21.36	518.14	611.31
32	黑色金属冶炼及压延加工	21.33	21.78	429.08	475.44
33	有色金属冶炼及压延加工	20.76	20.54	396.26	282.48
34	金属制品	21.12	21.54	467.67	505.43
35	通用设备制造	21.11	21.57	1 143.66	1 184.85
36	专用设备制造	21.09	21.55	1 208.95	1 220.90
37	交通运输设备制造	21.18	21.63	884.52	1 030.13
39	电器机械及器材制造业	21.03	21.34	1 870.39	1 536.88

[①]　我们所使用的企业申请专利情况来自国家知识产权保护局数据库。我们利用企业名称将专利数据库和工业企业数据库进行合并。另外，专利数据库中提供了发明专利、实用新型以及外观设计等专利情况。其中发明专利的技术含量最高。因此，我们在这里描述的专利情况仅限于发明专利。

行业编号	行业名称	产能指数		专利个数	
		2005-2007	2008-2010	2005-2007	2008-2010
40	通信设备、计算机及其他电子设备制造	21.61	21.87	8 749.77	7 240.16
41	仪器仪表及文化、办公用机械制造	21.23	21.57	4 845.24	4 093.09
42	工艺品及其他制造	20.66	21.01	405.40	415.49

我们基于式（7-2）检验了中间品进口对出口产品质量的影响。接下来进一步考虑这一效应是否会受到企业所在行业面临的国内上游产能的影响。为此，我们建立了式（7-6）作为回归模型。我们在式（7-2）中进一步引进了中间进口品与上游产能的交叉项。如果国内行业上游产能能够承接我国出口企业中间进口品需求，那么交叉项前的系数 β_3 应该为负数。

$$\ln Q_{fpt} + \alpha + \beta_1 \cdot \ln IM_{ft} + \beta_2 \cdot S_{it} + \beta_3 \cdot \ln IM_{ft} \cdot S_{it} + \gamma \cdot X_{ft} + \varepsilon_{fp} + \varepsilon_t + \varepsilon_{fpt} \quad (7-6)$$

我们在表 7-14 中汇报了基于式（7-6）的回归结果。然而，国内制造业上游产能可能受到下游企业需求的影响。为减轻这一反向因果造成的内生性识别问题，我们在列（1）为上游产能以及中间进口品寻找合适的工具变量来进行回归。中间进口品的工具变量仍然为上文中使用的企业层面的外部供给指数。上游产能的工具变量为上一期的行业层面的国企产出占比。部分文献（Zhang 等，2003；Storesletten 和 Zilibotti，2016）指出，国企占比越高带来更低的行业产能。而国企产出占比大多数由行业制度决定，相对下游行业的企业出口产品质量较为外生，因此比较适合作为上游产能以及上游研发能力的工具变量。我们在表7-14的列（1）和列（4）中汇报了工具变量回归结果。并且发现工具变量回归的相关统计值通过检验。工具变量的回归结果验证了我们之前的猜测，表明我国上游产能以及上游技术的确能够承接部分中间进口品需求。换言之，当出现负面供给危机时，所在行业上游产能较足以及上游研发能力较高的企业可以较为顺利地转向国内市场采购中间品。基于第一阶段系数的解读我们还发现国有企业占比的增加的确会造成行业产能以及行业研发能力的下降。我们还发现国内上游产能以及研发能力前的系数显著为正。这说明国内上游制造业产能以及研发能力的提升将有助于提高我国出口产品质量。另外，我们还将全样本分为一般贸易和加工贸易两个子样本进行检验。我们发现国内中间品对于中间进口品的承接作用主要存在于一般贸易产品的生产。在一般贸易产品的生产中，中间进口品与国内中间品呈现替代的关系。一个可能的解释是我国一般贸易相对于加工贸易而言处于更高的价值链，其使用的国内进口的中间品大多属于国内可供给的产品。而大多数加工贸易处于价值链的底端，其订单大多数出于中间品关税减免或者完成代工考虑。这些厂商进口的中间品可能为高端零件或者其他很难被国内其他中间品所代替的产品。因此我们看到国内上游产能对中间进口品的影响不显著。

表 7-14　上游产能、中间进口品与企业出口产品质量

变　　量	（1）	（2）一般贸易	（3）加工贸易	（4）	（5）一般贸易	（6）加工贸易
中间进口品	0.097 (0.59)	0.143 (1.14)	1.657 (0.48)	0.154*** (2.70)	0.278** (2.20)	0.451*** (3.24)
上游产能	0.607*** (3.77)	1.043*** (6.27)	4.956*** (3.02)			
中间进口品 × 上游产能	−0.014 (−1.41)	−0.022** (−2.34)	−0.087 (−0.60)			
上游研发能力				0.299 (1.32)	0.661*** (3.22)	4.510*** (4.37)
中间进口品 × 上游研发能力				−0.008 (−1.41)	−0.014** (−2.26)	0.004 (0.56)
企业规模	0.380*** (6.67)	0.471*** (3.62)	0.460** (2.06)	0.392*** (6.18)	0.527*** (3.42)	0.591*** (8.09)
企业年龄	0.004* (1.86)	0.006** (2.16)	0.011** (2.05)	0.004* (1.85)	0.007** (2.16)	0.011* (1.96)
劳动生产率	0.350*** (12.14)	0.386*** (5.65)	0.432*** (3.19)	0.359*** (10.87)	0.418*** (5.12)	0.510*** (12.15)
企业—产品 FE	是	是	是	是	是	是
时间 FE	是	是	是	是	是	是
Kleibergen–Paap rk LM 统计量	60.81 [0.00]	29.75 [0.00]	9.28 [0.00]	52.58 [0.00]	22.85 [0.00]	108.56 [0.00]
Kleibergen–Paap Wald rk F 统计量	20.28	9.91	3.09	17.53	7.61	36.29
观测值	890 621	845 014	338 675	890 621	845 014	338 675

注：括号内为 t 值；标准误为稳健值；*、**、*** 分别表示在 10%、5%、1% 水平上显著；表 7-10 中我们使用了外部供给指数和上游行业国有企业产出占比分别作为中间品进口以及上游产能的工具变量，上游产能以及上游研发能力按式（7-5）定义

五、质量变动的动态分析

（一）考虑企业的进入与退出

至此为止，我们的研究都集中在分析企业层面中间品进口的增加会如何影响出口企业产品质量，而并未涉及企业以及产品层面的进入退出决策。然而，持续存在的企业产品的质量变化可能只是总产品质量变动的一部分。因此，在此节为了更全面地对中间品外部供给负面冲击带来的产品质量变化进行评估，我们基于 Probit 模型分析了中间品进口对企业以及产品层面的进入退出决策的影响。整体层面的质量变动，可以分解为四个因素：一是持续存在的企业—产品组合质量的实质性变动；二是持续存在的企业—产品组合间市场份额变动引起的总体质量变化；三是企业—产品组合进入引起的质量变动；四是企业—产品组合退出引起的质量变动。借鉴 Griliches 和 Regev（1995）对生产率的分解方法，我们进一步细分到企业—产品层面，对产品质量总体变动进行分解。基于以上对于企业—产品组合的划分，我们构造了形如下质量分解表达式：

$$\Delta Q_{t} = \Sigma_{fh \in c} \tilde{r}_{fh} \Delta q_{fht} + \Sigma_{fh \in c} \Delta r_{fht} \left(\bar{q}_{fh} - \bar{q}_{h} \right) + \Sigma_{fh \in EN} r_{fht_1} \left(q_{fht} - \bar{q}_{h} \right) - \Sigma_{fh \in EN} r_{fht_0} \left(q_{fht_0} - \bar{q}_{h} \right)$$

$$(7\text{-}7)$$

式中，f，h 和 t 分别为企业、产品和年份；r_{fht} 为企业—产品组合 f-h 在 t 年出口总额中所占的比例，即出口市场份额；q_{fht} 为企业—产品组合 f-h 在 t 年出口的加权平均质量，在企业产品层面进行加总；q_{ht} 为某种 HS 6 产品的加权平均质量，以各种产品内企业的贸易量作为权重；上划线为 t_0 期和 t_1 期的平均值；ΔQ_t 为整体层面的质量变动，通过式（7-7）右边四项求和计算得出。分解结果见表 7-15。我们发现企业以及产品层面的进入退出对产品质量的总体变动解释能力较强。因此，我们接下来将建立 Probit 模型进一步评估中间品进口对企业以及产品层面的进入退出决策的影响。

表 7-15　质量变化分解公式

年　份	CC1$_t$	CC2$_t$	ENEN$_t$	EXEX$_t$	Q
2005	0.06	0.01	0.34	0.13	0.28

续表

年　份	CC1$_t$	CC2$_t$	ENEN$_t$	EXEX$_t$	Q
2006	0.08	−0.14	0.44	0.13	0.24
2007	0.07	−0.17	0.76	0.40	0.25
2008	−0.12	−0.07	0.42	0.23	0.00
2009	−0.19	0.15	0.43	0.26	0.14
2010	0.02	−0.13	0.45	0.22	0.11

注：CC1$_t$、CC2$_t$、ENEN$_t$ 以及 EXEX$_t$ 分别为方程式（7-7）中的第一、第二、第三和第四项

（二）回归结果

Probit 模型的回归结果如表 7-16 所示。我们分别估计了中间进口品对企业产品进入退出决策的影响。在列（1）、列（2）中我们考察了质量高低的异质性对这一效果的影响。发现中间品进口的下降会导致高质量产品相对低质量产品更多的退出以及更少的进入。这一结果与 Chen 和 Juvenal（2015）的发现一致。他们的研究表明金融危机期间企业出口质量会下降（Quality Collapse）。而不同于我们这里指出的供给因素，他们认为造成这一质量下降的主要原因为金融危机带来的国外消费能力的下降，即外需因素[1]。从列（1）、列（2）的系数看，中间品进口每下降一个标准差，高质量产品相对于低质量产品的进入以及退出概率分别低 1.5% 和高 0.75%。另外，我们还发现规模越大、越年轻以及劳动生产率越低的企业其产品进入（退出）概率越高（低）。在列（3）～列（6）中，将样本分为一般贸易与加工贸易两类子样本，我们发现子样本得到的估计基本结论与全样本基本一致，即中间品进口的下降会导致高质量产品相对低质量产品更多的退出以及更少的进入。

表 7-16　中间进口品与产品进入退出

变　量	（1）	（2）	（3）	（4）	（5）	（6）
			一般贸易		加工贸易	
	进入	退出	进入	退出	进入	退出
中间进口品	0.007*** （62.02）	−0.002*** （−30.47）	0.000*** （8.12）	−0.001*** （−8.99）	0.000 （0.53）	−0.011*** （−50.22）

---

[1]　Chen 和 Juvenal（2015）主要利用了阿根廷红酒的出口数据。他们对于产品质量的度量为红酒的评级数据。

续表

变　量	（1）	（2）	（3）	（4）	（5）	（6）
			一般贸易		加工贸易	
	进入	退出	进入	退出	进入	退出
高质量产品	0.077***	-0.089***	0.000***	-0.089***	0.000	-0.121***
	（36.99）	（-82.26）	（2.65）	（-80.76）	（0.49）	（-25.64）
中间进口品 × 高质量产品	0.002***	-0.001***	0.000	-0.002***	0.000	-0.002***
	（16.97）	（-14.79）	（1.21）	（-17.04）	（0.52）	（-8.17）
企业规模	0.002***	-0.012***	0.000***	-0.011***	0.000***	-0.010***
	（3.87）	（-39.54）	（6.17）	（-31.24）	（4.09）	（-18.97）
企业年龄	-0.003***	0.001***	-0.000*	0.001***	-0.000**	0.000*
	（-38.48）	（16.85）	（-1.71）	（14.47）	（-2.49）	（1.75）
劳动生产率	0.000***	-0.017***	0.000***	-0.010***	0.000***	-0.008***
	（52.89）	（-47.96）	（8.03）	（-24.07）	（4.23）	（-14.23）
时间 FE	是	是	是	是	是	是
行业 FE	是	是	是	是	是	是
观测值	1 412 258	2 337 705	990 119	1 973 270	261 450	585 653
（Pseudo）R2	0.026	0.014	0.032	0.012	0.136	0.026

注：括号内为 z 值；标准误为稳健值；*、**、*** 分别表示在 10%、5%、1% 水平上显著；所有回归都控制了行业（国民经济行业分类二位水平）和时间固定效应；我们对高质量产品的度量为产品的质量高于同年同类产品（HS6 位水平）的中位数；列（1）、列（3）和列（5）的中间进口品值以及所有控制变量（企业规模、企业年龄以及劳动生产率）都滞后一期，列（2）、列（4）和列（6）的中间进口品值以及所有控制变量为当期值，所有系数已经转化为边际值

六、结　　论

我们研究了中国企业出口产品质量变化，一个发现是，规模更大的企业出口产品质量更高；另一个发现是，中间品进口下降，会导致出口产品质量明显下滑，而且中间品供给对加工贸易企业以及外资企业的出口产品质量的影响，远远大于对一般贸易内资企业的影响。这些研究说明，我国有一批规模较大的出口企业，它们堪称增长之梯的踏板；但是，这些踏板企业参差不齐，有不少企业对中间品进口比较依赖，一旦中间品进口受到冲击或者限制，出口产品质量就会明显下滑。从这个角度来看，中国不但需要更多的外向型大企业作为增长之梯的踏板，下一步更需要更加稳固牢靠、质量更好的踏板。

第八章

企业出口决定：生产率与企业规模的分析

　　要构筑增长之梯的大企业踏板，需要从全球竞争角度来审视这些企业，这也是我们强调这些企业的外向型、竞争性的原因。企业进行国际化经营、形成全球竞争力，一个基础性要素就是进行国际贸易，这也是异质性企业理论的出发点。本章就从出口的角度，来考察中国企业的异质性。经典的异质性贸易文献主要强调了企业生产率在出口中的决定性作用，但是，也有一些研究显示了中国企业似乎偏离了那些经典文献所引申的结论。本章从电气行业这个具体行业切入，强调某个行业的企业出口决定因素与所有行业全部企业的出口决定因素可能并不相同，对于现阶段的中国电气行业而言，企业规模比企业生产率更具决定性。虽然这只是两个因素的比较分析，毫不意味着企业生产率不重要，但是，本章的分析也能从一个侧面说明，某些行业的企业规模，当然是竞争中形成的规模，在促进出口方面的确具有一些优势，也是促进产业升级转型和全球化发展的一个无法忽视的因素。

一、问题的提出

　　本节主要对一些重要文献进行分析和评论，从而引申出我们要讨论的企业规模问题。

（一）异质性企业贸易理论的主要结论

　　20 世纪 90 年代中期以来，国际贸易研究重点由国家和产业等宏观层面日渐转入到企业和产品等微观层面。大量基于企业层面的微观经验研究发现：通常只有少部分企业才能从事出口，较之非出口企业，出口企业规模更大，生产率和工资水平更高。Melitz（2003）的异质性企业贸易理论是这一研究领域的基石，其核心思想有二：一是生产率的异质性是决定企业贸易模式和出口决策的关键因素，企业根据生产率水平由低至高依次作出退出市场、国内销售、出口国际市场的经营市场"啄食顺序"决策（Helpman，2014；马相东，2014），从而出口企业的生产率显著高出非出口企业；二是贸易自由化导致低生产率企业的收缩和退出，高生产率企业的扩展和进入出口市场，从而使得资源从低生产率企业转向高生产率企业，这种行业内资源的重新优化配置能提高行业的总体生产率水平（Bernard 能，2007）。之所以如此，主要是因为存在"自我选择效应"：由于存在进入出口市场的沉没成本（Roberts 和 Tybout，1997），只有最具生产效率的企业才能承担这一成本从而自选择进入出口市场，而生产率低于零利润生产率边界的企业将出现亏损，从而只能在国内销售。此外，在低收入国家，还存在"出口学习效应"：出口企业进入国外市场能够学习高收入国的生产技术和经验，获得学习提高的机会，从而提高其生产率（Van Biesebroeck，2005）。

（二）中国出口企业的生产率悖论

几乎所有发达经济体和大部分新兴与发展中经济体企业微观层面数据的经验分析结果，都支持上述结论（李春顶，2015）。然而，基于中国企业微观层面数据的诸多经验研究却得出几乎完全相反的结论：中国出口企业的生产率反而低于非出口企业的生产率，即中国出口企业存在"生产率悖论"现象（李春顶和尹翔硕，2009；Lu 等，2010；赵伟和赵金亮，2011；戴觅等，2014；汤二子，2017；夏广涛和胡汪音，2018）。[①] 不仅如此，部分研究还发现，生产率与中国企业出口之间显著负相关（李春顶和尹翔硕，2009；李春顶，2010；汤二子和刘海洋，2011；赵伟等，2011）。

中国出口企业"生产率悖论"引发一个值得深入探讨的问题：如果决定众多中国企业出口增长的因素并非生产率异质性，那么，究竟是什么因素造就了"中国出口奇迹"呢（包群，2015）？这一问题的探讨与解答，对今后中国企业出口

---

① 更多文献可参考李春顶（2015）。

增长乃至中国经济高质量发展有着深远的影响。

当然，中国出口企业是否真正存在"生产率悖论"尚有待于进一步考证。实际上，也有不少研究发现：与大多数经济体一样，中国出口企业同样具有更高的生产率，存在"自我选择效应"和"出口学习效应"（张杰等，2009；易靖韬，2009；易靖韬和傅佳莎，2011；钱学锋等，2011；邱斌等，2012；范剑勇和冯猛，2013；Ma 等，2014；刘竹青和佟家栋，2017；邢志平，2018）。

过去围绕生产率与企业出口增长已经拥有丰富的文献，但仍存在一些问题：首先，就中国的情况而言，已有文献样本的时间跨度有着明显的局限性。已有的研究大多都使用 1998—2007 年中国工业企业数据，对于 2008 年以来的实际情况缺乏充足的样本支持，而实际上，2008 年之后至今的 10 余年里，中国对外贸易经历了总量上先降后稳、稳中有升的历程和企业层面大量的退出进入现象，对这一时段进行实证分析的重要意义要远远大于 1998—2007 年。其次，即使生产率与出口在统计检验上呈现强相关性，也未必可以断言，在每一个行业、每一个时刻，生产率都是企业出口增长的关键性决定因素。张文魁（2018）的一项研究指出，在大量样本中、较长时期里，所检验到的生产率与出口之间的关系，对于单个企业或数量较少的企业群体而言，以及在较短时间跨度里，并不一定成立，反而可能是高生产率企业的经营状况（包括出口情况）不如低生产率企业；在市场化经营中，短期经营和财务指标的重要性毫不逊于长期生产率指标，短期财务指标恶化而导致高生产率企业退出国际市场乃至破产倒闭的情况并不鲜见。我们郑重指出这一点，乃是因为，具体到一个国家的某个行业而言，出口企业所占比重并不高，它们在某个较短时期，譬如说受到 2008 年全球金融危机冲击或者开始从冲击中恢复的某些年份里，某个具体行业出口的决定因素到底是否为企业生产率，就值得怀疑。如果企业生产率的出口增长决定在某个具体行业并不一定成立，那么，寻找这个行业出口增长的其他决定因素，也就具有重要意义。

（三）具体行业具体分析

我们考虑，针对具体行业而言，在某些较短的时期里，从企业规模的角度来分析企业出口增长的决定因素，可能是一个重要的研究路径。因为单从成本覆盖能力，包括对沉没成本的覆盖能力来看，至少在短期内，规模更大的企业具有更强的覆盖能力。即使从学习效应角度来看，由于学习也可以理解为支付固定的学习成本，规模更大的企业无疑具有优势。当然，企业规模在相当程度上可能包含了生产率因素，但这不仅不妨碍，反而更支持我们从企业规模角度来考察出口增长的决定因素。此外，为了将企业规模因素与生产率因素分离开来，本书还将对生产率的出口增长决定性进行单独分析。

我们在前面已经提到，企业的短期经营和财务指标也具有重要性，因此我们还可以综合考察企业规模和一些经营财务指标。按照国际通行标准，营业收入和总资产既是企业的主要经营财务指标，也是衡量企业规模的主要指标。这意味着，分析营业收入和总资产的差异在某种程度上或许更能衡量企业异质性。实际上，较之出口企业生产率显著高于非出口企业，出口企业规模比非出口企业规模的差异更大。Bernard 等（2007）发现，2002 年，在美国制造业出口企业溢价中，就生产率而言，出口企业与非出口企业之比或为 1.26（以人均增加值衡量），或为 1.02（以全要素生产率衡量）；就出口企业规模而言，相应数据或为 2.29（以雇员人数衡量），或为 2.48（以出货量衡量）。新近的异质性企业贸易理论也日益重视企业规模异质性的重要性。部分研究认为，企业规模越大，生产率可能越高，出口规模可能越大，因为企业技术创新与企业规模正相关，企业规模越大，企业越有可能从事技术创新，进而提高企业生产率和扩大出口（Melitz 和 Ottaviano，2008；Melitz 和 Trefler，2012；马骥和马相东，2017；Aghionet 等，2018）。

由于本书研究的是行业出口而不是一国所有出口，而且关注的是较短时间跨度，所以行业选择、时间跨度选择就特别重要。改革开放 40 年来，我国出口行业经历了从劳动密集型向资本密集型、技术密集型过渡的重大转变，自 2008 年之后，后者的一些行业出口量越来越大且将对我国产业升级和贸易质量提升有着越来越重要的意义，所以本章将选择一个资本密集、技术密集的行业来作为样本。电气机械和器材制造业（以下简称"电气制造业"）就是这样一个典型行业。根据 2017 年 10 月 10 日起实施的中国《国民经济行业分类》（GB/T 4754—2017），电气机械和器材制造业包括电机制造、输配电及控制设备制造、电线电缆光缆及电工器材制造、电池制造、家用电力器具制造、非电力家用器具制造、照明器具制造、其他电气机械及器材制造 8 个中类，包括发电机及发电机组制造、电动机制造、电力电子元器件制造、光纤制造、光缆制造、智能照明器具制造等 38 个小类。不仅如此，电气制造业出口企业的比重普通较高，出口企业样本量相对较大①，有利于大数据分析。就时间跨度而言，我们考虑 3～5 年较为合适，因为 1～2 年的跨度可能有较大的偶然性和异常性。同时，在数据可得性允许的情况，本书将选择最近的时期。综合以上考虑，本章使用 2014—2016 年 BvD-Oriana 亚太企业分析库和中国海关进出口数据库相匹配的样本数据，研究企业出口增长决定中企业规模的作用。

　　本章可能的创新，除了针对电气制造业这个特定行业之外，还有两点：一是数据选取的创新。本章数据来自 BvD-Oriana 亚太企业分析库和中国海关进出口数据库相匹配样本数据。本章选择 2014—2016 年 BvD-Oriana 亚太企业分析库可获得连续财务数据的 4 431 家企业作为研究样本。对于企业的出口数据，本书根据中国海关进出口数据库整理得到。相比国家统计局的规模以上工业企业数据库，BvD-Oriana 亚太企业分析库覆盖了更多中小型企业，另外能够得到电气制造业企业的最新财务数据。二是与既有研究将企业规模异质性作为控制变量不一样，本章首次将企业规模异质性作为中国企业出口增长决定因素的解释变量。研究结果表明，较之生产率，企业规模更能体现企业的异质性，进而是决定企业是否出口以及出口规模的更为关键因素。本研究既丰富了异质性企业贸易理论，也对新时代促进中国企业出口增长和中国经济高质量发展提供理论基础。

　　本章余下部分安排如下：第二部分，分析描述中国电气制造业出口企业的特征事实；第三部分，是模型设定和变量说明；第四部分，是回归结果与分析；第五部分，是结论与启示。

---

① 以美国为例，数据显示，2002 年，就制造业整体而言，美国出口企业的比重为 18%，其中电气制造业出口企业的比重达到 38%（Bernard 等，2007）。

二、特 征 事 实

本章数据来自 BvD-Oriana 亚太企业分析库和中国海关进出口数据库匹配的电气制造业企业样本数据。BvD-Oriana 亚太企业分析库共记录了中国大陆地区176 053 家电气制造业企业的财务和经营状况等信息，本章选择 2014—2016 年可获得连续财务数据的 4 431 家企业共计 13 293 个观测值作为研究样本。对于企业的出口数据，根据中国海关进出口数据库交易数据整理得到。如前所述，电气制造业出口企业所占比重普通较高。就中国而言，因其出口导向型经济特性，出口企业所占比重更高。数据显示，2014—2016 年，在 13 293 个观测值中有 6 339个是出口企业观测值，出口企业所占比重三年平均为 47.7%（表 8-1）。[①]

表 8-1　出口企业和非出口企业比重

年　　份	2014	2015	2016	合计
企业总数 / 家	4 431	4 431	4 431	13 293
出口企业数 / 家	1 918	1 926	2 495	6 339
非出口企业数 / 家	2 513	2 505	1 936	6 954
出口企业占比 /%	43.3	43.5	56.3	47.7

资料来源：中国海关进出口数据库

出口企业和非出口企业的异质性表现是这一部分研究的重点，通过对样本数据分析，可以发现如下三个特征事实。

（一）出口企业的生产率略高于非出口企业

在异质性企业贸易模型中，企业的生产率传统上是影响企业出口的核心变量。企业生产率的度量通常使用全要素生产率。其基本方法为索洛残差法，即柯布道格拉斯生产函数 $Q = AK^{\alpha}L^{\beta}$ 的对数形式：

$$\ln \hat{Q} = \ln \hat{A} + \hat{\alpha} \ln K + \hat{\beta} \ln L$$
$$\text{TFP} = \ln Q - \ln \hat{Q}$$

（8-1）

---

① 这一比重明显高于前文所述美国的 38%。

对企业产出、资本和劳动投入进行回归，在得到拟合值之后，其与真实值的差额即全要素生产率，也就是我们所说的剥离资本和劳动要素之后的企业生产能力，主要体现在企业的技术水平、创新能力和管理标准上。一些文献对索罗残差法进行了改进，一种通常使用的方法是通过系数设定的方式近似计算全要素生产率 ATFP（Griliches 和 Mairesse，1990）：

$$ATFP = \ln(Q/L) - s\ln(K/L) \qquad (8\text{-}2)$$

式中，L 为劳动投入；K 为资本投入；s 为资本要素对生产的贡献度，根据 Hall 和 Jones（1999）、李春顶和尹翔硕（2009）等研究，s 通常设定为 1/3 较合理。

本书使用 ATFP 进行估算。由于产出数据不可得，使用企业的总营业收入计算产出。企业的营业收入和产出价值之间存在一定差异，产出价值度量了企业当期的全部生产产品按销售价格计算的总价值，而营业收入则反映了当期的销售总额，因而本书通过"总营业收入 + 存货 - 上期存货"近似反映企业产出。企业的劳动力投入则用企业的年员工人数表示，资本投入用当期固定资产净值表示（唐宜红和林发勤，2009）。计算结果显示，2014—2016 年，中国电气制造业出口企业和非出口企业的生产率差异并不大，出口企业的生产率只是略高于非出口企业（表 8-2）。

表 8-2　出口和非出口企业的生产率差异（2014—2016 年）

年　　份	2014	2015	2016	2014—2016 平均
非出口企业（1）	8.10	7.98	8.08	8.05
出口企业（2）	8.19	8.15	8.15	8.16
（2）/（1）	1.01	1.02	1.01	1.01

资料来源：BvD-Oriana 亚太企业分析库

（二）出口企业的企业规模远大于非出口企业

与生产率差异较小不同，中国电气制造业出口企业和非出口企业在企业规模上表现出明显的异质性，这可以从财务指标方面得到反映。通过分析 2014—2016 年中国电气制造业出口企业和非出口企业的财务业绩表现，可以发现，出口企业和非出口企业在平均员工人数、营业收入、总资产等方面差异显著，在平均固定资产上的差异相对小一些，但也明显大于生产率差异。数据显示，2014—2016 年，中国电气制造业出口企业的平均员工人数、营业收入、总资产分别为非出口企业的 1.87 倍、1.65 倍、1.45 倍，出口企业的平均固定资产则为非出口企业的 1.26 倍（表 8-3）。这表明，无论从哪个指标看，中国电气制造业出口企业的企业规模都明显大于非出口企业。

表 8-3　出口和非出口企业的企业规模差异（2014—2016 年）

财 务 指 标	年份	出口企业（1）	非出口企业（2）	（1）/（2）	三年平均
平均营业收入／亿美元	2014	1.47	0.86	1.70	
	2015	1.57	0.89	1.76	1.65
	2016	1.51	1.01	1.49	
平均总资产／亿美元	2014	1.62	1.01	1.60	
	2015	1.78	1.14	1.56	1.45
	2016	1.81	1.53	1.18	
平均固定资产／百万美元	2014	58.7	41.8	1.40	
	2015	57.9	41.6	1.39	1.26
	2016	57.3	57.2	1.00	
平均员工人数／人	2014	1 203	671	1.79	
	2015	1 221	612	1.99	1.87
	2016	1 232	671	1.83	

资料来源：BvD-Oriana 亚太企业分析库

（三）出口企业所占比重与企业规模正相关

进一步分析发现，中国电气制造业出口企业所占比重还与企业规模显著正相关。无论是纵向比还是横向看，企业规模越大，出口企业所占比重越高。就纵向比而言，随着全样本企业的平均资产规模从 2014 年的 1.29 亿美元逐年扩大至 2016 年的 1.70 亿美元，出口企业所占比重相应从 2014 年的 43.3% 逐年提升 2016 年的 56.3%（表 8-4）。从横向看，以 2016 年为例，小型企业和中型企业出口企业占比分别为 27.1% 和 40.8%，而大型和超大型出口企业比重分别为 61.1% 和 61.0%（表 8-5）。

表 8-4　出口企业占比纵向比较（2014—2016 年）

年　份		2014	2015	2016
全样本企业规模	平均营业收入 / 亿美元	1.14	1.20	1.31
	平均总资产 / 亿美元	1.29	1.43	1.70
	平均员工人数 / 人	924	885	999
出口企业所占比重 /%		43.3	43.5	56.3

资料来源：中国海关进出口数据库

表 8-5　不同企业规模的出口企业占比比较（2016 年）

类　型	小型企业	中型企业	大型企业	超大型企业	总计
全样本总数	59	935	1 903	1 534	4 431
出口企业数	16	381	1 163	935	2 495
出口企业占比 /%	27.1	40.8	61.1	61.0	56.3

注：企业规模的划分来自 BvD-Oriana 亚太企业分析库

资料来源：中国海关进出口数据库

三、模型设定和变量说明

本节建立模型，为下节的数据分析做准备。

（一）企业规模与生产率

图 8-1 提供了 2014—2016 年中国电气制造业企业规模和其生产率之间关系的散点图。可以看到，企业规模越大的企业倾向于拥有更高的生产率，这与以往文献的发现一致。不过值得注意的是，企业规模与生产率之间的正相关程度较低。根据相关性检验，生产率和企业规模间的相关系数仅为 0.19。这表明，生产率并不是决定企业规模的主要因素。而企业规模对于出口的显著影响，可能来自生产率之外因素的独立作用。因此，我们在下文中将生产率与企业规模分离开来，以实证的方式对企业规模在出口规模增长中的作用进行考察。

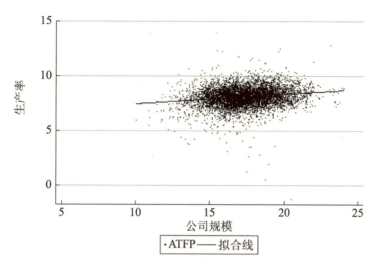

图 8-1 企业规模与其生产率之间的关系（2014—2016 年）

本章选择电气制造业企业作为研究对象，由于异质性企业的出口增长决定性因素已经排除行业属性的差异，企业的异质性集中体现在生产率、企业规模、盈利能力、存续时间、企业性质、区位选择等方面。因此本节将根据这几个方面对企业的出口规模增长及其决定因素建立模型。此外，为了避免样本选择偏差的影响，本节选择 Heckman（1979）两阶段模型进行估计。

（二）模型设定

根据 Heckman 选择模型，第一阶段首先判断企业是否具有出口行为。被解释变量为出口决策的虚拟变量，如果企业 i 在 t 年进行了出口，则 EX_dum_{it} 取值为 1，否则为 0。

$$EX\_dum_{it} = \begin{cases} 1\left(if\ EX\_dum_{it}^* > 0\right) \\ 0\left(if\ EX\_dum_{it}^* \leq 0\right) \end{cases} \quad （8\text{-}3）$$

企业出口决策方程可以表示为式（8-4），采用 Probit 模型估计：

$$EX\_dum_{it}^* = \beta_0 + \beta_1 productivity_{it} + \beta_2 size_{it} + \beta_3 npm_{it} + \beta_4 age_{it} + \beta_5 D(type)$$
$$+ \beta_6 D(loca) + \beta_7 (EX\_lag) + \varepsilon_{it}$$

$$(8\text{-}4)$$

第二阶段进一步检验企业出口规模的决定因素。被解释变量为出口金额表示的企业规模，数据来自中国海关进出口数据库，实证中采用对数形式：

$$EX\_scale_{it} = \begin{cases} EX\_scale^* & (if\ EX\_dum_{it}^* > 0) \\ - & (if\ EX\_dum_{it}^* \leqslant 0) \end{cases} \quad (8\text{-}5)$$

企业出口规模方程可以表示：

$$EXscale_{it}^* = \beta_0 + \beta_1 productivity_{it} + \beta_2 size_{it} + \beta_3 npm_{it} + \beta_4 age_{it}$$
$$+ \beta_5 D(type) + \beta_6 D(loca) + u_{it}$$

$$(8\text{-}6)$$

模型中的 ε_{it} 和 u_{it} 为随机扰动项。假定两个方程的随机扰动项相关系数 ρ 服从正态分布，当 $\rho \neq 0$ 时，两阶段方程相关，意味着忽略其中的任一个方程会导致选择性偏误。

在 Heckman 选择模型的第一阶段通常需要加入额外的控制变量。本章参考阳佳余（2012），加入企业是否出口的滞后一期变量，代表企业进入出口市场的沉没成本，其余变量与第二阶段相同。

解释变量中，企业规模是本书的重点关注对象，我们用企业总资产 asset 作为企业规模的衡量[①]。由于在中国情境下，生产率和企业规模之间应当不具备直接的因果关系，所以将生产率和企业规模同时放入不会产生"不合格控制变量"问题（Angrist 和 Pischke，2009）。在回归时，对于总资产取对数处理。生产率仍使用 ATFP 进行衡量。在稳健性检验部分，我们也提供基于其他生产率衡量指标的检验。

其他控制变量方面，选取的变量有：①企业净利润率 npm。出口企业的营业收入较高，本文以净利润率（净利润／营业收入）npm 作为企业盈利能力变量。②企业存续时间 age。企业存续时间可以反映企业在优胜劣汰的市场竞争中的长

[①] 可以反映企业规模的指标包括营业收入、总资产、固定资产、员工人数等，由于计算生产率时使用了营业收入、员工人数和固定资产指标，本书根据张宏等（2014），张欣和孙刚（2014）等研究方法选择总资产作为企业规模的代理变量。

期积累，企业年龄长，往往意味着企业具有较发达的市场网络、稳定的客户群体和较强的综合实力。③企业类型虚拟变量。不同的企业类型也具有不同的出口表现，本文分别选择国有企业 gov_dum、民营企业 private_dum 两个虚拟变量度量企业类型。④地区虚拟变量。不同地区企业的出口也存在差异，本书通过东部地区 east_dum、中部地区 med_dum 和西部地区 west_dum 三个虚拟变量衡量企业的区位选择因素。①

变量说明及描述统计见表 8-6。

表 8-6　变量说明及描述统计

变量符号	变量含义	样本量	均 值	标准差	最小值	最大值
EX	企业出口与否	13 293	0.48	0.50	0	1
ln EXscale	企业出口规模	6 338	15.24	2.62	0.69	21.21
atfp	近似全要素生产率	7 280	8.11	0.85	−1.22	12.82
ln asset	资产规模	10 785	17.01	1.92	4.97	24.01
npm	净利润率	9 895	3.46	12.73	−99.21	92.20
age	企业年龄	13 263	13.40	6.47	2.00	50.00
gov_dum	国有企业虚拟变量	13 293	0.02	0.16	0	1
private_dum	民营企业虚拟变量	13 293	0.29	0.45	0	1
east_dum	东部地区虚拟变量	13 293	0.81	0.39	0	1
med_dum	中部地区虚拟变量	13 293	0.11	0.32	0	1
west_dum	西部地区虚拟变量	13 293	0.05	0.22	0	1

四、回归结果与分析

本章应用 Stata 14.0 软件对数据集进行回归分析。

（一）基准回归结果及分析

表 8-7 报告了基准回归结果。第（1）列只包含生产率作为解释变量，可以看到，

① 东部地区包括北京、天津、河北、辽宁、上海、江苏、浙江、福建、山东、广东、广西、海南12 个省市，中部地区包括河南、山西、湖北、安徽、湖南、江西 6 个省份。

生产率对企业出口决定的影响不显著，对企业出口规模的影响显著正相关。在引入企业规模后，第（2）列的结果显示，生产率对企业出口决定的影响仍然不显著，同时对企业出口规模的影响系数下降；而企业规模对企业出口决定和出口规模均显著正相关。在加入其他控制变量后，第（3）列的结果显示，生产率对企业出口决定的影响仍然不显著，同时对企业出口规模的影响系数进一步下降；而企业规模对企业出口决定和出口规模均显著正相关，同时对企业规模的影响系数略有提高。这表明，在电气制造业企业出口增长的决定因素中，企业规模比生产率的作用更加突出。

在控制变量中，企业存续期对企业出口规模表现出显著正向影响，这反映经历了长时间市场考验后存活下来的"老字号"企业往往具有很好的营销能力、良好的海外客户关系网和畅通的销售渠道。国有企业性质对企业出口规模增长以及民营企业性质对企业出口决策均具有显著负向影响，可能的解释是作为比较基准的外资企业以加工贸易为主，出口导向特征更为明显。

表 8-7　Heckman 选择模型结果

	（1）		（2）		（3）	
	一阶段	二阶段	一阶段	二阶段	一阶段	二阶段
atfp	0.024	0.667***	0.012	0.513***	−0.016	0.440***
	(0.027)	(0.065)	(0.027)	(0.062)	(0.032)	(0.065)
ln asset			**0.042***	**0.492***	**0.031***	**0.496***
			(0.013)	(0.028)	(0.017)	(0.032)
npm					0.001	0.006
					(0.002)	(0.005)
age					−0.012***	0.025***
					(0.005)	(0.008)
state					−0.208	−1.362***
					(0.178)	(0.405)
private					−0.413***	−0.219*
					(0.066)	(0.117)
east					0.100	0.665**
					(0.168)	(0.269)
west					−0.508**	−0.070
					(0.202)	(0.397)
med					−0.054	−0.390
					(0.181)	(0.333)

续表

	（1）		（2）		（3）	
	一阶段	二阶段	一阶段	二阶段	一阶段	二阶段
expo_lag	2.854***		2.825***		2.862***	
	(0.061)		(0.061)		(0.066)	
_cons	−1.150***	10.406***	−1.757***	2.977***	−1.144***	2.591***
	(0.216)	(0.538)	(0.283)	(0.642)	(0.374)	(0.766)
athrho	−0.471***		−0.463***		−0.439***	
_cons	(0.032)		(0.032)		(0.033)	
lnsigma	0.934***		0.871***		0.849***	
_cons	(0.018)		(0.020)		(0.021)	
N	5 157		5 157		5 078	

注：***、**、* 分别表示在 1%、5%、10% 的显著性水平上通过检验

（二）稳健性分析

本章通过两种方法进行稳健性检验：一是改变生产率的计算方法，二是改变使用的计量模型。

首先，改变生产率的计算方法。我们在上文中对生产率的计算使用 ATFP 法。对生产率的衡量方式不同，可能导致最终结果产生差异，因此我们在这一部分引入更多的生产率指标，替代原先的 ATFP 值进行回归，以验证回归结果的稳健性。

这些替代方法有以下几种。

（1）基本的索洛残差法，即式（8-1）。

（2）索洛残差法的另一种修正，考虑规模报酬的情况下的 H-R 法全要素生产率 HTFP（Head 和 Ries，2003），其计算公式如下：

$$HTFP = \frac{1}{\mu}\ln A + \frac{\mu-1}{\mu}\ln Q \tag{8-7}$$

式中，$\ln A$ 为式（8-1）计算的索洛剩余；$\mu = \alpha + \beta$，为式（8-1）中的规模报酬情况，若大于 1 即为规模报酬递增，小于 1 为规模报酬递减。

（3）用资本—劳动比率 KTFP 反映企业生产率。在 Jefferson 等（2000）、张杰等（2009）等研究中，资本—劳动比率用来反映资本深化的程度，能度量企业在资本方面的生产率。考虑到电器制造行业的资本密集属性，本书也采用这种

方法进行测算：

$$KTFP=K/L \tag{8-8}$$

仍然使用 Heckman 选择模型进行回归，结果报告见表 8-8。报告显示，使用索洛剩余和 HTFP 方法衡量生产率，其对企业出口决定和出口规模的影响与前文 ATFP 方法的结果一致，而使用 KTFP 衡量的生产率对企业出口规模的影响不显著；与此同时，企业规模对企业出口决定和出口规模的影响始终显著正相关。这再次印证在促进企业出口决定和出口规模方面，企业规模比生产率的影响更加突出。基准回归的结果保持稳健。

表 8-8　稳健性检验结果

	（1）TFP		（2）HTFP		（3）KTFP	
	是否出口	出口金额	是否出口	出口金额	是否出口	出口金额
tfp	−0.021	0.409***	−0.019	0.419***	−0.000*	−0.000
	（0.032）	（0.065）	（0.032）	（0.065）	（0.000）	（0.000）
ln asset	0.032*	**0.495*****	0.032*	**0.491*****	0.039**	**0.554*****
	（0.017）	（0.032）	（0.017）	（0.032）	（0.016）	（0.032）
expo_lag	2.862***		2.862***		2.920***	
	（0.066）		（0.066）		（0.060）	
_cons	−1.284***	6.166***	−1.281***	6.163***	−1.521***	5.371***
	（0.325）	（0.633）	（0.325）	（0.632）	（0.298）	（0.600）
athrho	−0.440***		−0.440***		−0.434***	
_cons	（0.033）		（0.033）		（0.031）	
lnsigma	0.851***		0.850***		0.849***	
_cons	（0.021）		（0.021）		（0.019）	
N	5 078		5 078		6 138	

注：***、**、* 分别表示在 1%、5%、10% 的显著性水平上通过检验；回归中同时还控制了盈利能力、企业存续时间、企业性质虚拟变量以及地区虚拟变量

接下来，我们改变使用的计量模型。采用误差修正的面板随机效应模型进行估计，分析生产率和企业规模对企业出口规模的影响。第（1）～（3）列与表 8-7 一样依次放入变量，生产率变量采用 ATFP；第（4）～（6）列改变生产率变量，分别使用基本全要素生产率 TFP，H-R 法全要素生产率 HTFP 和用资本—劳动比率 KTFP 作为替代变量。结果显示，与 Heckman 选择模型的结果一样，企业规模对企业出口增长始终具有显著的正向影响，并且独立于生产率的作用；生产率

对企业出口增长的决定影响模棱两可（表 8-9）。基准回归的结果保持稳健。

表 8-9　面板随机效应模型检验结果

	（1）	（2）	（3）	（4）	（5）	（6）
	ATFP	ATFP	ATFP	TFP	HTFP	KTFP
tfp	0.396***	0.292***	0.276***	0.263***	0.267***	−0.000
	（0.064）	（0.059）	（0.058）	（0.058）	（0.058）	（0.000）
ln asset		0.504***	0.512***	0.512***	0.509***	0.576***
		（0.033）	（0.037）	（0.037）	（0.037）	（0.037）
npm			0.006*	0.006**	0.006*	0.010***
			（0.003）	（0.003）	（0.003）	（0.004）
age			0.027***	0.027***	0.027***	0.020**
			（0.010）	（0.010）	（0.010）	（0.010）
state			−1.790***	−1.788***	−1.788***	−1.836***
			（0.484）	（0.484）	（0.484）	（0.464）
private			−0.312**	−0.310**	−0.311**	−0.205
			（0.129）	（0.129）	（0.129）	（0.127）
east			0.756**	0.763**	0.761**	0.647*
			（0.346）	（0.346）	（0.346）	（0.330）
west			−0.415	−0.413	−0.413	−0.641
			（0.492）	（0.492）	（0.492）	（0.471）
med			−0.783*	−0.782*	−0.783*	−0.937**
			（0.416）	（0.416）	（0.416）	（0.398）
_cons	11.928***	4.032***	3.107***	5.343***	5.340***	4.425***
	（0.527）	（0.704）	（0.856）	（0.743）	（0.743）	（0.722）
N	3 901	3 901	3 810	3 810	3 810	4 462

五、结论和政策启示

本章使用 2014—2016 年 BvD-Oriana 亚太企业分析库和中国海关进出口数据库匹配的电气制造业企业数据，对企业生产率和企业规模对中国电气制造业企业出口增长的决定影响进行了实证检验。结果表明：生产率对企业出口决定和出口规模的影响模棱两可，但企业规模对企业出口增长始终具有显著的正向影响。在使用不同生产率衡量指标进行控制的模型及误差修正的面板随机效应模型中，这一结果保持稳健。本章的基本结论就是，企业规模比企业生产率对于企业出口增长决定具有更加显著的正向影响，并且独立于生产率的作用。

我们这项研究，具有一定的学术意义。已有的许多文献对涵盖各个行业的企业样本进行分析，着重强调了生产率的出口增长决定作用。本书则针对电气制造业这个单一行业进行研究，强调了企业规模的出口增长决定作用。一国有大量出口企业，但是，这些为数众多的出口企业实际上是由各个行业的出口企业组成的，而一个行业却往往只有少数几十家甚至几家出口企业。所以，对一国全部出口企业进行统计检验所获得的结果，可能会掩盖各个具体行业少数出口企业的真相，特别是在某些较短时间跨度里的出口决定真相。从巨大样本和长期来看，生产率可能是唯一重要的决定因素，但从单个行业和短期来看，就未必是这样。因此，本书可能为揭示某些具体行业短期内的出口增长决定真相提供了一个视角。更重要的是，如果单个行业的出口和其他经营活动在短期内"过不去"，那就难以指望长期前景，这也许就是凯恩斯强调短期分析重要性的原因。

我们这项研究，也有一定的政策意义。中国经济发展及企业出口增长，现在都到了一个严峻的当口。从长期来看，由于国际贸易的壁垒更多、不确定性更大、难度更高，所以一般认为，国际贸易更能代表企业竞争力、区域竞争力、国家竞争力，而企业生产率则是这些竞争力的基础。但在短期当口，也不应忽视企业经营指标的稳健性，而经营指标与生产率指标在短期内并不一定完全对应。企业规模的不断壮大，是生产率指标和各种经营指标的综合结果，政府并不能挑选规模上的赢家，而是应该促进平等竞争和优胜劣汰，使强者越来越大、弱者退出市场，这对于提高贸易质量和经济发展质量，都具有正面作用。

第九章

总结及政策讨论

至此为止，我们已对一国经济如何攀登增长之梯，以及基于本土的外向竞争大企业如何发挥踏板作用，作了比较完整的分析和论述。本章对全书进行总结，并结合中国的具体情况，作一些政策讨论。

一、研究的逻辑

本节对全书的理论基础和研究思路进行总结，以便为读者勾画出本书的研究逻辑和分析框架。

（一）攀登增长之梯的微观视角

尽管世界银行等国际机构在 21 世纪初就提出了"中等收入陷阱"这个命题，国外一些经济学家更是在 20 世纪中叶以来就广泛研究了一些发展中国家为何不能完成工业化、为何不能成为发达国家的问题，但是，中国经济学界对于中等收入状态下经济增速显著放缓的深入剖析，对于如何保持一定增速从而顺利成为高收入国家的热烈讨论，是近几年才有的一个引人注目的学术现象。刘世锦等（2011）是国内较早意识到中国经济将出现"增速下台阶"的经济学家，他们的研究表明，进入中等收入状态之后，尤其是接近上中等收入状态之后，保持较高速度经济增长就变得越来越困难，许多经济体都会因此受到增速明显下滑的困扰。中国经济增长速度自 2012 年之后不断下滑而难以提振，给予了政府官员和学者以真实感受，许多人接受了这样的事实，并认为这个事实符合不可避免的经济规律，而另外一些人则以自己的理论和理由进行争辩，认为只要改变某些政策和做法并假以时日，中国应该可以再次恢复较高的经济增速，在不久的将来即可进入高收入国家的行列。无论各派的理论、观点如何不同，从中等收入到高收入，是一个经济增长难度甚高的阶段，这一点应该没有太大争议。

本书选择了从微观视角来研究这一阶段的经济增长，并把这一特定阶段，特别是把从上中等收入到高收入这一更为困难时段的经济增长，形象地称为攀登增长之梯。而把从低收入达到中等收入状态，称为进入增长之门。

标准的宏观分析框架忽视了经济增长的微观基础——企业，这是宏观经济学的内在缺陷。产业分析方法被一些经济学家称为"中观"分析，并被发展为产业经济学，尽管这个范式比宏观分析更加贴近经济发展的全貌，但还是没有显示出微观动力。企业是经济增长的基础，这是毫无疑问的，连普通人都把企业视为经济发展的细胞，这一点并不需要学术论证，只不过经济学既有的分析体系没有较好的方法进行妥善的技术处理而已。国民经济核算非常直观地告诉我们，经济增长基本上自来企业增加值的增长。而企业增加值的增长，无非是两个来源：一个是新设立的企业带来的增加值，另一个是已有企业产出的增加。这都意味着企业营业规模的扩大。因此，经济增长，基本上就意味着企业的营业规模扩大，这本来是常识。我们的分析指出，在进入增长之门的过程中，大量中小企业的设立和兴旺，对于经济快速增长具有强大的推动作用，而在攀爬增长之梯的过程中，外向竞争大企业，特别是制造业大企业，则发挥了难以替代的关键作用。从中等收入迈入高收入的过程中，以及在高收入的基础上继续增长，必将面临我们熟知的转型升级问题，以及如何提升创造力、如何与前沿国家进行水平竞争等问题。也就是说，经济增长需要从主要依赖要素投入和要素从第一产业到第二产业的自然的、简单的转移，转向主要依赖创新和要素在产业之间和企业之间的复杂转移，并在工业扩张速度趋势性放缓的压力下大力发展商业化的服务业并提高其效率，还需要以技术更新更高的产业不断替代以前的产业，以及各个重要产业的企业尽量往价值链和质量阶梯的高处爬升，同时要在全球范围内进行更激烈的竞争，特别是将不可避免地面临与前沿国家进行正面竞争。这些都意味着在全球竞争环境中，全要素生产率的持续提高和对前沿国家的追赶。我们的看法是，在这个过程中，形成和壮大于竞争环境中的大企业，将是宏观增长的微观基础中的基石。

（二）基于本土的外向竞争大企业是"关键少数"

我们的分析显示，基于本土的竞争性、外向型的大企业，的确比中小企业更加胜任上述这些方面的工作。这些企业才是"关键少数"。因此，我们把这样的大企业，形象地称为增长之梯的踏板。即使在互联网和信息技术飞速发展的当今时代，企业间合作、联盟有着更加多样的形式和内容，企业内流程也在发生深刻变化，但是单个企业的营业规模仍然是市场力量的基础，这一点并没有改变，也不会改变。

本书强调，那些能够成为踏板的大企业，一个较为普遍的特征，就是实行外向型经营、参与国际竞争，具体形式包括进出口、吸收外资及对外投资、接入全球供应链和产业链、布局全球生产营销研发网络等。如果缺乏这个较为普遍的特征，一国的大企业群体，就难以帮助国家在攀爬增长之梯的时候实现产业链和价值链的全球化、国际收支基本平衡、货币汇率基本稳定，也不可能实现对发达国家企业的生产率追赶。这一点是不能忽视的。具有这个特征的企业，一般都处于可贸易部门，主要是制造业部门。

当然，这里需要指出的是，企业规模的大小既是相比较而言的一个概念，又是动态变化的一个概念，所以本书所指的踏板大企业，并不一定是国家统计部门等政府机构划分出的大企业，也不一定就是那些被《财富》杂志和其他机构列入500大榜单的大企业。确切地说，本书所关注的所谓大企业，是那些"较大且更快变大"（relatively-larger and growing-faster）的企业，许多这样的企业都是行业龙头企业。本书在进行具体分析时，都对作为分析对象的大企业进行了仔细界定和准确说明。本书还特别指出，那些由政府"喂养"和"捏合"而成的大企业，主要是国有大企业，其中许多都不能视为踏板企业。

二、大企业的形成与表现

本节对我国本土大企业的表现进行简要总结，对它们营业规模的增长速度、对外贸易行为、生产率状况在行业中的地位进行描述。

（一）大企业的形成与大企业的作用

本书将异质性企业贸易理论作为研究基础，所以非常重视从国际贸易角度来审视大企业的形成和大企业的竞争力。毫无疑问，一个经济体当中有许许多多的企业，绝大部分企业都想变成大企业，但为什么有些企业能由小变大，有些企业能由大变得更大，而有的企业却不能？因此我们需要探讨企业规模变化的背后因素。经济学和管理学一直以来都有一些关于企业成长、企业规模的理论，而近十几年来得到越来越多关注的异质性企业贸易理论的有关研究显示，企业规模差异实际上是来自企业生产率等方面的异质性。在许多实证分析中，企业异质性理论显示了对于全球贸易和企业规模的较强解释能力。本书也强调了经济增长的贸易本质，因此以异质性企业贸易理论作基础，来研究外向大企业踏板，以及研究如何攀爬增长之梯，在分析框架上是可行的、合适的。

我们的分析显示，改革开放以来，特别是 21 世纪初加入世界贸易组织以来，中国企业的对外出口总体上呈现快速增长的趋势，在 21 世纪第二个 10 年已然成为全球最大出口国；中国企业出口产品质量也在总体上呈现明显提高的趋势，但出口产品质量对于中间品进口的依赖程度较大，中间品进口下降，则会导致出口产品质量明显下滑，而且中间品供给对加工贸易企业以及外资企业的出口产品质量的影响，远远大于对一般贸易内资企业的影响。我们发现，规模更大的企业，出口产品质量更高。我们还发现，出口企业的劳动生产率随企业规模的扩大而提高，大企业的劳动生产率显著高于中等规模以及小规模企业，这个结论在不同所有制的企业当中都是成立的。这些研究结果表明，我国有一批规模较大的企业，从它们的规模、生产率、全球竞争等方面的已有表现来看，它们堪称增长之梯的踏板；但是，这些踏板企业参差不齐，而且未来的表现并不必然令人乐观，单从它们对中间品进口的依赖性这个角度来看，不少企业对进口中间品的依赖程度较高，一旦中间品进口受到冲击或者限制，出口产品质量就会明显下滑，甚至有些企业的正常经营也会受到较大冲击，其市场占有率难以维持，其生产率难以持续提高，也就难以继续追赶发达国家的企业。很显然，中国不但需要更多的外向型大企业作为增长之梯的踏板，下一步更需要更加稳固牢靠、质量更好、生产率更高的踏板，而这并不是能够轻易实现的事情。

我们对中国企业的出口产品按行业进行分析，也显示了在过去20年里，出口产品的技术含量明显提高，特别是非国有的本土企业出口快速增长并以一般贸易为主；如果以出口净值与出口额的比值来衡量增值率，那么非国有的本土企业一般贸易增值率也较高。对中国出口前200家企业的分析显示，国有企业数量逐步减少，从2001年的104家减少到2016年的45家；外商投资企业数量虽然增加，但是2016年有回落；民营龙头企业数量逐步增加，从2001年的15家增加到2016年的41家。这些出口龙头企业是质量增长的主要阶梯，值得我们关注。可以看出，在较大程度上，民营企业的未来，决定着中国增长之梯踏板的未来。

我们还选取了一些典型行业进行企业出口分析。电气设备生产行业是我国最重要的产业之一，通过实证检验，我国发现这个行业的企业生产率对企业出口的促进作用模棱两可，但企业规模对于企业出口决定具有显著的正向影响，基本结论就是，企业规模比企业生产率对于企业出口决定具有更加显著的正向影响，并且独立于生产率的作用。这个研究结果告诉我们，从巨大样本和长期来看，生产率可能是企业出口唯一重要的决定因素，但对于某个具体行业而言，从短期来看，就未必是这样。这进一步强调了国际贸易中的企业规模的重要意义。当然，我们也强调，企业规模和企业生产率不是非此即彼的，而恰恰是相辅相成的，在这个阶段尤其如此。

我们也专门研究了中国企业的规模与全要素生产率。我们对规模以上工业企业进行分析，筛选出营业收入平均增速位于全部规模以上企业平均增速前5%的企业，这些企业有3 000～5 000家。研究发现，这些企业的规模扩张速度显著快于全部规模以上企业，而且在20世纪末这些企业的66.2%是国有企业，到2007年只有6.8%为国有企业；这些企业的全要素生产率在1998年还低于全部规模以上企业的平均水平，但进入21世纪以来，它们的全要素生产率及增速要显著高于其他企业，2007年则明显高于全部规模以上企业平均水平。这些企业的年龄分布，2003年以前，5～6年的年轻企业和40年左右的老企业都占相当大的比重，而 2008 年，年龄主要在 5 ～ 6 年。我们还发现，这些企业有着较为明显的溢出效应，它们一方面自身增长迅速，另一方面也促进了其他企业的增长。进一步分析发现，这种对其他企业的带动作用，主要通过提高其他企业的全要素生产率来实现，是一种典型的"高质量"带动模式。从地域上来看，东部和中部地区大企业数量相对较多，而且大企业对其他企业的带动作用也更为明显，这可能意味着，东中部地区有着更多的踏板企业，这必将有助于东中部地区更加顺利攀爬增长之梯、更快进入高收入社会。毫无疑问，这些持续较快增长的大企业，是我国跨越中等收入陷阱、攀登增长之梯的"关键少数"。

关键少数企业有一些是行业龙头企业。本书还专门分析了我国八大重要制造行业的行业龙头的兴替，发现那些稳坐龙头的企业，都能够把握机遇、强化意愿、练好内功、致力创新。在中国经济处于攀爬增长之梯的重要当口，它们正在日益积聚与发达国家大企业进行水平竞争的能力。本书也分析了大企业与产业升级的关系，强调了攀爬增长之梯在很大程度上就是成功实现产业升级转型，而龙头企业的表现则在较大程度上决定了整个行业升级转型的成败。我们发现，许多龙头企业在产业结构调整、价值链位置提升、质量阶梯登攀方面都取得了一定成绩，但一些经过行政手段捏合形成的大型国有企业集团，则面临整合难题。

我们的研究还显示，改革开放以来，中国许多可视为踏板的大企业是新兴企业和民营企业，它们当然是从小企业迅速发展壮大起来的企业。这意味着，我们绝不能机械地看待和理解大企业和小企业之间的关系。没有源源涌现的小企业，便不会有不断崛起的新兴大企业，踏板就难以铸成。如果各个行业的龙头企业长期由那些老企业占据，新兴企业难以颠覆和替代它们，行业的竞争力和活力就存在很大问题。缺乏众多小企业和新崛起的大企业，也难以出现新行业、新业态、新模式。因此，尽管我们将踏板大企业视为"关键少数"，但它们的基础是芸芸多数，它们不但有着竞争性、外向型的特点，其中许多也有着新兴的特质。

（二）一个典型地区攀登增长之梯的历程

本书还以浙江省作为中国的缩影，来审视从增长之门到增长之梯的全过程。

20 世纪 70 年代末，浙江省在全国范围内来看，属于经济比较落后的省份，但改革开放之后，浙江省经济高速发展，于 2006 年进入上中收入状态，并于 2015 年在全国范围内较早进入高收入状态。浙江省在过去 40 年里，已经经历了低收入—中低收入—上中收入—高收入这个最为完整的过程，这在全国是不多见的，因此浙江省是典型样本。20 世纪 80 年代到 90 年代，浙江鲜有大企业，改革开放政策促进了大量中小民营企业的兴起，其中大部分是劳动密集型企业，一些学者形容当时的浙江经济是"小狗经济"。从现象上来看，正是数量众多的"小狗企业"刺激了浙江经济迅速迈入增长之门。但是进入 21 世纪以来，浙江的企业群体明显呈现两极分化现象，一些在外向竞争中得到淬炼的本土企业成为踏板大企业。浙江省百强企业平均规模增长速度较快，特大型企业对本省经济增长的贡献在不断增强。全国工商联发布的民营企业 500 强，浙江省长期维持在 1/4 强上下，连续 19 年居全国首位，遥遥领先其他省份。2008 年以来，浙江省主要制造业大中型企业劳动生产率大幅提高，大型企业通过效率提升带动经济增长的效应非常突出。浙江大企业出口产品的价格也在稳步提高，特别是技术和资本密集行业的中高端制造品的出口价格上升非常明显，反映了出口质量的提升。完全可以说，一批踏板大企业，有力地助推了浙江省攀登增长之梯、迈入高收入社会。

三、政策讨论之一：踏板大企业是政府扶持出来的吗

一国的大企业，特别是能够成为增长之梯踏板的大企业，到底是自然形成的呢，还是需要政府之手的扶持才能形成呢？这是一个无法回避的问题。

（一）关于政府扶持和产业政策的分歧

我们对全书进行了总结，指出了攀登增长之梯的艰难，分析了大企业的表现和踏板企业的作用。但是仍然存在一个无法回避的问题，就是基于本土的踏板大企业是如何形成的。

尽管我们强调了踏板大企业的外向型和竞争性，但是，这并不等于说，不需要政府任何支持和帮助，踏板大企业就可以自然生成、不断壮大、在全球称雄。尽管我们这里并没有为政府扶持作辩护的意思。

是否需要借助政府之手来造就、扶持一些企业，使它们成为规模足够大、资源足够多、力量足够强的企业，以便占领市场份额并在与其他国家的大企业竞争中胜出，这是一个老话题，也是一个常新的话题。在后发国家攀登增长之梯的背景下，可以想象，这更是一个容易引发激烈争论的话题。2018 年，美国等一些西方国家对中国的产业政策、政府补贴进行激烈指责，中国则进行了有力反驳，使这个话题更加令人关注。实际上，"梯子"（ladder）这一词汇，在 19 世纪德国著名经济学家李斯特的政治经济学著作中，正是用来表述政府的扶持作用。在 21 世纪初，英国剑桥大学经济学家张夏准（Chang，2002）也使用了这个词汇来指陈政府的扶持性产业政策。李斯特和张夏准的观点是，政府支持和产业政策，才是一国实现工业化、发展为发达国家的梯子。而本书的观点则是，如果把从中等收入迈向高收入比喻为攀爬增长之梯，那么基于本土的外向竞争大企业，特别是制造业大企业，则是梯子上必不可少的踏板。李斯特和张夏准的研究缺陷在于，即使他们关于政府支持和产业政策的分析是正确的，但他们并没有揭示，政府扶持和产业政策，只有形成了一批基于本土的外向竞争大企业这个结果，才有可能成为梯子；而如果政府扶持和产业政策的结果，是形成了一批寻租和垄断的大企业，则不会成为梯子。本书的研究缺陷是，尽管揭示了外向竞争大企业的踏板作用，但这些企业是如何形成的，并没有得到足够多的分析，因为这些企业可能是在市场竞争中自然形成的，也可能是由政府扶持和产业政策支持而形成的，或者是这两种力量共同形成的。

（二）竞争中形成的大企业才有竞争力

本书并不专门研究这一议题，但鉴于这种议题的重要性，在对全书进行总结的时候，还是要专门提示一下：我们的研究所隐含的思想是，踏板大企业是在市场竞争中，特别是在外向竞争中形成的，这些企业应该主要处于可竞争性领域，特别是制造业领域，并且最终要在全球体系中屹立于较高的价值链位置。本书的分析，并不是要寻找过硬证据完全否定政府扶持和产业政策，但同样也不是要寻找过硬证据肯定政府扶持和产业政策，更不涉及美国等国所指责的我国产业政策、政府补贴等具体议题。

这种模棱两可的论调并不少见，如诺贝尔经济学奖获得者斯蒂格利茨（2009）就认为，政府扶持和自由竞争的界限并不那么明显，美国政府在经济发展中所发挥的作用与东亚国家也有一些相似之处，都参与了产业政策的制定。斯蒂格利兹（Stiglitz，1989）还从信息经济学和外部性角度，从理论上对市场有效性提出了更多质疑，从而为政府介入提供了理论支持。与他相似，美国经济学家罗德里克（2009）专门分析了信息的外部性和协调的外部性，他认为，尽管自由竞争是重要的，但政府实行一些选择性扶持政策也是可以的。实际上，也有一些经济学家更加旗帜鲜明地提倡政府扶持。例如，格申克龙（Gerschenkeron，1962）就认为，后发国家可以利用政府力量来复制先发国家工业化道路的经验，重点推进一些特定部门的发展，强力启动工业化、快速完成工业化，这就蕴含着政府扶持本国大企业的意思。在现实中，第二次世界大战之后，日本、韩国的追赶式发展奇迹，大企业被认为发挥了巨大的助推作用，而许多人都认为政府扶持对于这些大企业的崛起至关重要。甚至有一些经济学家主张用政府力量来管控对外贸易，顶住国外产品的进口，增加本国产品的出口，如巴西经济学家富尔塔多（Furtado，1965）就主张实行进口替代工业化政策，利用政府之手扶持本国工业企业的发展。不过一些最新的研究，如美国经济学家阿格翁等（Aghion，等，2012）就主张，即使政府实施产业政策，也应该是竞争友好型的产业政策，这才有利于促进经济效率提升和经济长期增长。我们对这些典型的研究进行梳理，实际上是想说，关于这个议题，的确有重大分歧和针锋相对的争论。如果说本书有一些研究贡献的话，那么以下可以算作一条：不管要不要政府扶持和产业政策，都必须在竞争中形成一批基于本土的外向竞争大企业，否则都是没有意义的空话；而只有在市场竞争中形成的大企业才有市场竞争力，在全球竞争中形成的大企业才有全球竞争力和全球水平的生产率。

四、政策讨论之二：国有大企业可以成为
增长之梯的踏板吗

中国仍有不少国有大企业，它们是增长之梯的踏板吗？它们可以成为踏板吗？本节简要讨论这个问题。

（一）对国有企业的一些争议

迄今为止，中国仍有大量国有企业，其中不少是大企业，也有一些是行业龙头企业和具有全球影响力的企业。2018 年，美国《财富》杂志公布的全球 500 家大企业榜单中，中国内地和香港有 111 家，其中国有企业数量近 90 家。作为一个从上中等收入向高收入迈进的社会主义国家，中国为数不少的大型国有企业非常令人关注，也引起不少讨论，这是自然的。2018 年，美国对我国输美商品加征关税并提出一系列谈判清单，其中内容之一就是针对中国的国有企业。本书在筛选大企业、分析踏板企业的作用时，并没有对国有企业进行单独分析，虽然这些企业中也有一些国企控股和国有全资企业。但是在对全书进行总结的时候，自然不能回避这个问题：中国的国有大企业可以成为增长之梯的踏板吗？它们会在未来的全球化格局中作为中国增长之梯的踏板而安然存在吗？

从我国经济的所有制构成来看，张文魁、袁东明等（2015）的一项研究显示，国有企业产出占我国国内生产总值的比重，在 21 世纪以来已经下滑到 30% 以下，并且总体上呈现继续温和下滑的趋势。本书第六章的分析也显示，国有企业在我国出口贸易中的比重和地位呈现明显下滑趋势。由于全球市场是一个充分竞争的市场，我国政府基本无法以有形之手对国企和民企进行市场分配，所以国际贸易更能清楚显示国有企业的作用和地位的退缩。我们也已经指出，从异质性企业贸易理论的角度来审视，企业竞争力、企业生产率的消长，都需要在全球贸易的框架下得到确认，因此，国企和民企在国际贸易中的此消彼长比国内市场所谓的"国进民退"更能展示真实性。我们说，能否构筑中国增长之梯的踏板，主要取决于民营大企业而不是国有大企业，应该是大致成立的。

问题在于，国内不少行业中，规模位于前几位的企业，或者龙头企业，目前还是以国有企业居多。这些居于行业龙头地位的国有企业，占有很多产能资源、科技资源、人才资源、金融资源，它们也比较热衷于国际化经营，其中一些的确取得不错的成绩。此外，21 世纪以来，一些大型国有企业在升级转型、科技创新、管理提升等方面，的确有长足进步，并且在全球竞争中也有更多的底气。因此，我们需要认真思考的是，这些甚有气势的国有企业，难道真的不能视为或者不能成为我国增长之梯的踏板吗？

也许，简单的肯定回答和否定回答，都不符合真实情况。本书第五章的分析表明，在产业升级和质量提升的进程中，有一些国有大企业发挥着较大作用，也有一些国有大企业表现不佳。本书关注的是大企业，而对于国有企业来说，通过合并数个企业的方式来做大规模是比较常见的事情，因此国有企业在成为大企业方面比民营企业更有优势，许多人很自然地把大企业与国有企业画等号。但是我们的案例分析表明，由政府捏合的人造方式形成的国有大企业，与市场竞争中自然形成的大企业，是两回事。由市场竞争的优胜劣汰机制锻造出来的大企业，才有更大可能实现营业规模和生产率的统一，才有更大可能成为踏板企业。这也是本书为什么强调踏板大企业的竞争性、外向型的原因。一些国有大企业，本身就处于垄断性领域和不可贸易部门，以及资源性或者管制性行业，这些企业无法经过国际竞争的历练，无法占领国际市场、融入全球产业链和价值链，当然不能视为、不能成为踏板性企业。至于国有企业的行为可能受到政府某种主导和控制，或者可能享有"超国民待遇"，民营企业难以与它们进行公平竞争，也难以与它们一样获得各种资源、各种保护，则是另一个重大问题了。麻烦的是，这个问题已经成为全球贸易体系和全球治理体系中的一个十分敏感的问题。

如果许多国有大企业没有成为或者难以成为踏板企业，但它们又占有很多资源，那就会造成资源错配，并拖累经济增长，这本身就会对攀登增长之梯构成看不见的障碍。因此，深化国企改革十分必要，这在中国几乎是一个共识。

（二）混合所有制改革之难

即使国有企业改革可以不触碰所有制，也必须面临政企关系如何重塑的问题。科尔内等（Mornai 等，2003）的分析就表明，如果政府对国有企业的父爱主义还存在，那么市场经济中的国有企业很难实现真正的市场化竞争，也难以提高效率。拉丰和梯若尔（Laffont 和 Tirole，1988）则从另一个角度分析了政企关系，他们建立了政府与企业之间的合约模型，指出了合约的可行度和政府的随意干预问题，以及激励机制方面存在的问题。更早的经济学家詹森和麦克林（Jensen 和 Meckling，1976）也分析了企业的委托代理关系，提出了代理成本问题。这些理论都显示，国有企业在不触碰所有权的情况下，政企关系的合理化面临很多重大障碍。一些经济学家对国有企业进行了实证研究，如勃兰特和朱（Brandt 和 Zhu，2012）对中国工业企业的实证研究就表明，改革以来大部分时期里，国有企业全要素生产率提升明显弱于民营企业。

既然从理论分析来看还是从实证研究来看，国有企业都需要改革，那么到底改什么？怎么改？从社会主义经济学原理来看，公有制本身是毋庸置疑、不能改变的，所以我国国有企业改革在 1978 年以后较长一段时期里，都尽量回避对所有制本身进行改革，即使在 1993 年党的十四届三中全会的决定中，也只是隐晦地提出，国有企业改革目标，是建立"产权明晰，权责明确，政企分开，管理科学"的现代企业制度。但是张文魁等（2017）的研究表明，由于缺乏产权层面有力度的改革，所谓的现代企业制度，基本上是徒有外壳而已；而混合所有制改革，以及与之相应的"去监管化"，才有助于国有大企业建立真正的现代企业制度，而且混合所有制企业还需要优化股权结构、增加非国有股的比重。国有企业进行混合所有制改革，早已得到党中央的认可和支持。1999 年，党的十五届四中全会就正式提出，"国有大中型企业尤其是优势企业，宜于实行股份制的，要通过规范上市、中外合资和企业相互参股等形式，改为股份制企业，发展混合所有制经济，重要的企业由国家控股。"此后党的多次重要会议都对国有企业的混合所有制改革作了进一步阐述。2015 年，国务院还发布了《关于国有企业发展混合所有制经济的意见》。在最近几年里，国有企业的混合所有制改革有所进展，但推进速度并不如预期的那样快，特别是国有大企业的混合所有制改革，取得突破的并不多。长期的改革实践证明，国有大企业应该加快推进混合所有制改革和一系列的配套改革，其实不少企业并不需要保持国有控股，有些企业的国有股可以降到很低的比例。实施有力度的改革，才有助于这些企业真正成为在国内市场和全球市场有竞争力的现代企业。

加快推进国有大企业的混合所有制改革，尽管国家已经颁发了很多文件，但在实施中仍然面临一些重大的悬而未决的问题。哪些行业的国有大企业可以进行"混改"，哪些行业的国有大企业不能进行"混改"，这个基本问题仍然存在疑虑。此外，国有资产流失如何判定，股权比例如何设定，非国有股东的权利如何保障，公司治理和党的领导以及国家监管在实际工作中如何融合，原国有企业的管理人员和职工能否实行市场化、合约化管理等，都是十分棘手的问题。只有这些问题都得到解决，国有大企业的混合所有制改革才能顺利推进，它们当中更多企业就有可能成为真正的市场主体和中国经济增长之梯的踏板。

五、总结性评论

至此，我们已经完成了全书的工作。本书的研究表明，在改革开放 40 年的进程中，在实行市场化改革并与全球经济有限接轨的竞争背景下，中国本土出现了一个数量日益庞大的企业群体，经过市场的洗礼，不少企业衰落甚至退场，但有一批外向竞争型企业却发展壮大起来了，并且在努力进行创新、升级转型，从而更快地提高生产率。在 21 世纪的第二个 10 年以及第三个 10 年，中国正处于从上中等收入迈向高收入国家的关键和艰难时段，正在攀爬经济增长之梯，这一批外向竞争大企业，正在或者有望成为增长之梯的踏板。在这个特殊时段，它们是中国企业群体的"关键少数"。这些踏板企业的兴起和在全球经济体系中继续壮大，使得中国跨越中等收入陷阱、成为高收入国家，充满巨大希望。不过，我们绝不能过于乐观。不少企业，即使算得上踏板，但这些踏板的稳固牢靠程度还不够高，如其价值链升级和质量升级还存在不少问题，其生产率持续提升并缩短与发达国家企业的差距这一路径还走得非常崎岖和艰辛，其国内供应链的开放性和竞争性还不够，有些出口产品质量还高度依赖中间品进口。还有，一些大企业得到了产业政策支持和政府扶持而壮大，一些国有企业依靠行政捏合手段或者依靠占有大量资源而不断做大，尽管这些类大企业也有一些良好表现，但从整体上和趋势上来看，必须认真反思和改革政企关系，必须继续深化国企改革，才能使它们真正成为市场化的现代企业，并促进更多企业成为增长之梯上的踏板。此外，当前的全球贸易、全球治理陷入巨大纷争之中，使得中国企业，特别是已有和潜在的踏板企业，乃至整个中国经济，能否继续融入全球市场和全球产业体系、创新体系，都面临严重不确定性。这是严峻的挑战。

参考文献

第一章

[1] Altomonte C, T. Aquilante and G. I. P. Ottaviano. The Triggers of Competitiveness: the EFIGE Cross Country Report . BRUEGEL BLUEPRINT SERIES, ISBN: 978-90-78910-27-5, 2012: 36.

[2] Bartelsman E, M. Doms. Understanding Productivity: Lessons from Longitudinal Microdata. Journal of Economic Literature, 2000.

[3] Bernard A, S. Redding and P. Scott. Firms in International Trade. Journal of Economic Perspectives, 2007, 21(3), pp. 1-5-130.

[4] Brandt L, T. Tombe and X. Zhu. Factor Market Distortions across Time, Space and Sectors in China. Review of Economic Dynamics, 2013, 16(1): 39-58.

[5] Brant L, and Eric Thun. Constructing a Ladder for Growth: Policy, Markets, and Industrial Upgrading in China. World Development, Vol. 80, 2016: 78-95.

[6] Clark G. The Long March of History: Farm Wages, Population and Economic Growth, England 1209-1869. Economic History Review, 2017: 60(1): 97-136.

[7] Commission on Growth and Development. the Growth Report: Strategies for Sustainable Growth and Development. the World Bank, 2008.

[8] Eichengreen B, D. Park and K. Shin. When Fast Growing Economies Slow Down: International Evidence and Implications for China. NBER working paper 16919, 2011.

[9] Gerchenkron A. Economic Backwardness in Historical Perspective, Harvard University Press, 1962.

[10] Gervais A. Product Quality, Firm Heterogeneityand International Trade University of Notre Dame, mimeo, 2011.

[11] Gill I and H. Kharas. East Asian Renaissance: Ideas for Economic Growth. The World Bank, 2007.

[12] Grossman G and E. Helpman. Quality Ladders in the Theory of Growth. Review of Economic Studies, 1991(58): 43-61.

[13] Hsieh C and P. Klenow. Misallocation and Manufacturing TFP in China and India. Quarterly Journal of Economics, cxxiv: 4, 2009.

[14] Imbs J and R. Wacziarg. Stage of Diversification. American Economic Review, 2003: 93(1): 63-86.

[15] Leibenstein H. Allocative Efficiency vs X-Efficiency. American Economic Review, 1966(56).

[16] Li H, Zheyu Yang, Xianguo Yao, et al. Entrepreneurship, Private Economy and Growth: Evidence from China. China Economic Review , 2012(23): 948–961.

[17] Madison Project. Statistics on World Population, GDP and per capita GDP. http: //www. ggdc. net/maddison/maddison-project/home. htm.

[18] Melitz M. The Impact of Trade on Intra-industry Reallocations and Aggregate Industry Productivity. Econometrica , 2003, 71 (6): 1695-1725.

[19] Navaretti G, D. Castellani and F. Pieri. Changing Class: Size Transition in European Firms. Mimeo, 2012.

[20] Rajan R. and L. Zingales Financial Dependence and Growth. American Economic Review, 1998(99): 559-586.

[21] Redding S. Theories of Heterogeneous firms and trade. NBER Working Paper, 2010, 16562.

[22] Rosenstein-Rodan P. Industrialization of Eastern and South Eastern Europe. Economic Journal, 1943(53).

[23] Stigler G. The Economies of Scale, Journal of Law and Economics, 1958(1): 54.

[24] Wiess J. Export Growth and Industrial Policy: Lessons from the East Esian Miracle Experiences. discussion paper 26, Asian Development Bank Institute, 2005.

[25] Yang X. Endogenous vs Exogenous Comparative Advantages and Economies of Specialization vs Economies of scale. Journal of Economics, 1994(60): 29-54.

[26] 阿吉翁·P. 寻求竞争力：对中国增长政策设计的启示[M]//比较. 北京：中信出版社，2004.

[27] 阿吉翁·P，P. 霍依特. 内生增长理论[M]. 北京：北京大学出版社，2004.

[28] 鲍莫尔·W. 好的资本主义坏的资本主义：增长与繁荣的经济学[M]. 北京：中信出版社，2008.

[29] 鲍莫尔·W. 企业家精神[M]. 武汉：武汉大学出版社，2010.

[30] 俄林·B. 区际贸易与国际贸易[M]. 北京：华夏出版社，2013.

[31] 艾肯格林·B，D. 铂金斯，申宽浩. 从奇迹到成熟：韩国转型经验[M]. 北京：人民出版社，2015.

[32] 卡拉斯·H. 中国向高收入国家转型：避免中等收入陷阱的因应之道[M]//比较. 北京：中信出版社，2011.

[33] 兰德斯·D. 国富国穷[M]. 北京：新华出版社，2010.

[34] 刘世锦，等. 陷阱还是高墙[M]. 北京：中信出版社，2011.

[35] 罗德里克·D. 相同的经济学，不同的政策处方[M]. 北京：中信出版社，2009.

[36] 麦迪森·A. 世界经济千年史[M]. 北京：北京大学出版社，2003.

[37] 奥尔森·M. 国家的兴衰：经济增长、滞胀和社会僵化[M]. 上海：上海世纪出版集团，2007.

[38] 彭慕兰. 大分流[M]. 南京：江苏人民出版社，2016.

[39] 波特·M. 建立繁荣的微观经济基础：基于微观经济竞争力指数的调查发现[M]//康纳利斯（主编）. 世界经济论坛2002—2003年全球竞争力报告，机械工业出版社，2003.

[40] 钱德勒·A. 看得见的手[M]. 北京：商务印书馆，1987.

[41] 钱德勒·A. 大企业与国民财富[M]. 北京：北京大学出版社，2004.

[42] 钱德勒·A. 规模与范围[M]. 北京：华夏出版社，2006.

[43] 熊彼特·J. 经济发展理论[M]. 北京：商务印书馆，1990.（英文原著出版于1934年）

[44] 岩崎晃. 合并与改组[M]//小宫龙太郎（主编）. 日本的产业政策. 北京：国际文化出版公司，1988.

[45] 张维迎，盛斌. 论企业家：经济增长的国王[M]. 上海：上海三联书店，2004.

第二章

[46] Brandt Loren and Thun Eric. The fight for the middle: Upgrading, competition, and industrial development in China. World Development, 2010, 38: 1555-1574.

[47] Brandt Loren and Thun Eric. Constructing a Ladder for Growth: Policy, Markets, and Industrial Upgrading in China. World Development, 2016, 80: 78-95.

[48] Kugler Maurice and Verhoogen Eric. Prices, Plant Size, and Product Quality. The Review of Economic Studies, 2012, Vol. 79, No. 1: 307-339.

[49] 胡鞍钢，马伟. 现代中国经济社会转型： 从二元结构到四元结构（1949—2009）[J]. 清华大学学报（哲学社会科学版），2012，27（1）： 16-29+159.

[50] 何康. 中国的乡镇企业[M]，北京： 中国农业出版社，2004.

[51] 国家统计局. 新中国50年系列分析报告之六——乡镇企业异军突起[R]. 北京： 中华人民共和国国家统计局，1999.

[52] 甘士明. 中国乡镇企业统计资料（1978—2002）[M]. 北京： 中国农业出版社，2003.

[53] 张效清. 全省概况浙江经济体制改革概况，浙江年鉴 （1987）[R]. 1997： 60-61.

[54] 刘仁伍. 浙江民营经济发展报告（2011）[R]. 北京： 社会科学文献出版社，2012.

[55] 顾益康. 浙江改革开放30年研究系列： 乡村剧变看浙江（两创篇）[M]. 杭州： 浙江人民出版社，2008.

[56] 王红茹. 先"无为而治"再"有为而治"——"义乌模式"中的政府因素[J]. 中国经济周刊，2006（22）： 26-28.

[57] 阮继清. "块状经济"与"专业镇经济"[N]. 湖北日报，2006-02-23（8）.

[58] 李佼红. 浙江区域块状经济发展研究[D]. 南京：南京航空航天大学，2010.

[59] 浙江省统计局. 改革开放中的浙江——改革开放30年浙江经济社会发展成就（对外贸易篇）[M]. 北京：中国统计出版社，2008：15-20.

第三章

[60] Aldieri L and C. P. Vinci. Industry Spillovers Effects on productivity of large international firms. Mpra Paper, 2015.

[61] Allen F, J. Qian and M. Qian. Law, finance, and economic growth in China. Journal of Financial

Economics, 2005, 77(1): 57-116.

[62] Du J and Y. Temouri. High-growth firms and productivity: evidence from the United Kingdom. Small Business Economics, 2015, 44(1): 123-143.

[63] Kokko A, R. tansini and M. C. Zejan. Local Technology Capability and Productivity Spillovers from FDI in the Uruguayan Manufacturing Sector. Journal of Development Studies, 1966, 32(4): 602-611.

[64] Navaretti G, D. Castellani and F. Pieri. Age and firm growth. Evidence from three European countries. Working Papers in Applied Economics, No. 17, 2012.

[65] Giannangeli S and R. G. Salvador. Evolution and Sources of Manufacturing Productivity Growth: Evidence from a Panel of European Countries. European Central Bank Working Paper, No. 914, 2008.

[66] 冯荣凯. 大企业与技术创新：一个文献综述[J]. 商品与质量，2012（4）.

[67] 龚刚，魏熙晔，杨先明，等. 建设中国特色国家创新体系跨越中等收入陷阱[J]. 中国社会科学，2017（8）.

[68] 马建会. 区域产业集群发展研究[M]. 北京：中国财政经济出版社，2009.

[69] 黄泰岩，金铁鹰. 大企业主导下的中小企业成长——一个国外的文献综述[J]. 经济经纬，2008（4）.

[70] 刘伟坤. 从发达国家的产业集中度看我国发展大企业的必要性[J]. 河南工程学院学报（社会科学版），2006，21（2）.

[71] 刘银波，和金生. 大型企业在产业结构升级中的重要作用[J]. 内蒙古农业大学学报（社会科学版），2007（1）.

[72] 祁军，何维达. 对大企业与中小企业技术创新优劣的探讨[J]. 财经问题研究，2002（5）.

[73] 荣飞. 我国各地区大企业技术创新溢出效率分析[J]. 河北师范大学学报（哲学社会科学版），2007，30（2）.

[74] 盛浩. 试论发展中国家大企业的形成及其效率影响[J]. 中国流通经济，2010（8）.

[75] 王永进，盛丹，李坤望. 中国企业成长中的规模分布——基于大企业的研究[J]. 中国社会科学，2017（3）.

[76] 夏志勇，林聃，何林. 中国大企业自主创新能力的实证测度与分析研究[J]. 科学学研究，2008（3）.

[77] 杨菊萍，贾生华. 知识扩散路径、吸收能力与区域中小企业创新——基于浙江省3个传统制造业集群的实证分析[J]. 科研管理，2009（5）.

[78] 杨汝岱. 中国制造业企业全要素生产率研究[J]. 经济研究，2015（2）.

[79] 张德荣. 中等收入陷阱发生机理与中国经济增长的阶段性动力[J]. 经济研究，2013（9）.

[80] 张维迎. 我们为什么要关注大企业[J]. 企业管理，2005（10）.

[81] 张文魁. 企业规模、企业异质性与经济持续增长[J]. 新视野，2018（2）.

[82] 张健，李潇，夏宜君. 地位：时代的弄潮儿，"双创"的主力军//大企业双创——历史的启示，当下的需要，2017.

[83] 中国企业联合会课题组. 中国大企业发展的最新趋势、问题和建议[J]. 中国工业经济，2009（9）.

第四章

[84] 戴开勋. 中国大企业成长机理研究——改革开放30年企业发展历程分析[J]. 交通企业管理，2009（2）.

[85] 冯才展. 从晋商兴衰看山西煤炭企业的发展问题及对策[J]. 时代金融，2015（8）.

[86] 韩太祥. 企业成长理论综述[J]. 经济学动态，2002（5）.

[87] 经济学人杂志. 柯达富士兴衰启示录. 2012，转引自新浪科技微博。

[88] 乐长征，陈小林，胡胜. 以价值创造能力为代理变量的企业成长能力模型和框架体系[J]. 江汉大学学报（社会科学版），2018.

[89] 李林芳，陈子辉. "赢在中国"——论长城汽车崛起之道[J]. 现代管理科学，2017（11）.

[90] 刘海建，余舒意，马文丽. 能力惰性、企业衰败与成长：一个演化模型[J]. 软科学，2012（5）.

[91] 迈克尔•波特. 国家竞争优势[M]. 李明轩，邱如美，译，北京：中信出版社，2012.

[92] 庆立军. 中国大企业持续成长内在驱动因素[J]. 经济研究导刊，2012（16）.

[93] 田涛，吴春波. 下一个倒下的会不会是华为：任正非的企业管理哲学与华为的兴衰逻辑[M]. 北京：中信出版社，2012.

[94] 王东民. 试论企业衰败的演变规律及控制策略[J]. 商场现代化，2005.

[95] 邬爱其，贾生华. 国外企业成长理论研究框架探析[J]. 外国经济与管理，2002.

[96] 吴晓波. 激荡三十年[M]. 杭州：浙江人民出版社，2007.

[97] 徐思雅，冯军政. 技术范式转变期大企业如何衰落——动态能力视角[J]. 科学学与科学技术管理，2013（10）.

[98] 杨洋. 企业成长的一个概念框架——基于若干学者的企业成长概念分析[J]. 东南大学学报（哲学社会科学版），2011.

[99] 杨镇宇. 我国民营企业衰败的外部因素分析[J]. 边疆经济与文化，2005（9）.

[100] 叶康涛，冷元红，何建湘. 兴衰30年——中国企业30年成败模式[M]. 北京：中信出版社，2015.

[101] 伊迪丝•彭罗斯. 企业成长理论[M]. 赵晓，译. 上海：上海三联书店，上海人民出版社，2007.

[102] 殷建平. 大企业持续发展[M]. 上海：上海财经大学出版社，1999.

[103] 余博. 中国大企业成长战略研究[D]. 湘潭：湘潭大学，2005.

[104] 约瑟夫•熊彼特. 经济发展理论[M]. 何畏，等译. 北京：商务印书馆，1990.

[105] 周晖，彭星间. 企业生命模型初探[J]. 中国软科学，2000（10）.

[106] 周玲. 百年柯达衰败启示录：该认输时得认输[N]. 东方早报，2012-01-20. //腾讯科技 http://tech.qq.com/a/20120120/000098.htm.

第五章

[107] 曹原，刘玉立. 中国前500家大企业集团的差异性增长与组织结构调整[J]. 经济研究参考，2012（3）.

[108] 崔维军，傅宇，周彩红，等. 中国制药和生物科技产业研发投入的国际比较：基于全球研发投入2000强企业的实证分析[J]. 科技管理研究，2015（8）.

[109] 郝颖，辛清泉，刘星. 地区差异、企业投资与经济增长质量[J]. 经济研究，2014.

[110] 毛其淋，许家云. 政府补贴对企业新产品创新的影响——基于补贴强度"适度区间"的视角[J]. 中国工业经济，2015（6）.

[111] 綦好东，郭骏超，朱炜. 国有企业混合所有制改革：动力、阻力与实现路径[J]. 管理世界，2017.

[112] 邵敏，包群. 政府补贴与企业生产率——基于我国工业企业的经验分析[J]. 中国工业经济，2012（7）.

[113] 史修松，刘军. 大企业规模、空间分布与区域经济增长——基于中国企业500强的研究[J]. 上海经济研究，2014（9）.

[114] 唐诗，包群. 主导产业政策促进了企业绩效的增长吗？——基于外溢视角的经验分析[J]. 世界经济研究，2016（9）.

[115] 万建民. 中兴事件的教训[J]. 中国企业家，2018.

[116] 张同斌，马丽园，高铁梅. 中国工业企业增长质量的分布特征变动与差异分解研究[J]. 数量经济技术经济研究，2016（8）.

第六章

[117] Bernard Andrew B, Stephen J. Redding and Peter K. Schott. Comparative Advantageand Heterogeneous Firms, Review of Economic Studies , 2007(74): 31-66.

[118] Brandt Loren and Eric Thun. Constructing a Ladder for Growth: Policy, Markets, and Industrial Upgrading in China, World Development. Vol. 80, 2016: 78–95.

[119] Melitz Marc J. The Impact of Tradeon Intra-Industry Reallocations and Aggregate Industry Productivity, Econometrica, Vol. 71, No. 6, November 2003: 1695-1725.

[120] Bastos Paulo and Joana Silva. The quality of a firm's exports: Where you export to matters, Journal of International Economics 82, 2010: 99-111.

[121] 国务院发展研究中心企业所课题组. 中国企业的国际化和全球竞争力研究[M]. 北京：中国发展出版社，2003.

[122] 何莉. 中国对外贸易质量评价体系研究[J]. 财经科学，2010（2）.

[123] 胡江云. 我国产业国际分工地位的初步分析——国务院发展研究中心调查研究报告[R]. 2007（31）.

[124] 胡江云，赵书博，王秀哲. 中国经济实力显著增强背景下利用外资的发展战略——国务

院发展研究中心调查研究报告[R]. 2016.

[125] 贾怀勤，吴珍倩. 我国贸易质量综合评价初探[J]. 国际贸易，2017（4）.

[126] 刘伟丽，陈勇. 中国制造业的产业质量阶梯研究[J]. 中国工业经济，2012（11）.

[127] 张文魁. 高质量发展与生产率重振——国务院发展研究中心调查研究报告[R]. 2018.

第七章

[128] Ahn J B, M. Amiti and D. E. Weinstein. Trade Finance and the Great Trade Collapse. American Economic Review, Vol. 101(3), 2011: 298～302.

[129] Amiti M and J. Konings. Trade Liberalization, Intermediate Inputs, and Productivity: Evidence from Indonesia. American Economic Review, Vol. 97(5), 2007: 1611—1638.

[130] Bastos P and J. Silva. The Quality of a Firm's Exports: Where You Export to Matters. Journal of International Economics, Vol. 82(2), 2010: 99—111.

[131] Bastos P, J. Silva and E. Verhoogen. Export Destinations and Input Prices. American Economic Review, Vol. 108(2), 2018: 353—392.

[132] Berman, N, A. Berthou and J. Hericourt. Export Dynamics and Sales at Home. Journal of International Economics, Vol. 96(2), 2015: 298—310.

[133] Bernini M, S. Guillou and F. Bellone. Financial Leverage and Export Quality: Evidence from France. Journal of Banking and Finance, Vol. 59(10), 2015: 280—296.

[134] Bricongne J C, L. Fontagne, G. Gaulier, et al. Firms and the Global Crisis: French Exports in the Turmoil. Journal of International Economics, Vol. 87, 2012: 134—146.

[135] Broda C. and D. E. Weinstein. Globalization and the Gains from Variety. Quarterly Journal of Economics, Vol. 121(2), 2006: 541—585.

[136] Chen N and L. Juvenal. Quality and the Great Trade Collapse. CEPR Discussion Papers, No. 10931, 2015.

[137] Chen Z, J. Zhang and W. Zheng. Import and Innovation: Evidence from Chinese firms. European Economic Review, Vol. 94, 2017: 205-220.

[138] Chor D and K. Manova. Off the Cliff and Back? Credit Conditions and International Trade During the Global Financial Crises. Journal of International Economics, Vol. 87(1), 2012: 117—133.

[139] Fan H, Y. A. Li and S. R. Yeaple. Trade Liberalization, Quality, and Export Prices. Review of Economics and Statistics, Vol. 97(5), 2015: 1033—1051.

[140] Feenstra R C, Z. Li and M. Yu. Exports and Credit Constraints under Incomplete Information: Theory and Evidence from China. Review of Economics and Statistics, Vol. 96(4), 2014: 729—744.

[141] Feenstra R C and J. Romalis. International Prices and Endogenous Quality. Quarterly Journal

of Economics, Vol. 129(2), 2014: 477—527.

[142] Feenstra R C. New Product Varieties and the Measurement of International Prices. American Economic Review, Vol. 84(1), 1994: 157—177.

[143] Feng L, Z. Li and D. Swenson. Trade Policy Uncertainty and Exports: Evidence from China's WTO Accession. Journal of International Economics, Vol. 106, 2016: 20—36.

[144] Gopinath G, O. Itskhoki and B. Neiman. Trade Adjustment and Productivity in Large Crises. American Economic Review, Vol. 104(3), 2014: 793—831.

[145] Griliches Z and H. Regev. Firm Productivity in Israeli Industry 1979-1988. Journal of Econometrics, Vol. 65(1), 1995: 175—203.

[146] Hallak J C. A Product-Quality View of the Linder Hypothesis. Review of Economics and Statistics, Vol. 92(3), 2016: 453—466.

[147] Halpern L, M. Koren and A. Szeidl. Imported Inputs and Productivity. American Economic Review, Vol. 105(12), 2015: 3660—3773.

[148] Khandelwal A K, P. K. Schott and S. Wei. Trade Liberalization and Embedded Institutional Reform: Evidence from Chinese Exporters. American Economic Review, Vol. 103(6), 2013: 2169—2195.

[149] Kugler M and E. Verhoogen. Prices, Plant Size, and Product Quality. Review of Economic Studies, Vol. 79, 2012: 307—339.

[150] Kugler M and E. Verhoogen. The Quality-Complementarity Hypothesis: Theory and Evidence from Colombia. CEPR Discussion Papers, No. 7119, 2009.

[151] Levinsohn J and A. Petrin. Estimating production functions using inputs to control for unobservables. The Review of Economic Studies 70(2), 2003: 317—341.

[152] Melitz M J. The Impact of Trade on Intra-Industry Reallocations and Aggregate Industry Productivity. Econometrica, Vol. 71, 2003: 1695—1725.

[153] Olley S and A. Pakes. The Dynamics of Productivity in the Telecommunications EquipmentIndustry Econometrica, 1996: 1263—1297.

[154] Rodrik D.. What's So Special about China's Exports. China and World Economy, Vol. 14(5), 2006: 1—19.

[155] Schott P K.. Across-Product Versus Within-Product Specialization in International Trade. Quarterly Journal of Economics, Vol. 119(2), 2004: 647—678.

[156] Storesletten K and F. Zilibotti. China's Great Convergence and Beyond. China Economic Quarterly, Vol. 6(1), 2016: 333—362.

[157] Verhoogen E.. Trade, Quality Upgrading and Wage Inequality in the Mexican Manufacturing Sector. Quarterly Journal of Economics, Vol. 123(2), 2008: 489-530.

[158] Yu M. Processing Trade, Tariff Reductions and Firms Productivity: Evidence from Chinese Firms. Economic Journal, Vol. 125, 2015: 943—988.

[159] Zhang A，Y. Zhang and R. Zhao. A Study of the R&D Efficiency and Productivity of Chinese Firms. Journal of Comparative Economics, Vol. 31(3), 2003: 443—464.

[160] 戴觅，茅锐. 外需冲击、企业出口与内销：金融危机时期的经验证据，世界经济[J]. 2015（1）.

[161] 李坤望，蒋为，宋立刚. 中国出口产品品质变动之谜：基于市场进入的微观解释[J]. 中国社会科学. 2014（3）.

[162] 茅锐，张斌. 中国的出口竞争力：事实、原因与变化趋势[J]. 世界经济，2013（12）.

[163] 施炳展. 中国企业出口质量异质性：测度与事实[J]. 经济学（季刊），2013（1）.

[164] 王永进，施炳展. 上游垄断与中国企业产品质量升级[J]. 经济研究，2014（4）.

[165] 许家云，毛其淋，胡鞍钢. 中间品进口与企业出口产品质量升级：基于中国证据的研究[J]. 世界经济，2017（3）.

[166] 杨汝岱，姚洋. 有限赶超与经济增长[J]. 经济研究，2008（8）.

[167] 余淼杰. 中国的贸易自由化与制造业企业生产率[J]. 经济研究，2010（12）.

[168] 余淼杰，张睿. 人民币升值与出口质量的提升效应：来自中国的微观证据[J]. 管理世界，2017（5）.

[169] 张杰，郑文平，翟福昕. 中国出口产品质量得到提升了么？[J]. 经济研究，2014（10）.

[170] 张文魁. 企业规模、企业异质性与经济持续增长[J]. 新视野，2018（2）.

第八章

[171] Aghion P, Bergeaud A, Lequien M, et al. The Impact of Exports on Innovation: Theory and Evidence. NBER Working Paper. No. 24600, 2018.

[172] Angrist J and Pischke J. Mostly Harmless Econometrics: An Empiricist's Companion. Princeton: Princeton University Press, 2009.

[173] Bernard A B，Jensen J B, Redding S J et al. Firms in International Trade. Journal of Economic Perspectives, 2007, 21(3): 105-130.

[174] Bustos P. Trade Liberalization, Exports, and Technology Upgrading: Evidence on the Impact of MERCOSUR on Argentinian Firms. American Economic Review, 2011, 101(1): 304-340.

[175] Griliches Z and Mairesse J. R&D and Productivity Growth: Comparing Japan and US Manufacturing Firms. inHulten, C. (Ed.), Productivity Growth in Japan and the United States. Chicago: The University of Chicago Press, 1990.

[176] Hall R and Jones C. Why Do Some Countries Produce so Much More Output per Worker than Others. Quarterly Journal of Economics, 1999, 114(1): 83-116.

[177] Head K and Ries J. Heterogeneity and the FDI versus Export Decision of Japanese Manufacturers. Journal of the Japanese & International Economies, 2003, 17(4): 448-467.

[178] Heckman J J. Sample Selection Bias as a Specification Error. Econometrica, 1979, 47(1): 153-161.

[179] Helpman E. Foreign Trade and Investment: Firm-Level Perspectives. Economica, 2014, 81(321): 1-14.

[180] Jefferson G H, Rawski T G, Li W et al. Ownership, Productivity Change and Financial Performance in Chinese Industry. Journal of Comparative Economics, 2000, 28(4): 786-813.

[181] Lileeva A and Treer D. Improved Access to Foreign Markets Raises Plant-Level Productivity for Some Plants. Quarterly Journal of Economics, 2010, 125(3): 1051-1099.

[182] Lu J Y, Lu Y and Tao Z G. Exporting Behavior of Foreign Affiliates: Theory and Evidence. Journal of International Economics, 2010, 81(2): 197-205.

[183] Ma Y, Tang H and Zhang Y. Factor Intensity, Product Switching, and Productivity: Evidence from Chinese Exporters. Journal of International Economics, 2014, 92(2): 349-362.

[184] Melitz M J. The Impact of Trade on Intra-Industry Reallocations and Aggregate Industry Productivity. Econometrica, 2003, 71(6): 1695-1725.

[185] Melitz M J and Ottaviano G. Market Size, Trade, and Productivity. Review of Economic Studies, 2008, 75(1): 295-316.

[186] Melitz M J and Trefler D. The Gains from Trade when Firms Matter. Journal of Economic Perspectives, 2012, 26(2): 91-118.

[187] Roberts M and Tybout J. The Decision to Export in Colombia: An Empirical Model of Entry with Sunk Costs. American Economic Review, 1997, 87(4): 545-564.

[188] Van Biesebroeck J. Exporting Raises Productivity in Sub-Saharan African Manufacturing Firms. Journal of International Economics, 2005, 67(2): 373-391.

[189] 包群. 国内贸易壁垒与出口生产率悖论的形成[J]. 世界经济，2015（5）.

[190] 戴觅，余淼杰，Maitra M. 中国出口企业生产率之谜：加工贸易的作用[J]. 经济学（季刊），2014（2）.

[191] 范剑勇，冯猛. 中国制造业出口企业生产率悖论之谜[J]. 管理世界，2013（8）.

[192] 李春顶. 中国企业"出口—生产率悖论"研究综述[J]. 世界经济（5）.

[193] 李春顶，尹翔硕. 我国出口企业的"生产率悖论"及其解释[J]. 财贸经济，2009（11）.

[194] 刘竹青，佟家栋. 要素市场扭曲、异质性因素与中国企业的出口—生产率关系[J]. 世界经济，2017（12）.

[195] 马骥，马相东. "一带一路"建设与中国产业结构升级——基于出口贸易的视角[J]. 亚太经济，2017（5）.

[196] 马相东. 企业异质性、创新驱动与中国企业国际化[J]. 创新，2014（4）.

[197] 钱学锋，王菊蓉，黄云湖，等. 出口与中国工业企业的生产率[J]. 数量经济技术经济研究，2011（2）.

[198] 邱斌，刘修岩，赵伟. 出口学习抑或自选择[J]. 世界经济，2012（4）.

[199] 汤二子. 中国企业"出口—生产率悖论"：理论裂变与检验重塑[J]. 管理世界，2017（2）.

[200] 汤二子，刘海洋. 中国出口企业"生产率悖论"存在性检验[J]. 国际经贸探索，2011

（11）.

[201] 唐宜红，林发勤. 异质性企业贸易模型对中国企业出口的适用性检验[J]. 南开经济研究，2009（6）.

[202] 夏广涛，胡汪音. 中国企业"出口－生产率悖论"的新解读——基于企业寻租与创新的双重选择[J]. 技术经济，2018（3）.

[203] 邢志平. 企业出口规模越大全要素生产率越高吗？[J]. 大连理工大学学报（社会科学版），2018（4）.

[204] 阳佳余. 融资约束与企业出口行为[J]. 经济学（季刊），2012（4）.

[205] 易靖韬. 企业异质性、市场进入成本、技术溢出效应与出口参与决定[J]. 经济研究，2009（9）.

[206] 易靖韬，傅佳莎. 企业生产率与出口：浙江省企业层面的证据[J]. 世界经济，2011（5）.

[207] 张宏，韩颖，张鑫. 异质性与中国企业OFDI自我选择效应实证检验[J]. 亚太经济，2014（4）.

[208] 张杰，李勇，刘志彪. 出口促进中国企业生产率提高吗？[J]. 管理世界，2009（12）.

[209] 张欣，孙刚. 汇率变动、生产率异质性与出口企业盈利能力研究[J]. 国际金融研究，2014（10）.

[210] 张文魁. 企业规模、企业异质性与经济持续增长[J]. 新视野，2018（2）.

[211] 赵伟，赵金亮. 生产率决定中国企业出口倾向吗[J]. 财贸经济，2011（5）.

[212] 赵伟，赵金亮，韩媛媛. 异质性、沉没成本与中国企业出口决定[J]. 世界经济，2011（4）.

第九章

[213] Aghion P, M. Dewatripont, L. Du, et al. Industrial Policy and Competition. NBER Working Paper 18048, 2012.

[214] Brandt L and X. Zhu. Accounting for China's Growth. IZA Discussion Paper 4764, 2012.

[215] Chang Ha-Joon. Kicking Away the Ladder: Development Strategy in Historical Perspective. Anthem Press, London, 2002.

[216] Furtado C. Development and Underdevelopment. University of California Press, 1965.

[217] Gerschenkeron A. Economic Backwardness in Historical Perspective. Harvard university Press, 1962.

[218] Jensen M and W. Meckling. The Theory of Firm, Managerial Behaviour, Agency Cost and Ownership Structure. Journal of Financial Economics 3 (4), 1976: 305-360.

[219] Kornai J, E. Maskin and G. Roland. Understanding the Soft Budget Constraint. Journal of Economic Literature, 41(4), 2003: 1095-1136.

[220] Laffont J and J. Tirole. The Dynamics of Incentive Contracts Econometrica 51, 1988: 1153-1175.

[221] Stiglitz J.. Markets, Market Failures and Development. American Economic Review 79(2), 1989: 197-203.

[222] 刘世锦，等. 陷阱还是高墙[M]. 北京：中信出版社，2011.

[223] 罗德里克D. 21世纪的产业政策//相同的经济学、不同的政策处方. 北京：中信出版社，2009.

[224] 斯蒂格利茨. 再论政府的作用//斯蒂格利茨著. 发展与发展政策. 北京：中国金融出版社，2009.

[225] 张文魁，等. 混合所有制与现代企业制度[M]. 北京：人民出版社，2017.

[226] 张文魁，袁东明，等. 国有企业改革与中国经济增长[M]. 北京：中国财政经济出版社，2015.

后记

　　这本书是国务院发展研究中心重点基础研究领域的一项研究成果。这项研究由我负责，在 3 年时间里，我与各位参加者对有关前沿文献进行了深入研读和讨论，对有关议题进行了分析，并在数据获取和处理方面作出了努力，还进行了一些调研。各位参加者付出了辛勤劳动，撰写了本书各章，我又对全书进行了修改、充实和调整。

　　各章作者如下：

　　第一章　张文魁

　　第二章　袁东明、邵如琛（北京大学）、宋兵霄（全国海关信息中心）

　　第三章　许召元、张文魁

　　第四章　贾涛

　　第五章　肖庆文、郭巍

　　第六章　胡江云

　　第七章　王雅琦（中央财经大学）、张文魁、洪圣杰（清华大学）

　　第八章　马相东（北京市委党校）、张文魁、王喆（南开大学）

　　第九章　张文魁

　　上述作者中，除特别注明外，均为国务院发展研究中心研究人员。

　　本书一切可能的不足和错误，均由我负责。

张文魁

2018 年 10 月